JEAN DE SPONDE
OU LA COHÉRENCE INTÉRIEURE

Illustration de la couverture:

Signature de Jean de Sponde en 1588. Acte du 5 décembre 1588, passé devant Maître Tharazon, notaire à la Rochelle (Archives de la Charente Maritime).

Josiane RIEU

Agrégée de l'Université
Docteur ès Lettres et Sciences humaines
Chargée de cours à la Faculté des Lettres de Nice

JEAN DE SPONDE
ou
LA COHÉRENCE
INTÉRIEURE

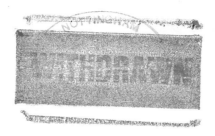

CHAMPION – SLATKINE
PARIS - GENÈVE
1988

348518

A Claude Faisant.

INTRODUCTION

Les oeuvres de Jean de Sponde restent peu connues.
En dépit de nombreuses contributions intéressantes
mais fragmentaires, portant sur un thème ou une
partie de l'oeuvre, le texte semble encore difficile
d'accès, sinon rébarbatif. On le lit souvent à
travers les lieux communs critiques qui ont permis sa
résurrection, c'est-à-dire comme un exemple de
littérature baroque.

On a surtout cherché dans son oeuvre des ruptures,
des contradictions; on a fait de sa poésie en
particulier un terrain d'étude privilégié des
dissonances sous-jacentes qui bousculeraient le
texte; on a vu dans son style "abrupt" et
"tourmenté" l'expression d'une "crise" et d'un
"drame" personnels ou des convulsions spirituelles
d'un homme secrètement torturé par les combats de la
Chair contre l'Esprit, que l'écriture ne parviendrait
pas à surmonter (1). Nous y avons découvert une
étonnante cohérence intérieure.

Il est vrai qu'une telle écriture a de quoi
surprendre le lecteur moderne. Elle nécessite un
dépaysement culturel qui permette de la comprendre
dans son contexte historique, religieux et
esthétique. Car, nous le verrons, cette oeuvre ne
constitue pas un cas limite, remarquable: elle
correspond au contraire, selon nous, au climat de la
littérature religieuse protestante de la cour de

Navarre, dont elle représente même la tendance la plus modérée. Cette production littéraire est encore mal connue.

En effet, il s'agit d'une période mouvante, où la littérature est en crise: marquée par la propagande religieuse et militaire, elle porte en elle une parole de violence, au style convulsif (qui donnera corps au baroque), et pose problème. On a du mal à distinguer la naissance ou la distorsion des tendances: baroque/maniériste; métaphysique/réaliste; protestante/catholique... Cette croisée des courants n'est guère démêlée, d'autant que nous sommes loin d'avoir une image complète de la vie littéraire réelle de l'époque. La mémoire en a été trahie, égarée, mutilée, dès l'origine à cause des polémiques partisanes.

La critique aujourd'hui a tendance à remettre en en question la notion de Baroque (2), et hésite à considérer Sponde comme appartenant au Baroque ou au Maniérisme. Marcel Raymond avoue, dans sa préface à l'édition des Oeuvres littéraires de 1978, être tenté de mettre en doute la validité même de ces catégories critiques (3). Il avait d'ailleurs lui-même "annexé" Sponde au courant maniériste, mais en constituant une classe à part, nettement séparée du Maniérisme tel qu'il l'avait défini (4). Jean Rousset quant à lui, avait remarqué que "Sponde désire trop l'immuable pour être le poète du muable" (5), ce qui l'obligeait à le situer en marge du Baroque. Michel Jeanneret montre que la production littéraire pénitentielle ne peut correspondre qu'avec réserves à ces catégories, sauf pour Sponde, qu'il rattache au maniérisme à la suite de Marcel Raymond. Mais il reconnaît que ces poètes religieux forment un groupe à part (6).

Il convient en effet d'affiner notre conception de la littérature religieuse de cette époque, en distinguant divers groupes de poètes. Certains relèvent du Baroque, d'autres de Maniérisme, d'autres enfin, appartiennent à une autre catégorie, qui dessine en même temps l'espace d'une mentalité

spécifique. Car les oeuvres religieuses ne
constituent pas une classe à part: au contraire, le
rapport qu'elles supposent entre le signe et le sens
engage le fond même de leur discours, et renvoie par
là de façon encore plus distincte aux variations des
mentalités (où le sentiment religieux a une
importance déterminante). Or, le Baroque et le
Maniérisme correspondent tous deux à une crise. Le
premier se définit par une crise de conscience en
général, qui concerne toute l'histoire des idées; le
second se définit par une crise de la forme, et
concerne surtout l'esthétique.

Marcel Raymond en mesure parfaitement les
implications métaphysiques: "Si j'essayais de
poser par hypothèse la problématique du maniérisme,
je la verrais dans une justification plus ou moins
ouverte de l'apparence (puisque l'être se dérobe),
dans une activité ludique un peu fébrile, ressemblant
à un alibi, et voilant un fond d'insécurité
métaphysique" (7).

L'oeuvre maniériste épaissit volontairement la
distance du signe au signifié: elle ne vise pas
un effet de réel, une imitation directe de l'objet,
mais la création d'un simulacre de cet objet (8), ce
qui n'est pas sans conséquences lorsqu'il s'agit d'un
discours de la foi. L'oeuvre baroque inversement
reconstruit un monde plus réel que le vrai: elle veut
provoquer une forte charge émotive, et force la
mimesis dans le sens d'un hyper-réalisme. La figure
de style qui lui convient le mieux est l'hypotypose,
qu'on peut opposer à l'ecphrasis maniériste(9). Ainsi,
le Maniérisme trouble l'oeuvre religieuse par la
séduction d'une fiction autarcique (l'intertextualité
créant un système esthétique en circuit fermé); le
Baroque, par l'excès de mise en scène de la réalité,
occulte la vérité de la foi, et substitue à un
sentiment religieux inquiet le masque d'une force
invincible (ou exorcise ces tourments intérieurs par
leur représentation même). D'un côté comme de
l'autre, le Doute s'est insinué.

Jean Rousset et Marcel Raymond ont distingué un Baroque "blanc" et un Baroque "noir", soit deux façons de vivre ce sentiment d'instabilité. Le Baroque "blanc" adopte une position d'esthète, jouit du chatoiement des apparences, le Baroque "noir" vit la fuite de l'être dans une angoisse tragique, avec un sentiment de révolte. Cette dernière attitude semble seule aujourd'hui mériter le nom de Baroque, (l'autre correspondant plutôt au Maniérisme) (10). C'est cette révolte qui crée le tragique, là où il n'y avait que malaise accepté et paré. Elle est indissociable d'une certaine violence: les thèmes du sang, de l'horreur, correspondant à ce déchirement intérieur. L'homme baroque ne cesse de désirer l'être, pourtant toujours absent, et tente de surmonter ce manque essentiel par l'ostentation d'un monde illusoire, qui se sait illusoire et se consume dans cette ostentation. Mais, au delà de cette réaction de parade, on sent une secrête fêlure.

Nous empruntons cette belle expression à Gisèle Mathieu-Castellani: "La production ostentatoire de structures rhétoriques et logiques dans le discours baroque, tout cet appareil de l'efficace, ce surcroît d'assurance, désignent en creux un manque, une fêlure" (11). Ce manque renvoie à l'angoisse de l'absence fondamentale de Dieu. La création artistique est minée par la peur que derrière le paraître, il n'y ait rien. Il y a comme une fêlure au coeur du combattant. Les poètes religieux semblent les plus tourmentés par ce doute destructeur: on a dit qu'ils s'efforcent désespérément de retrouver un lien avec Dieu, tout en sachant que ce lien est définitivement perdu, et l'unité impossible. Chez certains, cela est probablement vrai, mais pas chez tous. Le discours baroque, lui, suppose bien l'inquiétude de l'absence de Dieu. C'est ce que Jean Rousset écrit:

"(L'inconstance) peut être noire ou blanche, lourde ou légère, sombre ou heureuse; sa tonalité variera selon la perspective adoptée. Ceux qui prennent sur l'homme le point de vue de Dieu, le point de vue de l'Essence et de la Permanence, regardent sa versatilité avec une stupeur inquiète, ils y reconnaissent le signe du péché, de l'absence douloureuse de Dieu" (12). Ainsi, la définition du baroque reconnaît implicitement, au coeur du vouloir-croire, un doute sur l'Etre et sur Dieu.

Or, ceux qui dénoncent le péché et l'instabilité de l'homme ne sont pas forcément en proie au doute eux-mêmes. Ils ne souffrent pas forcément d'une absence déchirante, et un discours efficace, une assertion catégorique, ne cachent pas forcément quelque incertitude.

Selon nous, Sponde n'est pas baroque, en ce que la forme de son oeuvre ne procède pas de la mentalité baroque ainsi définie. Il l'est aussi peu que Pascal, bien que tous deux intègrent dans leur discours un "homme baroque", dont ils dénoncent l'inconstance et l'angoisse, pour le forcer à revenir sur le chemin de la vérité. Pour Sponde, l'homme baroque, c'est l'Infidèle, qui refuse de voir la Vérité divine, reste sans Dieu, et vit alors en effet dans un monde de confusion, n'étant lui-même que songe. Les effets oratoires de persuasion renvoient à une vision du monde très cohérente, soutenue par une foi profonde.

C'est cette cohérence intérieure qui nous fait penser que son oeuvre relève d'une autre sensibilité esthétique (c'est-à-dire d'un rapport particulier entre le signe et le sens) que le Baroque ou le Maniérisme, qui mérite d'être étudiée isolément dans la littérature religieuse de cette époque. Car cette esthétique appartient aussi à tout un groupe d'écrivains; et inversement, elle ne correspond pas à toute la production religieuse (sa spécificité ne vient pas de la seule dimension spirituelle). Le projet de convertir le lecteur est inscrit au coeur de ce style, dont la violence est motivée par un dessein interne en accord avec une spiritualité sans

fêlure. Nous pourrions donner à ce style le nom
provisoire de "style navarrais", puisqu'il est né à
la cour de Navarre, d'où il a ensuite diffusé aux
partis protestant et catholique.

Sponde nous permet d'en faire ici une première
approche. C'est en effet au coeur d'une mentalité
précise, celle de la cour de Navarre à la fin du
siècle, où s'est élaboré un style particulier, que
nous conduit l'analyse de cette oeuvre. Notre propos
est double. Nous voudrions contribuer à la mise en
perspective d'un panorama historique religieux et
culturel, constitutif de cette mentalité navarraise,
à l'intérieur de laquelle seulement le texte de
Sponde peut se comprendre. Inversement, ce panorama
ne prendra vie et signification qu'à travers les
oeuvres particulières qui le révèlent. Le texte de
Sponde dit à la fois sa spécificité (sa différence),
et son appartenance à la sensibilité religieuse et
esthétique collective. C'est bien à travers le
"témoignage" qu'il est pour nous que nous pourrons
nous faire une image peut-être plus juste de cet
univers oublié.

Nous commencerons donc par situer l'homme et son
oeuvre dans son milieu, afin de poser sur le texte
les questions appropriées, et de mieux apprécier ses
caractéristiques par rapport notamment à ce que nous
appellerons une "mentalité stylistique" navarraise.

Nous consacrerons un chapitre à l'étude de sa
pensée et surtout de son sentiment religieux (13). Car
si les Méditations témoignent, en ces temps de débats
théologiques, de déviations confessionnelles par
rapport au calvinisme, elles témoignent aussi d'une
d'une sensibilité religieuse particulière et d'une
spiritualité intellectuelle, mais intimement vécue,
dont nous découvrirons la cohérence et la force.

Enfin, l'analyse de la parole méditationnelle nous
permettra d'évaluer dans leur contexte les problèmes
que pose l'exercice littéraire de la foi et les
solutions que représente le texte spondien. Là
encore, apparaît une grande cohérence, entre la visée

religieuse et l'expérience de l'écriture telle que Sponde la conçoit. Les Méditations nous semblent mettre en perspective toute l'oeuvre, et définir une dimension propre du langage religieux, dans la prose comme dans la poésie. Cette "parole" renvoie aussi à une Poétique.

Les Poèmes Chrétiens relèvent de la même structure fondamentale, annoncée par les Stances de la Mort. Toute la poésie spondienne (religieuse ou amoureuse) a ainsi une grande unité, que nous essaierons de dégager, non seulement au niveau des thèmes et des idées, mais surtout au niveau des motivations profondes et des modalités d'une même écriture.

CHAPITRE 1

L'HOMME ET SON MILIEU

Jean de Sponde est né en 1557 à Mauléon en Soule
(Navarre). Son père, Inigo de Sponde, fut secrétaire
de la reine Jeanne d'Albret; et sans doute a joué un
rôle politique plus important que son fils. Jean,
élevé dans un milieu calviniste, mit la force de sa
plume au service de la cause religieuse et
humaniste. Il se convertit enfin au catholicisme à
la suite d'Henri IV, et mourut d'une pleurésie, à
trente-huit ans. De son vivant, outre des travaux
d'érudition sur Homère, Aristote, Hésiode, il publia
en 1588 les Méditations, suivies de l'Essay de
quelques Poèmes Chrestiens. C'est deux ans après sa
mort (en 1597), que Laugier de Porchères fit publier
par Raphaël du Petit Val, à Rouen, un Recueil
collectif, qui mêlait des poèmes de Laugier, de Du
Perron, de Bertaut, et surtout de Sponde. C'est là
qu'on trouve pour la première fois Les Amours, qui
ont probablement été écrits à peu près à la même
date que les oeuvres religieuses (1).
La vie de Jean de Sponde nous reste en grande
partie obscure. Alan Boase a eu le mérite d'en
retracer les épisodes les plus marquants (2).
Nous essaierons donc d'éclairer, plutôt que les
épisodes de la vie de Sponde, les milieux avec
lesquels il a été en contact et qui eux-mêmes posent
problème. En ce qui concerne le sentiment religieux,
comment comprendre les engagements réformés, puis
les conversions, comment saisir la qualité d'une
spiritualité aussi précise et inquiète que l'était
celle d'un entourage fanatisé? Existe-t-il une
spécificité de la littérature protestante navarraise

à la fin du siècle, et laquelle? Nous évoquerons le climat de la Réforme française et navarraise; les études humanistes et alchimiques de Sponde; l'atmosphère difficile de la cour de Navarre, et le style particulier qui s'y est développé; et nous essaierons enfin d'expliquer après Alan Boase le mystère des conversions qui ont suivi celle d'Henri IV. Plus qu'un portrait de Sponde, c'est une ébauche de son temps que nous tentons ici, afin de mieux discerner en quels termes se posaient les questions religieuses et littéraires qui intéressent notre texte.

I.LA NAVARRE ET LA REFORME

*

A) La Réforme française

L'histoire de la Navarre est liée à celle de la Réforme. Un bref rappel de cette histoire nous aidera à nous représenter le système de valeurs religieuses et culturelles de Sponde. Peut-être pourrons-nous aussi voir apparaître plus précisément les caractéristiques de la Réforme telle qu'elle a été vécue par les mentalités française et navarraise.

Bien avant l'importation des idées de Luther et plus tard de Calvin, les aspirations religieuses avaient changé en France, parmi les catholiques mêmes. Jean Standonck, l'un des maîtres de l'université parisienne de la fin du XVe siècle, fondateur du célèbre collège de Montaigü (où furent pensionnaires Erasme en 1495 et Calvin en 1524), avait tenté d'unifier les désirs de renouveau et de purification de l'Eglise dans un ensemble de "réformes". Il avait même reçu l'appui de Charles

VIII, par l'intermédiaire du confesseur du roi Jean
de Rély, et de l'amiral Louis Malet de Graville (4).
En réaction contre la scolastique stérile et la
corruption de l'Eglise apparurent deux exigences
nouvelles : l'exigence d'une religion plus
stricte, plus austère et plus intime (avec Standonck
et les Frères de la Vie Commune), et celle d'une
religion purifiée, plus directe et plus sincère,
qui soit ouverte à la science et à la culture (avec
les Humanistes, partisans d'un retour aux textes).
Mais bientôt, les circonstances historiques et
politiques opposèrent ces deux groupes. Sans entrer
dans le détail de l'évolution des conflits, il
importe de souligner que l'humanisme ne s'est lié
que difficilement à la Réforme, tant du côté
catholique que du côté protestant. Standonck
instituait en 1503 la règle de la Réforme
catholique:

"Nous avons pieusement recherché les causes de la
décadence de l'Eglise, et nous avons vu qu'il
existe peu de prélats disposés à suivre les
traces du Christ, notre maître et notre sauveur,
à édifier les fidèles par une conduite et des
moeurs sans reproches, à reprendre ceux à qui
l'exemple ne suffit pas. Les hommes de notre
temps s'efforcent, pour satisfaire leur vanité,
d'acquérir la connaissance des lettres et des
sciences, et laissent de côté la droiture et la
vertu" (5).

Calvin n'a cessé de s'en prendre à l'humanisme comme
à une secte pleine "d'outrecuidance diabolique", qui
convertit "cette doctrine de salut en je ne sais
quelle philosophie profane, qui est une pollution
que Dieu ne peut porter..." (6). Le point de rupture
avec l'humanisme de part et d'autre se situe dans le
"fanatisme d'orthodoxie", selon l'expression
d'Augustin Renaudet à propos de Standonck (7).

Après la mort de Standonck en 1504, Noël Béda,
son successeur, se rapprocha de l'Université de Paris
dont il devint le syndic, et se fit le champion du

conservatisme religieux le plus strict. A ses côtés,
la Faculté de Théologie et l'Eglise en général
étaient asservies au Pape et au pouvoir (Louis XII
était plus politicien que pieux). Face à eux, les
humanistes font figure d'opposants. Ce sont eux
alors qui envisagèrent une "réforme" de l'Eglise,
mais dans la douceur: une réforme plus philosophique
et mondaine que ne l'avait été celle de Standonck
(qui avait correspondu à un vaste idéal de renouveau
monastique).

Se développèrent alors des cercles aux idées de
"pré-réforme" plus avancées, qui ne quittaient
pourtant pas le sein de l'Eglise. Guillaume Briçonnet, évêque de Meaux en 1516, réunit autour de
lui des humanistes (dont Lefèvre d'Etaples), qui
accueillaient le mouvement évangélique, mettant leur
confiance avant tout dans les Ecritures elles-mêmes,
et dans une foi vécue de façon plus intime, toute
baignée des lumières de la Grâce. Ils avaient la
protection de Marguerite de Navarre, la soeur de
François Ier, qui, elle-même évangéliste, tentait
d'unir les aspirations religieuses aux apports
humanistes (en particulier à la philosophie de
Marsile Ficin), dans le sens d'un platonisme
chrétien.

Cependant très tôt, avec l'importation des idées
allemandes, les disciples de Lefèvre d'Etaples se
sentirent attirés par une réforme plus radicale et
se tournèrent vers Luther, Zwingli et Bucer. Parmi
eux se trouvait Guillaume Farel, plus tard ami de
Calvin. Ils engagèrent le mouvement évangélique dans
une lutte de plus en plus ouverte contre l'Eglise.
Les positions se durcirent de part et d'autre entre
la répression organisée par Noël Béda et les actions
violentes des groupes Réformés. Lefèvre et Briçonnet
furent peu à peu isolés, comme trop pacifiques et
timides. L'école de Meaux n'exista plus. Parmi les
nombreuses péripéties du cycle des attentats et des
répressions, rappelons l'importance de l'affaire des
Placards. En 1534 des affiches de propagande

Réformée, qui traitaient le Pape et les évêques de "vermines", "cafards", "blasphémateurs", et la messe de "déguisement" et de "sorcellerie", furent apposées sur la porte même de la chambre du roi. François Ier, qui était plutôt favorable aux idées de sa soeur et à la réforme pacifique de Briçonnet, ressentit alors cette audace, jusque dans son entourage le plus proche, comme une atteinte à sa mission royale de défenseur de l'Eglise. Il donna toute liberté pour la répression, et le pays fut coupé en deux.

Marguerite quitta la cour et se retira en Navarre. Elle appela Lefèvre d'Etaples, que Béda avait accusé d'être le fondateur d'une secte luthérienne, et regroupa autour d'elle tous les "exilés" indésirables à la cour de France. La Navarre devint une terre d'accueil pour les évangélistes, les persécutés et les Réformés (Clément Marot, et Calvin lui-même y séjournèrent).

Cependant, à la seconde génération, celle de Jeanne d'Albret, la fille de Marguerite, le ton se durcit encore. Les temps avaient changé.

*

B) Jeanne d'Albret et la Réforme navarraise

La personnalité de Jeanne joua aussi un rôle: intelligente et passionnée, elle mit ses colères et sa volonté de fer au service de ce qu'elle considérait comme son devoir d'évangélisation. Selon d'Aubigné, elle était une princesse "n'ayant de femme que le sexe, l'ame entière es choses viriles, l'esprit puissant aux grands affaires, le coeur invincible es adversitez" (8). Marguerite d'Angoulême avait déjà accueilli des prédicateurs nouveaux: Guillaume Farel, Michel d'Arande, Vatable, et Gérard Roussel, abbé de Clairac et évêque d'Oloron de 1536 à 1555, qui avait réformé son diocèse progressivement, en restreignant le culte, et en

François Clouet : Jeanne d'Albret, reine de Navarre, mère d'Henri IV, en 1570. Chantilly, musée Condé. *Photo Giraudon.*

Pierre Dumonstier : Henri de Navarre jeune, futur Henri IV. Paris, Bibliothèque nationale, cabinet des Estampes. *Photo B.N.*

introduisant la langue vulgaire, sans rompre avec Rome, ce qui lui avait valu l'accusation de "Nicodémite" de la part de Calvin. Le successeur de Roussel, Claude Régin (mort en 1593), fut aussi favorable à la Réforme, mais lors des troubles de 1569, il opta pour le catholicisme. Antoine de Bourbon, le mari de Jeanne, fut lui aussi séduit par la Réforme, mais ses idées étaient fluctuantes, au gré du parti politique le plus influent: le moment venu, il se sépara de sa femme et se fit tuer en combattant les Protestants (en 1562).

En 1556-57, Jeanne d'Albret ramena de Nérac des prédicateurs hétérodoxes (François le Gay, dit Boisnormand, Pierre -Henri Barran, La Gaucherie, précepteur d'henri de Navarre...), qui, s'ils étaient tolérés par les évêques, n'étaient pas sans créer des tensions. Lors des Etats réunis à Pau en 1558, le cardinal Georges d'Armagnac, lieutenant général pour le Béarn et la Navarre, tenta en vain d'apaiser les heurts. Le clergé de Nay demanda même l'excommunication de l'évêque de Lescar, qui était responsable de la prédication dans son diocèse, à cause des activités de Pierre Henri Barran, dominicain protégé par Jeanne. Celui-ci fut emprisonné sur l'ordre du cardinal, mais dès le retour des souverains, il fut libéré, et même chargé de prêcher le carême à Nay (le 16 Février 1559), manifestant ainsi l'échec du cardinal. En 1560, la reine adopta publiquement la Réforme, malgré les soulèvements du peuple, à qui elle fut obligée en 1564 d'accorder la liberté du culte, à cause des "grandes plainctes du bris des images" saintes qu'elle avait ordonné. Néanmoins, la guerre civile se développa de 1568 à 1570. Jeanne, toujours plus fanatique, n'autorisa plus que la religion réformée. Bordenave, son historien officiel, écrivait:
"S'il lui eust esté possible et sans discorder avec Dieu, elle eust desiré accorder leur requeste à ses sujets (...), mais puis qu'elle ne pouvoit contenter son peuple sans méconter Dieu

(...) dont la gloire et service lui estoient plus chers que ses biens et sa vie (...), elle prinst ferme résolution de n'entériner la requeste des Estats, quoy qu'en deut avanir, et prioit Dieu de vouloir fortifier la sienne délibération" (9).

En 1562, Jeanne se trouva maîtresse de son royaume, libre de le transformer en pays réformé. Inigo de Sponde fut chargé des affaires ecclésiastique en 1564 (la Soule était un ilôt de résistance catholique particulièrement tenace). En 1566, Jeanne fonda l'Académie ou Collège de Béarn à Orthez, transporté à Lescar en 1571 à cause des guerres: il avait pour mission d'enseigner la doctrine calviniste dans un esprit nationaliste (c'est ce que devaient jurer les professeurs). Pour y entrer, il fallait un certificat d'orthodoxie protestante. On y parlait le latin (langue universelle et religieuse), le béarnais au moins jusqu'à huit ans, et le français à partir de l'enseignement supérieur, sous l'influence des professeurs venus de France et de Genève. Citons parmi les professeurs célèbres: Pierre Viret, venu de Suisse, Nicolas de Galars, Lambert Daneau (recteur de 1571 à 79), Bernard de Mélet (recteur de 1579 à 91), et Jean Daliel (recteur de 1591 à 1620). L'imrimeur était Louis Rabier: il édita Lambert Daneau, Du Plessis-Mornay en 1585, Bernard Sonis en 1586, Jacques de Gassion, Jean et son fils Arnauld de la Salette, pasteur important qui fut l'aumonier de Catherine de Bourbon à partir de 1578, et fut chargé par Jeanne de traduire le Psautier en béarnais (cette édition parut en 1583).

Jean de Sponde fut accepté dans ce Collège de Béarn, où il fut formé aux lettres antiques et acquit très tôt le goût de l'érudition et de la fidélité aux textes. Le philosophe Jacques Trouillard l'initia au platonisme dans les années 1570-79.

*
* *

II. UN HUMANISTE DANS LA TEMPETE

*

A) Genève et Bâle en 1580

Les étudiants complétaient leurs études à l'étranger, en y suivant les enseignements des professeurs les plus réputés.

En bon calviniste, Sponde alla à Genève en 1579, puis à Bâle en novembre 1580, attiré, plus que par l'austère et fanatique Théodore de Bèze, par l'humaniste et professeur prestigieux,Théodore Zwinger. Il suivit ses cours de grec et ses leçons sur Aristote. Zwinger s'intéressait aussi à l'alchimie; Sponde entreprit quelques expériences. Il reçut à cette époque une lettre de reproches de Théodore de Bèze (10). De plus, il fréquentait les cercles humanistes de la ville. Bâle était une ville cosmopolite (11), où les éditeurs publiaient les auteurs humanistes italiens et se mettaient ainsi en conflit avec les rigoureux calvinites de Genève. Il y avait un courant érasmien humaniste, et donc anticalviniste, attaché à l'unité de la foi chrétienne; et un courant religieux qui s'engageait vers un protestantisme plus radical, plus spiritualiste, proche de Zwingli et d'OEcolampade. Là s'était réfugié l'humaniste Castellion, rejeté par Calvin et Bèze, parce qu'il se prononçait pour le libre arbitre et la tolérance.

En 1583, à vingt-six ans, Sponde écrivit des commentaires d'Homère et dédia son ouvrage à Henri de Navarre. Toute sa vie, il ne cessa d'avoir en projet des éditions d'auteurs anciens.

*

B) Alchimie, humanisme et calvinisme

Sponde se mettait-il, dans sa curiosité pour l'alchimie, ou pour l'antiquité, en contradiction avec le calvinisme, qui avait constitué la base de son éducation ? Pour Sponde lui-même, la contradiction n'existait pas. C'est parallèlement à ses travaux alchimiques qu'il cherchait à favoriser la publication des Psaumes par Paschal de l'Estocart, qui avait déjà fait paraître Les Octonaires de la vanité du Monde sur des vers d'Antoine de La Roche-Chandieu (en 1582 à Genève et Lyon). Ce musicien vivait aussi à Genève et Bâle. Sponde écrivit d'ailleurs un sonnet liminaire dans ce volume, aux côtés de Simon Goulart, Théodore de Bèze lui-même, Dominique Baudier et Théodore de Sautemont (12). Ses Psaumes parurent en juin 1583, en même temps que l'Homère de Sponde, et chez le même éditeur (Episcopius). Un an plus tôt, Sponde écrivait à son frère qu'il avait été saisi de "je ne sais quelle fureur poétique" à la lecture des Psaumes de David. C'est bien un certain climat de production humaniste et religieuse, de recherches en général, qui unissait les groupes que devait fréquenter Sponde. Une série de billets quasi-quotidiens que notre étudiant envoya à Zwinger raconte l'évolution de ses recherches alchimiques avec un enthousiasme qui se sait innocent, tout en n'ignorant pas le danger des tentations matérialistes: elle montre comment ils considéraient eux-mêmes l'alchimie par rapport à leur foi. Sponde avoue par exemple qu'il n'a pas pu résister à "l'esprit chimique" ("Spiritus Chymicus") qui l'a poussé à réaliser les expériences. Alan Boase sent que "l'alchimiste en général (...) gardait un profond respect envers le Grand Oeuvre où l'élément rituel, avec toutes ses implications religieuses et morales avait une importance supérieure à l'élément scientifique proprement dit" (13). C'est que le "Grand Oeuvre alchimique" n'est que la traduction

partielle de la même vérité religieuse et morale
("inspirée"); il ne devient satanique que si on
croit trouver par ce moyen seul la possibilité d'une
Révélation. Chaque découverte scientifique peut
alors être interprétée et utilisée dans un sens
divin et lumineux, ou dans un sens égoïste et
négatif; c'est ainsi qu'il faut comprendre dans la
même lettre l'expression de Sponde que Boase trouve
mystérieuse: "Aliud est enim in luce, aliud in
tenebris versari (14). Mais l'impatience de la
réalisation pratique et scientifique ne s'oppose pas
non plus à la présence divine dans l'homme
chercheur: elle le stimule dans une quête toujours
plus difficile et élevée. Ainsi, l'esprit
alchimique, tant qu'il ne perd pas de vue sa
finalité transcendante (et ne redevient pas humain,
c'est-à-dire chimique) n'entre pas en conflit avec
la foi la plus exigeante.

Les travaux humanistes de Sponde le mettaient-il
en contradiction avec sa religion ? Calvin, en
rejetant l'humanisme et la mythologie païenne
s'opposait à toute une tradition exégétique de la
littérature catholique. Pour celle-ci, la mythologie
n'entrait pas en conflit avec le Christianisme.
Claude Faisant a éclairé de façon décisive la valeur
religieuse chrétienne que les poètes de la Pléïade,
et en particulier Ronsard, accordaient à la
mythologie antique (14), au point qu'on peut se
demander si chaque référence à la mythologie, même
dans la poésie amoureuse, n'acquérait pas pour eux
une résonance spirituelle plus ou moins "masquée" .
En effet, pour Ronsard, les poètes ne font que
retransmettre, en la mettant à la portée de l'esprit
du monde, la Révélation (divine, Christique), que
les poètes de l'antiquité avaient eux-mêmes traduite
pour le peuple grossier, transformant le sacré en
fabuleux. Ainsi, dans l'Hymne de l'Hercule
Chrestien, Hercule est une "image", avatar
antérieur, de Jésus-Christ, sans aucune ambiguïté,

si aujourd'hui, les lecteurs de l'après-Révélation
savent (et doivent) trouver le véritable sens, lire
la signification spirituelle. Ce schéma exégétique
traditionnel est répandu à la Renaissance. Le
véritable poète est investi d'une mission divine de
restitution discrète des mystères sacrés, mais il
n'ignore pas les dérapages possibles dans le sens
d'une ambition satanique, ou du formalisme stérile
des "poetastres", "plus enflez d'artifice et de
labeur que de divinité" (Ronsard, Art poëtique
françois) (16). De la même façon, les astres et les
"Muses" sont des instruments de Dieu. Il faut tenir
les Muses:

"Chères et sacrées, comme les filles de Juppiter,
c'està dire de Dieu" (lecture immédiate de la
mythologie dans le sens chrétien), "qui de sa
saincte grace a premièrement par elles faict
cognoistre aux peuples ignorans les excellences
de sa majesté. Car la Poësie n'estoit au premier
aage qu'une Theologie allegoricque, pour faire
entrer au cerveau des hommes grossiers par fables
plaisantes et colorees les secretz qu'ilz ne
pouvoyent comprendre quand trop ouvertement on
leur descouvroit la vérité" (17).

Selon Laumonier, Ronsard aurait appris de Dorat
cette tradition exégétique (Hymne de l'Automne), qui
s'appliquait de façon systématique à toute étude de
texte antique. Le poète moderne a le devoir de
perpétuer la Révélation Christique, compte tenu de
l'approximation essentielle du langage imposée par
la perte adamique du lien avec Dieu, et par
l'altération idolâtrique que les "Poëtes humains"
avaient fait subir à la mythologie primitive:

"Or, pour ce que les Muses ne veulent loger en
une ame, si elle n'est bonne, saincte, et
vertueuse, tu seras de bonne nature, non
meschant, renfrongné ne chagrin: mais animé d'un
gentil esprit, ne laisseras rien entrer en ton
entendement qui ne soit sur-humain et divin"; "Et
si tu entreprens quelque grand oeuvre tu te

montreras religieux et craignant Dieu, le commençant ou par son nom ou par un autre qui representera quelque effect de sa majesté..." (18).

On ne mesure pas toujours l'importance de la portée spirituelle pourtant explicite que ces textes célèbres donnent à toute la création poétique de la Pléiade.

Or, cette conception "ronsardienne" de la poésie fit école, à la cour de Navarre même. Guillaume Salluste Du Bartas, poète protestant qui régnait sur cette cour, publia en tête de l'édition de 1584 de sa Sepmaine un Avertissement qui fournit la clef de l'écriture (et de la lecture) de son ouvrage. Il répond à ceux qui l'accusent d'avoir utilisé des digressions "pour faire une vaine parole de suffisance", nuisible au sujet religieux de la Création du monde. "Qui trouvera estrange", dit-il,
"si pour faire avaler les salutaires breuvages que la sainte parole présente aux esprits malades et degoustez de ce temps, j'y ay meslé le miel et le sucre des lettres humaines..." (19).

La culture humaniste est un appât nécessaire. Ici se séparent les fonctions du prêtre et du poète: celui-ci ménage une étape heuristique à mi-chemin entre les plaisirs humains les plus élevés (le plaisir esthétique) et l'accès à la Vérité. La mythologie dans la poésie n'est qu'une "métonymie", c'est-à-dire qu'elle présente à l'imagination du lecteur un objet relai, destiné à dévoiler une signification seconde dont il n'est pas seulement un substitut symbolique, mais avec laquelle il entretient un rapport réel (quoique légèrement déplacé). Du Bartas explique pourquoi il utilise les noms mythologiques:
"Les autres voudroyent que ces mots de Flore, Amphitrite, Mars, Vénus, Vulcan, Jupiter, Pluton etc. fussent bannis de mon livre. Ils ont de vray quelque raison, mais je les prie de considerer que je les ay clair-semez. Et quand j'en use, c'est par Metonymie, ou faisant quelque allusion

à leurs fables: ce qui a esté pratiqué jusqu'à present par ceux qui nous ont donné des Poèmes Chrestiens. La Poësie est de si long temps en saisine de ces termes fabuleux qu'il est impossible de l'en deposseder que pié à pié. Je luy ay donné les premiers Assauts, quelque autre viendra qui luy fera du tout quitter la place: et interdira comme parlent les Jurisconsultes, à ces monstrueuses bourdes et l'eau et le feu" (20).

On comprend que les Jurisconsultes de la religion (Calvin et Bèze) aient eu le devoir de condamner les artifices "pollués" de l'humanisme: c'est moins le paganisme qui choquaient les fanatiques de la cour de Navarre, que la couleur catholique de toute une conception religieuse de la culture. Car lire et traduire les poètes de l'Antiquité en gardant à l'esprit la clef exégétique chrétienne et à condition de ne pas se laisser séduire par leurs erreurs "fabuleuses", c'est rattacher l'humanisme à la religion.

Dans ses Prolégomènes à l'édition d'Homère de 1583, Sponde écrit une partie consacrée à De Origine et dignitate Poetica, où il reprend la conception ronsardienne. L'homme a été créé pour célébrer la gloire et la louange de Dieu, aujourd'hui comme au premier âge:

"Voilà cette divine Poésie à laquelle notre poésie humaine aspire, ou devrait certes aspirer, et aspira en effet pendant les premiers siècles, celle qui fut non seulement toute philosophique, mais toute théologique. Cette poésie a été au plus haut degré énigmatique, ce qui apparaît dans la façon de parler des choses sacrées même dans les Saintes Ecritures" (21).

Ce sont les mêmes mots que nous retrouvons de Ronsard à Sponde, des poètes catholiques aux poètes protestants. Certains critiques ont pu parler d'une "pensée syncrétiste" de la Renaissance (22). Rien n'est moins vrai si on entend par là une sorte d'amalgame plus ou moins tempéré, finissant par

Guillaume Farel   Pierre Viret

Théodore de Bèze

laisser cohabiter dans un compromis tiède les choses les plus contradictoires. C'est méconnaître la ferveur et l'exigence de rigueur et de clarté de ces hommes engagés et côtoyant la mort. C'est méconnaître l'idéalisme profond de l'humanisme, sous-jacent aux déceptions mêmes. Sponde à vingt-six ans dit son engagement humaniste au service de Dieu:

"Si quelqu'un considère plus attentivement le mystère poétique (Poetica mysteria) il sera facile de voir sa dérivation de cette véritable et énigmatique première Poésie, mais à travers des acqueducs boueux et encrassés où ces fontaines limpides ont perdu leur blancheur primitive (...). Que devons nous penser de la Poétique qui a contenu ces arcanes de Dieu et les contient même aujourd'hui ? A moi il me semble comme ayant un commerce quasi perpétuel avec la Divinité, en quoi Dieu explique tant de trésors de piété et de religion et confie la tâche de les garder et Le servir" (23).

La parole poétique (prose ou mètre) nous le verrons, est un lieu de relation, de "commerce" avec Dieu, et le poète doit continuer à répandre les mystères sacrés de façon accessible aux hommes, à travers la "boue" de notre langage dévoyé (24).

C'est ce dessein exégétique indéfectible qui a fait regretter à Alan Boase les fantaisistes interprétations religieuses de Sponde dans ses commentaires de L'Iliade et l'Odyssée, ses longues notes "sur ces sujets, bardées de renvois à Augustin, Chrysostome, Clément d'Alexandrie et Lactance...", ses efforts pour "montrer qu'Homère semble avoir parfois une idée juste de Dieu", qui lui fait compter "jusqu'à six cents passages où le monothéisme serait sous-entendu", s'appuyant "sur la fantaisie philologique d'un certain Van Gorp (...) pour faire apparaître à travers le 16e livre de l'Odyssée une conception de la Trinité...!". Et notre critique de s'étonner de "cette crédulité volontaire (...) presque normale pour le siècle de

la Renaissance" (25), dont témoignerait Sponde à
l'égard de la possibilité des prodiges et du
merveilleux homérique. Alors que dans le système
herméneutique de la Renaissance, et dans l'esprit de
Sponde, celui-ci est en fait une manifestation du
surnaturel divin (les miracles de Dieu), que les
Anciens n'avaient pas encore la possibilité de lire
d'une façon chrétienne, et infléchissaient vers le
"fabuleux". Ce sont ces rapprochements de
l'Antiquité et du Christianisme qui justifiaient
précisément et exclusivement les travaux humanistes.

Nous avons voulu montrer une communauté de pensée
et de système de valeurs culturelles et religieuses
entre les Catholiques et les Protestants, non pas
pour gommer les différences, mais pour mieux situer
le fonds d'une véritable mentalité collective, à
partir de laquelle se précisent ensuite les
dissensions volontaires de chaque groupe, ce qui
replace peut-être les débats idéologiques et
confessionnels sur le terrain superficiel et
déformant de la polémique. Les véritables
oppositions étant ailleurs.
En effet, on aurait tort de croire avoir trouvé
ici la solution ponctuelle et exceptionnelle (à un
moment précis des guerres civiles...), d'antinomies
incontournables. Au contraire, c'est dès le début de
la Renaissance que l'intérêt pour les textes
antiques (comme pour l'alchimie, l'astrologie, la
science en général), a été orienté vers le présent
spirituel, moral et politique d'une société
chrétienne cherchant à se perfectionner. L'urgence
historique n'a fait que renforcer cette tendance:
l'écrivain, comme l'homme politique agissent sous le
regard de Dieu et pour les hommes présents. Même aux
moments où le fanatisme guerrier et doctrinal
battait son plein, des responsables ecclésiastiques
n'ont cessé de maintenir cet équilibre fondamental.
Le pasteur Lambert Daneau en est un exemple.
Juriste, il abandonna le Droit pour la Théologie, et

après avoir été initié à l'Evangélisme, décida de
s'employer à systématiser les cadres du calvinisme.
En 1572 il devint "lecteur en théologie" à
l'Académie de Genève: ce poste avait été créé pour
soulager Théodore de Bèze (il y succéda à Charles
Perrot). C'était le moment où l'Académie était la
plus brillante (de 1572 à 1574), avec les
professeurs Bèze, François Hotman, Juste Scaliger.
En 1579, Daneau fait paraître le Methodus tractandae
sacrae scripturae, qui détermine la démarche
exégétique pour les pasteurs chargés d'enseigner
l'Ecriture (nous y reviendrons), selon les principes
stricts du calvinisme, auxquels il intègre la
nécessité de la dialectique, pourvu qu'elle reste un
instrument humble au service de la foi (c'était déjà
la position de Mélanchton). Il écrit:
> "Quiconque veut parvenir brièvement et sûrement à
> la connaissance de la vérité ne peut se passer de
> cette science de l'argumentation et du
> raisonnement" (26).

Rappelons que Daneau fut Recteur du Collège d'Orthez
(de 1571 à 79), et y fut rappelé pour enseigner la
théologie après 1583 par Henri de Navarre, qui
voulait donner au Collège un nouveau développement.
Or, il fit publier à Genève même, en 1570-71, une
traduction des Travaux et des Jours d'Hésiode.
Mélanchton avait déjà préfacé et annoté Hésiode qui,
selon lui, exprimait les préceptes qui doivent
régler la société civile. O. Fatio, dans son ouvrage
sur Lambert Daneau et les débuts de la scolastique
réformée, souligne très justement que traduire
Hésiode était faire oeuvre de moraliste.

S'agissait-il d'une licence accordée à un pasteur
par ailleurs orthodoxe? Pas du tout. Au synode de La
Rochelle, quelques mois plus tard (le 17 Avril
1571), Daneau fait partie des Ministres, et c'est
lui qui est chargé de répondre au livre des
"Adversaires", comme porte-parole de la cause
calviniste. En fait, si Calvin et Bèze avaient pour
mission de ne pas quitter le point de vue

théologique, lui, relai supplémentaire entre la
législation et la pratique, avait la charge de
permettre aux pasteurs l'adaptation de la doctrine
au vécu humain mondain. Tous ceux qui écrivaient
étaient investis de la même charge, chacun dans son
domaine, dans sa "vocation" selon le mot de Calvin,
et tous participaient à la même action sacrée. C'est
ainsi qu'il faut comprendre l'humanisme obstiné de
Jean de Sponde.

III. LA COUR DE NAVARRE

*

A) Le mythe de Nérac

En 1584 et 1586, Sponde recevait des "gages" avec
Pélisson (le brillant "lecteur du roi"), comme
Maître de Requêtes de la Maison du Roi de Navarre.
Quel était le visage de cette cour dans les années
1580-85?

On en sait très peu de choses et on en fait
souvent un portrait double: par opposition à la cour
de France si cultivée, elle paraît rustre; quand
brusquement, après le fanatisme religieux de Jeanne
d'Albret, elle devient riante, tolérante, amoureuse,
sous Henri de Navarre et grâce à la reine Margot,
dit-on. Celle-ci vint résider à Nérac, amenant avec
elle une petite cour, faite à l'esprit de Paris, où
l'on remarquait Guy du Faur de Pibrac, familier
du roi de France et membre de l'Académie du Palais.
La cour d'Henri III était de loin la plus raffinée
de toute la Renaissance. Le roi avait développé à
l'extrême le goût des beaux-arts, des fêtes
somptueuses au symbolisme complexe, qui
contribuaient à esthétiser chaque moment de la vie.
Il avait aussi créé une Académie, sur le modèle des
académies italiennes, qui réunissait deux fois par

semaine les plus grands esprits du temps pour des
joutes savantes sur des sujets philosophiques,
moraux, et scientifiques. A l'instigation de la
reine Margot, Henri de Navarre fonda à son tour
l'Académie de Pau. Marguerite la décrit plutôt comme
une occasion de s'amuser à des "débats" de société
entre courtisans:

> "Le Roy, mon Maistre, avoit dressé une petite
> Académie à l'imitation de celle de la cour.
> Messieurs Duplecis, Dubartas, Constant, le
> Président Ravignan, La Nagerie et Pélisson en
> estoient: mais quand il faloit faire party,
> Hortoman et Pélisson ne pouvoyent demeurer d'un
> costé, pour ce que nul de nous ne pouvoit
> resister à ces deux Docteurs" (27).

La cour de Nérac fut certainement séduite par
l'univers culturel irréel et fascinant d'une
galanterie compliquée, et des jeux profanes qu'elle
entraînait dans son sillage, des mascarades, des
fêtes. En effet, le 15 Décembre 1578, deux ans après
l'"évasion" de son mari, Marguerite de Valois
retourna en Gascogne, accompagnée de sa mère
Catherine de Médicis. C'est un cortège
impressionnant qui arrivait, avec le cardinal de
Bourbon, sa Maison, celle du duc de Montpensier, les
dames d'honneur, femmes de chambre, maîtres d'hôtel,
pannetiers, échansons, écuyers, aumôniers... vingt-
cinq valets de chambre, des musiciens... Henri de
Navarre leur fit une réception brillante, et les
deux cours se mêlèrent à Nérac. Sully écrit:

> "L'amour était devenu l'affaire la plus sérieuse
> de tous les courtisans; le mélange des deux
> cours, qui ne cédaient en rien l'une à l'autre du
> côté de la galanterie, produisit l'effet qu'on
> devait en attendre; on se livra aux plaisirs, aux
> festins et aux fêtes galantes (...). Nous
> devinmes courtisans et faisant l'amoureux comme
> les autres, ne nous amusant tous qu'à rire,
> danser et courir la bague" (28).

Néanmoins, les urgences politiques et militaires

donnent à cette prétendue "harmonie" l'allure d'une
illusion éphémère. Henri doit sans cesse partir avec
ses troupes, changeant constamment de résidence. Les
deux époux ne se voient guère, et on se demande
comment une cour éclatée et itinérante pouvait avoir
une vie culturelle active. En 1580, François
d'Alençon, le frère chéri de Margot vint séjourner à
Nérac, une fois la paix signée; il amenait des
gentilshommes élégants qui apportaient enfin, dit la
reine, un peu de vie et de gaîté à la manière
française. Mais cela fut aussi de courte durée.
Marguerite finit par quitter Nérac le 20 Janvier
1582, pour un voyage à la cour de France, et demanda
à son mari de la rejoindre, mais il refusa. Elle
revint en 1584; là encore, Henri n'était que
rarement présent. En 1585 éclata la rupture entre
les deux époux, la reine dut s'enfuir et s'installer
à Agen (cité catholique). D'une manière un peu
romantique, les historiens ont supposé une idylle à
Nérac, "capitale de l'amour", illuminée par la
présence magique de la jeune Margot. Et alors qu'on
a tendance à opposer les deux cours, inversement, on
se met à croire à leur assimilation lors du bref
"paradis de Nérac", selon l'expression consacrée
(29). Telle qu'on l'a définie, cette cour est un
mythe. A plus forte raison en 1585, où Nérac était
déserté.

Reprenons la question. Car Sponde a connu une
"mentalité" qui s'est forgée dans le groupe des
familiers du couple royal (quel qu'il ait été). Une
"cour" a dû exister, qu'il s'agit de définir selon
ses propres caractères. En effet, les oppositions
entre les cours de France et de Navarre ne se
situaient peut-être pas où on les a vues.

*

B) <u>Liens</u> <u>culturels</u> <u>et</u> <u>différences</u>

Tout d'abord, ces deux cours avaient, par leurs

Marguerite de Valois (jeune)
Bibliothèque Nationale, Estampes.

souverains, des liens culturels plus profonds que les différences religieuses et politiques. Marguerite d'Angoûlême avait apporté à Nérac la Renaissance française royale. Jeanne elle-même passa son enfance en Normandie, puis à la cour de France entre dix et vingt ans (30). Après son mariage, elle ne cessa d'y faire des séjours avec son fils Henri, bien qu'elle se fût toujours prononcée avec provocation pour la Réforme (en 1561 à Saint-Germain, elle faisait chanter des cantiques protestants). Henri de Navarre, en tant que premier prince du sang, et malgré les opinions de sa mère, fut obligé d'entretenir toujours des relations avec la cour royale: enfant, il participa au tour de France de Catherine de Médicis et de Charles IX (de 1564 à 1566). Jeanne accueillit d'ailleurs le cortège à Nérac du 28 au 31 Juillet 1565. Catherine de Bourbon avait quatorze ans lors de la mort de sa mère, et c'est Catherine de Médicis qui se chargea de lui donner aussi une éducation humaniste, afin de la convertir au catholicisme (31). Les souverains de Navarre et leurs serviteurs les plus proches avaient une culture française.

Inversement, la cour de France n'était pas toute aussi cultivée que ses souverains. Seule une minorité proche de la famille royale avait le goût du savoir; les autres imitaient de l'extérieur, employant un langage affecté, avec des allusions mythologiques. La mode était de paraître érudit, mais la présence des dangers, la nécessité de l'appartenance à des clans, ne faisaient que renforcer la supériorité de l'homme de guerre sur le poète. Nombre de jeunes gens, après leurs études, refusaient avec bravade la culture. Henri III se choquait de l'inculture de son entourage. Le Tasse, qui séjourna à la cour en 1570-72 observa que les lettres se dégradaient. En 1573, quand les ambassadeurs polonais vinrent notifier à Henri son élection au trône de Pologne, ils parlaient couramment latin, et personne à la cour de France ne

fut capable de leur répondre en latin, sauf
Marguerite de Valois, reine de Navarre, et la
Maréchale de Retz. Henri III se jura de se remettre
à l'étude, et de faire étudier ses enfants. Pour
lui, la culture avait non seulement une valeur
éthique (rendait vertueux), mais encore, elle
rapprochait de Dieu (il se mettait ainsi en butte à
l'aristocratie militaire et aux Catholiques ultra).
Le goût de la culture se répandait à nouveau; mais
Jacqueline Boucher (32) parle d'une régression des
lettres à la mort de Henri III et pendant onze ans.
Henri IV passait lui-même pour mépriser les lettres.
Une vie culturelle se reforma en dehors de sa cour,
dans les salons, regroupant les intellectuels de
l'époque d'Henri III. C'est ce que dit Du Perron:
   "Le roy defunt (Henri IV) n'entendoit rien en la
   musique ni en la poésie, et pour cela de son
   temps il n'y eut personne qui y excellât. Ceux
   qui y sont sont des restes du règne de Charles IX
   et Henri III" (33).

   La véritable différence entre les cours de France
et de Navarre ne se situe pas au niveau du contenu
culturel, mais de la signification et de la valeur
qu'on donnait à ces contenus. C'étaient bien non pas
deux cultures, ni même deux modes, ni même deux
religions qui s'affrontaient, mais deux mentalités,
c'est-à-dire deux systèmes de relations créées entre
les notions les plus fondamentales de l'existence
humaine (pratiques, sociales et métaphysiques),
organisées comme d'elles-mêmes (et non exposées dans
une théorie), et auxquelles on attachait un idéal et
un espoir supra-historique. Ainsi, une société peut
avoir une mentalité de base, structure matricielle
de perception, de pensée et de foi, que chaque
groupe oriente selon une perspective axiologique
propre, et qu'à son tour chaque individu vit selon
sa propre cohérence et ses déterminations
particulières. Les mentalités collectives se
complexifient donc de micro-mentalités, qui ne sont

intéressantes que lorsqu'elles ont pu collaborer à l'infléchissement de la mentalité collective du groupe immédiatement supérieur. Car l'évolution des mentalités ne concerne que des notions a priori, conditions de toute perception, pensée et foi vécues, avant même toute modification des contenus. Nous devons donc essayer de découvrir et garder à l'esprit à la fois la base commune d'une mentalité (saisie toujours en cours de transformation, naissance ou mort renouvelées, c'est-à-dire en tant que mentalité vivante), et les déviations particulières des groupes internes qui ont chacune donné une coloration légèrement différente, et ont finalement décidé, se regroupant ou s'opposant, de l'évolution collective la plus générale.

Nous avons commencé à percevoir un fonds commun culturel par delà les distinctions Catholiques / Protestants; cour de France / cour de Navarre; et nous voyons se dessiner les influences des diverses personnalités des souverains sur toute une vie culturelle précise, limitée à leur entourage.

La personnalité de Margot en effet n'est pas sans conséquence. Sa solide culture humaniste ne correspond pas comme chez son frère Henri III à une spiritualité intense, à une intelligence attentive et mesurée, à un idéalisme élevé. Plus mondaine, plus passionnée et plus limitée, elle ne retint de la diplomatie de sa mère que le goût des intrigues d'alcôve au service d'une certaine liberté tranquille, ou d'une ambition politique sans discernement. D'Aubigné dit à son propos:
"Elle apprit au roi son mari qu'un cavalier estoit sans âme quand il estoit sans amour, et l'exercice qu'elle en faisoit n'estoit nullement caché, voulant par là que la publique profession sentist quelque vertu et que le secret fust la marque du vice. Ce prince, tendre de ce costé, eut bien tost appris à caresser les serviteurs de sa femme, elle à caresser les maistresses du roi

son mari, les instruisant qu'elles avoyent en
leur puissance la vie de leur maistresse et la
disposition des plus grandes affaires de France:
si bien qu'en concertant avec elle, la paix et la
guerre du royaume estoyent entre leurs mains"
(34).

L'amour était un jeu et un instrument de pouvoir;
mais si Catherine de Médicis savait organiser son
"escadron volant" de charme, Margot se faisait
ridiculiser par Fosseuse (35), et discréditer par
ses propres amants. De plus, ses manigances pour son
frère, l'instable François d'Alençon, visant à
dresser son mari contre Henri III, furent sans
avenir. Marguerite ne transmit de la culture
française que son élégance mondaine et le fameux
langage "phébus". Elle se situait ainsi d'emblée un
peu en marge d'une véritable fusion des mentalités,
et eut surtout une influence sur les comportements
(qui portaient le moins à conséquence). Il semble,
par exemple, qu'il n'y ait pas eu avec elle de
discussion religieuse; la différence de profession
de foi ne paraît pas un sujet de heurts à Nérac, en
1579-83, dans la mesure où les divertissements n'en
étaient pas affectés:

"Nostre cour estoit si belle et si plaisante, que
nous n'envions point celle de France; y ayant
madame la princesse de Navarre et moy avec bon
nombre de dames et filles; et le roy mon mary
estant suivy d'une belle trouppe de seigneurs et
gentilshommes aussi honnestes gens que les plus
galans que j'aye veu à la cour, et n'y avoit rien
à regretter en eux, sinon qu'ils estoient
huguenots. Mais de cette diversité de religion,
il ne s'en oyoit point parler: le roy mon mary et
madame la princesse sa soeur, allans d'un costé
au presche, et moy et mon train à la messe en une
chappelle qui est dans le parc; d'où comme je
sortois, nous nous rassemblions pour nous aller
promener ensemble, ou dans le parc que j'avois
faict faire (...), ou en un très-beau jardin (...)

et le reste de la journée se passoit en toutes
sortes d'honnestes plaisirs, le bal se tenant
d'ordinaire l'après-disner et le soir" (36).
A Pau, Marguerite avait le droit d'écouter la messe
dans un petit cabinet du château, le pont levis levé
pour empêcher les Palois catholiques d'y assister.
Le 7 Juin 1579, quelques-uns, qui s'étaient
infiltrés dans cette chapelle, furent pris et jetés
en prison. La reine, par mouvement de charité,
obtint de les faire relâcher (37). Puis, elle
préféra fuir le climat protestant austère et
tyrannique qui régnait dans ce "petit Genève de
Pau".
Elle subissait donc son sort, ne rêvant que de
retrouver les plaisirs de la cour française, qui
vraisemblablement donnait le ton de la vie
culturelle en général (à un niveau autrement plus
décisif que celui des modes de langage), et où
s'était élaborée une nouvelle définition de l'homme.
Rapprochons deux témoignages. Lors de son voyage à
la cour, Margot écrivit à son mari de venir la
rejoindre, lui dépeignant les fêtes et les bals (en
1583): si le roi de Navarre était honnête homme, "il
quitterait l'agriculture et l'humeur de Timon, pour
venir vivre parmi les hommes" (38). Agrippa
d'Aubigné raconte une visite d'Henri de Navarre chez
le mathématicien François de Candalle à Cadillac,
avec lui-même, Constant, Pélisson, et Du Plessis.
Alors que la troupe s'amusait à comprendre les
mécanismes d'une machine à soulever les poids,
d'Aubigné écrivit:
"Non isthaec, Princeps, Regem tractare doceto:
Sed docta Regni pondera ferre manu".
(Apprends, Prince, que ce n'est pas l'affaire
d'un roi de manier les fardeaux, Mais de porter
d'une main habile la charge du pouvoir).
Quand Monsieur de Candalle découvrit le distique,
"...Il s'escria par deux fois: O, il y a ici un
homme! Le Roy ayant réplicqué: Tenez vous le reste
pour des bestes? pria son oncle de choisir à la mine

celuy qui auroit faict le coup: sur quoy il y eut d'assés plaisants propos, auxquels je m'amuserois trop" dit d'Aubigné (39). Un "homme" devait donc être instruit des belles lettres et des bonnes manières, par opposition aux "bestes" n'ayant que la force. L'idéal de l'humaniste, homme de société, n'a pas encore évolué vers celui de l'"honnête homme" qui refuse toute marque d'érudition. Il est intéressant de noter que François de Candalle était catholique, évêque d'Aire. Henri de Navarre répond avec humour à ce qu'il a ressenti comme une maladresse blessante et involontaire de la part de son hôte, mais dont il a parfaitement compris la portée (de plus en plus, l'art de la conversation d'esprit supplantera le savoir).

La différence entre les cours de France et de Navarre tient dans la façon de mettre en perspective axiologique la culture, sa place dans un univers en métamorphose; ainsi que tout une conception de l'homme, du courtisan humaniste, de l'humaniste chrétien, et du chef politique. La différence de choix religieux est ici décisive sur la vie culturelle de la cour de Navarre. Le calvinisme réclamait en effet une mobilisation totale de la personne humaine et de ses aspirations. Nous avons vu que Jeanne d'Albret avait fait passer ses devoirs religieux avant ses devoirs de souveraine. Elle avait asservi la culture à la diffusion doctrinale. De nombreux Protestants (d'Aubigné), l'ont vécu comme un écartèlement de conscience. Mais ni Henri de Navarre, ni Sponde, ni la majorité des humanistes ne semblent l'avoir vécu dans la contradiction et le tourment.
Le calvinisme militant rejoignait la mentalité de l'homme de guerre, qui du coup se trouvait revalorisée, son archaïsme étant utile, renforcé dans sa simplicité intransigeante par une caution spirituelle supérieure. L'humanisme, en porte-à-faux (soupçonné par définition de mondanité), ne pouvait

avoir sa place qu'au service de la foi. Ainsi, la culture papillonnante importée par Margot ne faisait elle que renvoyer les courtisans navarrais à une conception propre de la culture: soit à un dénigrement complet et ironique de la part des militaires (vécu dans l'ambiguïté chez les militaires humanistes); soit à un enracinement profond de toute vie culturelle dans la foi.

C'est la soeur du roi, Catherine de Bourbon, qui avait cette fonction. Elle regroupait les poètes huguenots, et chantait elle-même des Psaumes, comme Jeanne. Au demeurant, elle et Margot vivaient en bonne entente (40), et les poètes des deux suites se mêlaient ponctuellement pour les jeux profanes et les mascarades. Ainsi, s'il n'y a probablement pas eu de vie culturelle ni même de vie de cour comparable à celle de France, si la "cour de Nérac" est sans doute mythique, il reste vrai qu'il a existé des réjouissances mondaines occasionnelles et des relations "amicales" et diplomatiques entre les groupes.

Mais surtout, il existait une acception navarraise de la culture, héritée de Jeanne, et même, nous allons le voir, un style propre à l'exercice de cette culture.

IV. LE STYLE NAVARRAIS

En effet dans cette cour, repliée idéologiquement et géographiquement éloignée de la cour de France, finit par s'élaborer un imaginaire et un style particuliers, qu'Eugénie Droz a appelé le style navarrais (41). Nous voudrions étudier ce style pour lui-même, d'un point de vue historique, puisqu'il a correspondu à une production limitée et repérable, en dehors de la question du Baroque. C'est à la cour de Navarre qu'est née une certaine mode stylistique, qui relève d'une mentalité navarraise, mais qui, exportée dans les milieux protestants de Genève, a servi l'expression de la mentalité baroque. Ce sont en effet les mêmes critères formels dont nous suivrons la naissance, et l'évolution historique révélera les différences de ces mentalités: leurs définitions se trouveront encore plus précisées par la proximité de leur formation.

*

A) Defendre et illustrer la Navarre calviniste

Dans l'entourage de Jeanne d'Albret, on lisait quotidiennement des psaumes. La reine rimait elle-même des cantiques (42), et faisait faire des prières publiques à heures fixes, en gascon. Son entreprise d'évangélisation calviniste lui fit ordonner la traduction des textes sacrés en gascon. Elle encouragea son poète Pey de Garros à traduire les Psaumes (Psaumes de David viratz en rhythme gascon per..., Tolosa, J. Colomes, 1565). Elle demanda à Du Bartas, alors étudiant à Toulouse, de rédiger l'histoire de Judith, sous forme de poème épique, en français (la Judit ne paraîtra qu'en 1574). A Jean de Licarrague, elle commanda une version basque du Nouveau Testament, qu'elle fit imprimer à ses frais (Jesus-Christo gure Jaunaren Testamentu berria, Rochellan, Pierre Saultin, 1571). Toujours en 1571, une de ses filles d'honneur, Georgette de Montenay, publiait Les Emblesmes ou devises chrestiennes, à Lyon, chez Jean Marcorelle. Jeanne demanda à Arnauld de la Salette de traduire le Psautier français de Marot et Bèze, et la liturgie protestante, en béarnais: cet ouvrage parut en 1583 à Orthez, chez Louis Rabier (43). En 1583, Augier Gaillard publia Lou banquet, et en 1589

L'Apocalypse de Saint Jean mise en vers françoys
(44). Citons encore Bernard de Poey conseiller de la
reine et poète en langue latine et française. Jeanne
avait donc le souci des lettres au service de la
foi, de la traduction pour le peuple, et de la
constitution d'une production nationale navarraise.
Parallèlement aux écrits théologiques de
l'Académie d'Orthez et Lescar, se poursuivait donc
une littérature à la fois courtisane et religieuse,
destinée aux hommes du monde, vivant leur foi à
travers le prisme des belles -lettres. Cette
tradition culturelle se renforça sous Henri de
Navarre. Du Bartas écrivit La Sepmaine ou création
du monde de 1576 à 1578, et en 1578, à l'occasion de
la venue de Marguerite et Catherine de Médicis, il
composa un poème intitulé Accueil de la Reine de
Navarre. En 1584 parut la seconde Sepmaine. Du
Bartas fait partie des officiers de la cour de
Nérac, il est poète, soldat, et diplomate estimé.
L'ambition culturelle de la production navarraise
dépasse les limites de la Navarre, ou de la
communauté calviniste. La poésie est d'emblée
considérée comme plus mondaine et courtisane (bien
que les sujets soient religieux), et sa portée est
chrétienne dans un sens large, en dehors des
divergences Catholiques / Protestants. Yvonne
Bellenger remarque que, bien que Protestant
convaincu, Du Bartas ne semble pas avoir participé
aux guerres de religion: "C'est un homme de
caractère aimable, dénué de tout fanatisme, --ce qui
n'est pas sans mérite dans cette époque de fureurs
partisanes" (45). Le dessein culturel et chrétien
l'emportait sur les polémiques confessionnelles et
politiques: une littérature poétique navarraise,
ayant conscience de sa mission universelle, était
née. En revanche, la prose tendait à se spécialiser
comme instrument de propagande religieuse. C'est là
qu'on voit surgir un genre nouveau et proprement
réformé: la Méditation (46).

*

B) Un type d'écriture et de sensibilité. Style et mentalité

Cette littérature a pour points communs des thèmes et un style, qui ont des origines locales dans la poésie gasconne. Pey de Garros dans ses traductions, insistait sur l'horrible, le macabre, pour émouvoir les fidèles. Sa poésie est celle de la démesure, les images sont d'un réalisme parfois repoussant; le sang, la cruauté et la mort y sont les thèmes principaux. La proximité de l'Espagne (et de sa littérature passionnée) ainsi que les circonstances historiques ont favorisé ce goût de la violence, et d'un langage frappant et cassé, militant, propre à la cour de Nérac. Voici par exemple comment Pey de Garros traduit, en les paraphrasant, les versets suivants du Psaume XXXVIII:

"Putruerunt et corruptae sunt cicatrices meae, a facie insipientiae meae (...).
Afflictus sum et humiliatus sum nimis: rugiebam a gemitu cordis mei".

Nous en donnons la traduction française d'Eugénie Droz:

"De mes ulcères infects
Dégoutants de sang corrompu,
Sort fumée d'odeur fétide:
Et si je vis en telle souffrance,
Je ne le dois à nul autre qu'à moi
Qui à ma folie donne le tort.
(........................)
Mes jointures sont dénouées,
Mes chairs déchirées et pilées;
Mon coeur, sous tant de tourments
Gronde, et me secoue de sorte
Que pour sentir douleur si forte,
Je pousse des hurlements étranges" (47).

Tous les éléments stylistiques de la rupture (par

l'effet des images, des antithèses, renversements etc.) se retrouvent dans les textes des Réformés de la cour de Navarre (Constans, d'Aubigné, Du Bartas, Du Plessis, La Noue, Chandieu, Sponde...). Certes, chacun donne un accent particulier à ce style, en fonction de sa personnalité, mais toutes ces oeuvres présupposent, en deçà de leurs différentes "réalisations" une "mentalité stylistique" commune à laquelle elles renvoient et qui est un point d'appui antérieur à toute nouvelle création. C'est encore une définition de la mentalité, et une façon de la percevoir: aucun texte ne la définit, par trop d'évidence (ni les traités, ni les répertoires stylistiques), précisément parce que chacun y puise la force de sa particularité. Elle est le centre, le noyau impalpable car toujours en expansion et en évolution, que l'on ne peut saisir que dans ses manifestations liminaires, comme dans autant de dérapages extrêmes à l'intérieur d'un même flux. Cette "mentalité stylistique" rejoint elle-même le coeur de la mentalité navarraise. Il ne faut donc pas voir en Sponde un auteur isolé, au style et à la sensibilité particulièrement tourmentés: c'est d'abord un type d'écriture littéraire qui s'est élaboré dans ces milieux. Etudier le style de Sponde, c'est aussi approcher une mentalité, étonnante pour nous, mais qui s'appuie sur des représentations collectives cohérentes.

Néanmoins, un style, en tant qu'il constitue un répertoire de thèmes et de procédés formels, peut être considéré comme un phénomène de mode, et un outil au service de la propagande religieuse. Il semble bien que les caractéristiques du style de la cour de Navarre aient séduit les Réformés de Genève, où il a rapidement diffusé. Théodore de Bèze séjourne à Nérac en 1560, et aussitôt après, il emploie le style à la mode, ce style nerveux et frappant qui l'a conquis. Dans ses Chrestiennes Méditations (publiées en 1582, mais rédigées bien avant), il donne la parole à l'Eglise désolée:

"...maintenant, il n'y a que ruines,
esquelles à grand peine s'apperçoivent
quelques apparences de ce qui a esté. Il n'y a
qu'horribles deserts et cavernes
espouvantables, esquelles on n'oit que
hurlemens de chouettes, chahuans et autres
oiseaux nuictiers, tristes et funèbres. Et moy,
povrette vagabonde parmi ces déserts, n'ayant
repos ne jour ne nuict, demeure seulette... Et
que diray-je, Seigneur, de ceux qui sont encore
pires, assavoir de ces malheureux qui me
rongent au dedans de mes entrailles,
heretiques, meurtriers, deschirans par pieces
les membres et le corps, dont tu es le chef,
meutriers des ames, ennemis jurez de ta verité,
renverseurs de tes chemins droicts..."
Ailleurs, on note le même goût du macabre :
"Je me trouve desja es tenebres de mort, voire
je suis comme une charoigne morte et puante de
long temps. Helas mon esprit est tellement
perplex qu'il ne se peut resoudre ni
desvelopper... Haste toy, respons moy, Eternel,
car je n'en puis plus, me voila mort gisant en
la poudre du sépulchre, si tu ne me monstre
cest oeil serain, qui d'un seul regard peut
vivifier les morts... Arriere de moy imprudente
prudence, folle sagesse, desraisonnable
raison..." (48).
Remarquons les puissantes antithèses et les
renversements qui fondent le texte.
Ce style trouve d'ailleurs son équivalent dans
la production musicale. Les Octonaires de la vanité
du monde de Pascal de l'Estocart en sont un exemple.
D'autant que "la mise en musique d'un poème et son
exécution chantée peuvent être considérées comme des
formes particulières de lecture", selon une étude de
Jean-Michel Vaccaro, et qu'en ce cas précis, la
"lecture métrique" est éclipsée par la "lecture
sémantique". Cette tendance correspond à "une
musique agissante et efficace, capable de

bouleverser l'équilibre psychologique des auditeurs", et culmine dans les années 1570-80 (49). Les poèmes d'Antoine de La Roche Chandieu sont ainsi dramatisés par une musique expressive, qui cultive les oppositions violentes d'intensité, de tempo à l'intérieur d'un même vers, les effets de crescendo et de decrescendo, les répétitions fougueuses et les variations multiples sur une syllabe. Là encore, c'est tout l'art de la rupture et du contraste qui est au service d'une musique mimétique d'un sens. Dans le quatrain:

"La glace est luisante et belle
Le Monde est luisant et beau
De la glace on tombe en l'eau
Du Monde, en la mort éternelle",

les deux premiers vers sont chantés avec douceur, mais au vers 3 le mot "tombe" est répété cinq fois, en cascade, évoquant la chute. Citons encore un octonaire sur le "Mondain":

"Toy qui plonges ton coeur au profond de ce Monde
Sçais tu ce que tu es? Le sapin téméraire
Qui saute sur le dos de la furieuse onde,
Eslancé par les coups d'un tourbillon contraire.
 Raison, ton gouvernail est pieça cheut au fond.
Tu erres vagabond où le vent variable
De tes plaisirs t'emporte, et qui en fin te rompt
Contre le roc cruel d'une mort misérable".

Les vers 4 et 5 sont brusquement chantés avec fureur et violence, pour imiter les tourbillons de l'onde, et le mot "onde" donne lieu à un virtuose exercice de vocalise, repris sur le on de "tourbillon". Puis, l'accent se porte sur "pieça", mettant en relief la soudaineté de la chute, et sur le mot "variable". Enfin, "et qui en fin te rompt contre le roc cruel" est chanté avec une vivacité extrême. Les arrêts brusques, et les répétitions en canon, dans une polyphonie complexe, concourent à ces grand effets. Certes, on aboutit à une série de formules musicales stéréotypées (par exemple les vocalises en cascade sur chaque occurrence du mot "onde"), mais celles-ci

correspondent elles-mêmes à une série d'images et de
lieux communs littéraires de cette époque. Nous
sommes au carrefour d'un style et de deux
mentalités, dans les milieux protestants de France
et de Genève. A partir de là, ce sont les
différences de sensibilité religieuse qui décident
du Baroque ou du Navarrais.

En effet, une "mentalité stylistique" comprend à
la fois un langage (vocabulaire conceptuel et
organisation expressive), et un certain ton, un
accent typique, qui correspond exactement à la
mentalité qu'elle assume (pour ces textes religieux,
à une façon particulière de concevoir, vivre, et
écrire la foi). Le "style navarrais" sera donc
différent du style qui, élaboré à la cour de
Navarre, est devenu l'instrument du calvinisme de
Genève, et, lui, participe de la mentalité baroque
(qui déborde ensuite largement le cadre des Réformés
de Genève). Il semble pouvoir être considéré comme
un chainon intermédiaire dans l'évolution des
mentalités à la fin du XVIe siècle, mais qui
constitue aussi une unité repérable, à cause de sa
relative autonomie géographique, politique et
religieuse. A ce moment, se trouvent réunies les
conditions de création et d'illustration d'une
entité culturelle capable de rayonnement et de
diffusion, dans tous les domaines de production.
C'est en effet à l'ampleur de la diffusion de sa
production culturelle (et de sa "contamination"
possible dans un sens comme dans l'autre) que l'on
peut juger de la présence d'une mentalité
spécifique. Or, la mentalité navarraise renvoie
aussi à une façon peut-être plus française de
concevoir la foi réformée, à partir d'une
sensibilité religieuse commune avec la spiritualité
catholique, et non à partir d'une doctrine imposée
de l'extérieur. Non pas que tous les Protestants
français aient été "navarrais", car la Réforme de
Genève fut profondément implantée en terrain

français, mais la mentalité navarraise figure
historiquement et idéologiquement un îlôt privilégié
où l'on peut voir à la fois l'évolution de
l'héritage évangélique français, et l'acception
particulière du calvinisme que les Huguenots de
racines culturelles françaises en ont réalisé. Selon
nous, l'oeuvre de Sponde en fournit un témoignage,
et l'étude que nous en ferons sera une première
approche de cette mentalité navarraise.

*
* *

V. LE MYSTERE DE LA CONVERSION

La série de conversions qui ont suivi celle de
Henri IV est encore un sujet d'étonnement. Les
années qui ont précédé la "révolte" soudaine de
Sponde sont les plus productives pour notre auteur,
alors même qu'il est engagé politiquement à la
citadelle réformée de La Rochelle. Il nous faut
essayer de comprendre le mystère de ces conversions,
dans la mesure où elles sont le signe d'une
effervescence spirituelle ambiante, et indiquent les
écarts, et les points communs, de la mentalité
religieuse française à la fin du siècle.

A) La Rochelle

A cause de la guerre, la cour se transporta à La
Rochelle, citadelle fortifiée, dont Sponde devint
lieutenant général en 1590. La ville était un
bastion protestant du point de vue religieux, et
militaire. De 1568 à 1571, Jeanne d'Albret s'y était
réfugiée avec ses enfants, Condé, et Coligny. Là
s'était tenu le premier synode national, avec
Théodore de Bèze, pour essayer d'unifier les mul-

tiples sectes qui avaient vu le jour dans les
réunions évangéliques, où chaque groupe interprétait
librement les Écritures. Cette prolifération
inquiétait beaucoup Calvin. Les Théologiens de La
Rochelle étaient tout-puissants : pendant l'hiver
1586-87, ils avaient imposé, à cause de ses
infidélités conjugales, une pénitence publique à
Henri de Navarre, qui s'y était soumis. Là était
réuni tout l'Etat Major des forces protestantes :
citons seulement Turenne, La Trémoille, Sully,
Mornay, Constans, Salignac, Morlas, Salette, et un
modéré Michel Hurault Du Fay. Autour de Henri
gravitaient des intrigants, des diplomates et des
militaires. Sponde attendait certainement son heure
d'autant que le roi connaissait bien sa famille,
étant même le parrain d'un de ses frères, et que son
père avait eu des postes importants. En 1588,
parallèlement aux Etats Généraux de Blois, les
Réformés tinrent une assemblée à la Rochelle. C'est
cette année que Sponde envoya au roi ses
Méditations, et publia l'Essay des poèmes
chrestiens. Francis Higman a souligné l'actualité
des Méditations (50). Selon lui, Sponde convoitait
le poste de lieutenant général, qu'il obtint deux
ans plus tard, c'est pourquoi il ne fait aucune
allusion à l'humiliation qui avait été infligée au
roi lors de sa pénitence publique, mais il
rappelle plutôt la victoire de Coutras (1587) ;
les luttes entre le peuple de Dieu et les infidèles
correspondraient à celles des Protestants contre la
Ligue; et Sion représenterait La Rochelle. Sans nier
les allusions aux guerres civiles, il nous semble
qu'un essai de correspondances généralisées
réduirait de beaucoup la portée symbolique des
Méditations.
    Bien qu'il ait participé aux luttes (il a été
emprisonné quatre fois et, en 1590-91, il a suivi
l'armée du roi dans ses campagnes), Sponde semble
avoir toujours voulu se définir comme un humaniste
chrétien avant tout. A la Rochelle, malgré les

guerres civiles, il projetait d'écrire un lexique homérique (grammatical, étymologique et mytho- logique); en 1591, il publia à Francfort des notes marginales sur la Logique d'Aristote, et en 1592, à La Rochelle même, Les Oeuvres et les jours d'Hésiode, avec des commentaires.

Peu après le roi Sponde se convertit au catholi- cisme, et écrivit la Déclaration des Principaux Motifs qui ont induict le Sieur de Sponde... à s'unir à l'Eglise Catholique Apostolique et Romaine. Il y attaque les Protestants et Calvin en parti- culier. En 1589 pourtant, il refusait l'idée d'une conversion du roi de Navarre, et avait écrit l'Advertissement au roy où sont deduictes les raisons d'estat, pour lesquelles il ne luy est pas bien séant de changer de religion. Comment peut-on expliquer ce changement?

*

B) La conversion d'Henri IV

La conversion d'Henri IV fut suivie de nombreuses conversions, qui nous paraissent politiques, mais qui sont plus complexes. On aurait tendance à supposer, en effet, que les gens se convertissaient officiellement, tout en gardant leur propre sentiment. Comment comprendre alors que nombre de ces néophytes se soient engagés dans une lutte acharnée contre les hérétiques, ou mieux, aient choisi de devenir prêtres? Le propre frère de Sponde, Henri, se convertit après lui, et embrassa la carrière ecclésiastique: il fut évêque de Pamiers en 1626, et ne cessa de combattre les Protestants.
La conversion du roi lui-même est révélatrice et représentative dans la mesure où elle pose problème. Elle était, certes, attendue. Rappelons brièvement la situation politique. Henri III et sa mère avaient déjà tenté des rapprochements, car après

la mort du duc d'Alençon en 1584, le roi de
Navarre devenait héritier de la couronne de France,
et du titre de protecteur de l'Eglise catholique ;
les Guise et la Ligue voulaient faire élire le
cardinal Charles de Vendôme, frère d'Antoine de
Bourbon, comme roi (Charles X), et s'opposaient à
Henri III. De 1584 à 1594 la guerre civile se
généralisa. En 1588, pendant les Etats de Blois
qu'il avait été obligé de réunir, Henri III fit
assassiner Henri de Guise (les Ligueurs prirent
alors pour chef le duc de Mayenne). Le roi, exilé
de la capitale tenue par les Ligueurs fanatiques
(les Guise s'étaient alliés à Philippe II d'Espagne
pour écraser l'hérésie en France), demanda l'aide
du roi de Navarre. En 1589, les deux rois
joignirent leurs armées à Tours, pour reconquérir
Paris. Mais le 1er Août, Henri III fut assassiné par
Jacques Clément. Henri de Navarre fit le serment de
maintenir la religion catholique, et de réunifier
le royaume déchiré. Sa conversion était donc
indispensable politiquement, et les Protestants eux-
mêmes (Turenne, La Trémoille), semblent l'accepter,
pourvu que le roi leur accorde une assemblée
protestante et un conseil par province.

Pourtant, elle s'explique aussi par des raisons
plus profondes. D'abord, par l'influence d'un grand
convertisseur, Du Perron, et probablement par une
réelle crise de conscience. Dès le début, Henri de
Navarre avait fait preuve d'une certaine tolérance
par rapport aux questions religieuses: il croyait
que la foi et la conviction intime comptaient plus
que les querelles de pratiques liturgiques (51). Or
c'est parmi les catholiques, comme Du Perron, que le
roi trouva les idées les plus modérées, dans le sens
d'un accord, et d'une réforme de l'intérieur.

Jacques Davy Du Perron (1556-1618), fut lui-même
élevé dans la religion protestante. Humaniste et
poète, doué d'une intelligence remarquable, il entra
grâce à Desportes à la cour d'Henri III, dont il fut
apprécié. Il abjura le Protestantisme et entra dans

les ordres. Il devint évêque d'Evreux en 1595 et cardinal en 1604. Grand diplomate, orateur redoutable, il possédait une étonnante puissance persuasive (on l'appelait "Monsieur le Convertisseur"), et parvenait à séduire ses auditeurs par des arguments irréfutables, qui faisaient appel à la raison et à la sagesse (tandis que François de Sales convertissait par la douceur de son charisme). Le Pape Paul V disait de lui: "Prions Dieu qu'Il inspire le cardinal Du Perron, car il nous persuadera tout ce qu'il voudra". Le convertisseur eut l'habileté de comprendre que la véritable question de la conversion d'Henri IV passait par un accord sur le plan politique, et que la foi d'un roi est liée à sa mission historique. Il proposa d'organiser une situation de conversion plausible, demandant au Pape un délai pendant lequel Henri serait instruit de la véritable religion. Dans une lettre de 1589, adressée au roi par l'intermédiaire de Jean de Morlas, il passe très vite à l'application politique de l'esprit de tolérance:

"Vous avez assez vu de l'Antiquité et de la Théologie", dit-il à Morlas, "pour présenter au roi que notre Eglise est une et même avec l'Eglise primitive, et que s'il s'y est coulé quelque abus aux meurs et en la pratique, il faut essayer de s'en repurger et non pas demeurer privé et séparé de son union" (52).

Il admet donc la nécessité de mesures contre la corruption de l'Eglise, mais fait appel au devoir de maintenir l'unité de la chrétienté, qu'il relie implicitement à celle de l'Etat.

Pendant quatre ans, Henri IV et lui eurent des entretiens sur des sujets religieux; au cours de ces conversations, le roi eut le temps d'apprécier chez son interlocuteur la même soif de paix, alors qu'ailleurs se déchaînaient les passions.

Sa conversion du 25 Juillet 1593 fut sans doute docile et politique. Pierre de l'Estoile relate que l'entretien du roi avec les Docteurs venus l'interroger sur sa foi s'achève sur la soumission attendue d'un homme qui garde des réticences:

"Il leur dit à la fin: «Vous ne me contentez point bien sur ce point, et ne me satisfaites pas comme je désirais et me l'étais promis par votre instruction. Voici, je mets aujourd'hui mon âme entre vos mains. Je vous prie, prenez-y garde, car là où vous me faites entrer, je n'en sortirai que par la mort; et de cela je le vous jure et proteste (proclame)». Et ce disant, les larmes lui sortirent des yeux" (53).

Les larmes d'Henri pourraient s'interpréter comme l'expression de la violence qu'il se faisait à lui-même en abjurant à contre-coeur. Néanmoins, il est intéressant de remarquer que même là, où tout pouvait n'être que formalité, il ne prenait pas les choses comme une mascarade, mais voulait discuter avec les Docteurs de l'Eglise, et désirait être persuadé: il attendait quelque chose. Et la proclamation de la conversion qu'il jure à la fin a l'allure d'un véritable acte de foi plutôt que d'un engagement purement politique. Signalons aussi que le récit de De L'Estoile est partial. Pourtant, il dit que le roi avait surtout des difficultés à accepter "L'invocation des saints, la confession auriculaire et la puissance du Pape" (54), c'est-à-dire les articles qui avaient l'habitude d'être le plus tournés en dérision par les Réformés. En revanche, Henri a avoué avoir toujours été convaincu de la Présence Réelle dans l'Eucharistie (point fondamental de désaccord entre les Catholiques et les Calvinistes) (55). Sa conversion semble avoir été l'occasion d'un réel questionnement spirituel, et, si elle n'a pas correspondu à une révélation immédiate, elle s'est inscrite dans un cheminement où la patience de Du Perron finit par triompher.

Celui-ci alla faire amende honorable devant le Pape, à la place du roi, avec Arnaud d'Ossat, et se soumit en vêtement de simple prêtre, aux humiliations d'usage sur la place Saint-Pierre, en présence de tous les cardinaux (cette cérémonie lui valut les railleries des Protestants). En 1598, Philippe Du Plessis-Mornay publia un traité sur l'Eucharistie, qui s'appuyait sur cinq mille passages des Pères de l'Eglise. Du Perron voulut le confondre d'erreur, de falsifications: on organisa un grand débat public à Fontainebleau (en 1600), qui eut beaucoup de succès. Il y avait Du Perron d'un côté, seul, contre Du Plessis assisté de douze Ministres calvinistes, de l'autre. Du Perron l'emporta sur tous les points, et ses adversaires battirent en retraite, défaits. Cette célèbre conférence acheva la conversion du roi, qui demanda alors à Du Perron de convertir tel ou tel Huguenot:

"Henri dit à la reine qu'il vouloit détacher Sully, autant qu'il le pourroit, du parti des huguenots, et le mettre par ce moyen en estat d'estre plus facilement détrompé de leur créance. A ce propos, il confessa à la reine qu'au commencement qu'il fit profession d'estre catholique, il n'embrassa qu'en apparence la vérité de la religion, pour s'assurer en effet la couronne: mais que, depuis la conference qu'eut à Fontainebleau le cardinal Duperron avec du Plessis-Mornay, il détestoit autant par raison de conscience la créance des huguenots comme par raison d'Estat" (56).

Henri décide ses actions en fonction de la politique, tout en laissant ses convictions religieuses entrer en cohérence avec ses actes: la "raison d'Estat" commande, mais le roi s'inquiète aussi de la "créance", et s'appuie sur elle (pour lui-même comme pour Sully, il envisage les deux moments d'une conversion politique et religieuse), sans qu'il y ait contradiction, puisque sa fonction l'oblige à adopter une priorité hiérarchique dans sa représentation des valeurs. Pour tous les personnages ayant un rôle historique, le problème se posait d'ailleurs en ces termes, le religieux et le politique constituaient deux plans: le second devait être l'aboutissement ou l'application mondaine du premier, et il n'était certainement pas question d'accepter de divergences entre les deux.

*

C) La conversion de Sponde

Ce sont des raisons politiques ("raisons d'estat"), qui poussaient Sponde à refuser l'idée d'une conversion d'Henri IV en 1589, mais lorsque le roi abjura, il eut le sentiment d'un profond tournant: enfin, la situation se dénouait. Il se convertit en 1593.

Il avait fréquenté à La Rochelle des catholiques "loyalistes", gallicans (les frères d'Espeisses) (57). En 1592 il dut vendre sa charge de lieutenant général de La Rochelle, où des mesures de douanes l'avaient fait détester, et fut nommé Maître des Requêtes du roi. La même année, il rencontra Du Perron, qui, de son propre aveu, le subjugua. Il avait entendu parler de ce redoutable orateur, et s'était armé contre lui, mais il dut se rendre à ses raisons. A Noël, il fut mis en prison par les gens de la Ligue qui prenaient des otages parmi les personnalités et ce séjour dut aussi avoir son importance dans sa conversion. Il raconte qu'après sa défaite, il avait décidé de mieux se préparer pour résister à Du Perron:

"Ainsi je me resolus de voir les livres de mon party, et sur tout ceux qui traictent les controverses. Il me sembla que j'estoy devenu plus robuste pour ce nouveau renfort. Je le retrouve, je m'attaque à luy, mais j'eusse voulu estre encor à naistre. Car ce torrent de sçavoir et d'eloquence se desborda avec telle impetuosité sur moy, qu'il me rolla dans les abismes de ma honte, dont je demeuray si estonné, que je n'eus autre seurete que dans mon silence. Depuis il me sembloit que je foulasse des espines, quand on me

parloit d'une dispute. Et ce grand personnage me
laissa dans l'âme une aiguillon qui m'a tousjours
piqué, jusques à ce que j'ay eu loisir de voir
moy-mesme le fonds de tout ce trouble de
religions qui sont au monde, par la conference de
ceux qui en escrivent. Ma derniere prison
d'Orleans, et la quatriesme que Dieu m'a envoyée
en ces guerres civiles, m'en donna le loisir: je
le prins; et ceux qui m'y ont veu sçavent quelle
peine et quelle assiduité j'y ay rendue" (58).
Cette Déclaration... est destinée à convaincre les
Protestants d'erreur et à les convertir, par des
arguments et une technique qui sont les mêmes que
Sponde utilisait dans les Méditations pour convertir
les Incroyants. Il pousse ses adversaires
(maintenant les Protestants), dans les derniers
retranchements de leur doctrine, par une série
d'hypothèses qui leur sont favorables, jusqu'au
point où il les met en contradiction avec eux-mêmes.
Le style rapide et serré d'un orateur tolérant mais
convaincu et fort de sa vérité intérieure, contribue
à jeter le trouble chez le lecteur, dépossédé peu à
peu de toute son argumentation et de sa logique.
Citons un passage qui révéle en même temps la
conviction profonde de Sponde, après sa conversion:
"Respondez-moy donc et sérieusement, sans hocher
la teste. Ceste doctrine de Jesus Christ, et des
Apostres, par les mains de qui l'avez-vous
receue? Vous advouez (et comment le pourriez-vous
nier?) que c'est des mains de ceux qui portent le
tiltre d'Eglise Catholique Romaine. Mais à vostre
advis, c'est seulement les textes de ceste
doctrine que vous confessez avoir receu d'eux; et
par consequent, ils ne vous ont donné que le
corps mort de ceste doctrine, et la simple
lettre: Mais l'ame et l'esprit, vous ne le prenez
point d'eux. Et de qui donques? Vous respondez,
de l'escriture mesme. Il est question de
l'intelligence de l'escriture, et comment se peut
il faire que l'escriture mesme la vous donne? Et

si elle mesme la donne, d'où vient donc ceste diversité d'intelligence qui se voyent au monde sur un mesme poinct? Mais posons le cas que vous seuls ayez ce don d'intelligence, dictes moy, par la mesme sincerité, dont vous faictes estat d'aimer les escritures, pourquoy Dieu l'a-t-il cachée à tous ceux qui vous ont devancé? Pourquoy mesme tous ceux qui se sont avec vous departis de l'Eglise Romaine, ne l'embrassent-ils comme vous?" (59).

Il oppose à leur argument de la vérité de "l'intelligence" personnelle des Ecritures la multiplicité des sectes qui témoigne des erreurs de leurs interprétations, et brandit à l'encontre de ce chaos l'unité de l'Eglise catholique, preuve de son infaillibilité et de l'unité de la Chrétienté entière. Le style est persuasif, les questions-réponses pressent le lecteur et agissent sur l'émotion autant que sur l'intelligence. Tout laisse donc à penser que cette conversion fut sincère, et on pourrait chercher dans ses écrits antérieurs l'annonce de ce retournement. Nous avions déjà souligné son attachement à l'humanisme et à l'idéal de liberté d'esprit qui lui avait fait préférer Zwinger et ses expériences alchimiques à la dureté doctrinale d'un Bèze; nous trouverons aussi dans ses écrits religieux des écarts par rapport au calvinisme (en particulier sur le problème de la Prédestination).

Cette attitude n'est d'ailleurs pas exceptionnelle et correspond même sans doute à la position de la majorité. Nous avons parlé de l'existence d'une mentalité collective de base en deçà des divergences de partis, qui constituait le fonds d'une sensibilité religieuse commune aux hommes de cette époque. Dans les deux camps, on regrette la division de la Chrétienté. Michel de L'Hospital (1503-73), instigateur du parti des "Politiques" écrivait: "Ostons ces mots diabolicques, noms de partis et de seditions, luthériens, huguenots, papistes: ne

changeons le nom de chrestiens!" (60). Le Protestant
Michel Hurault Du Fay écrit en 1590: "Ce n'est ni à
Rome, ni à Genève où se font les Chrétiens: ce n'est
point un ouvrage ni un métier où il y ait maîtrise
de ville"; selon lui, il faut que le roi réunisse le
peuple pour servir Dieu sans schisme ni division
"non du Christianisme (car là il n'y en peut avoir),
mais des chrétiens" (61). La notion de Christianisme
et de Chrétienté cimente l'union profonde là où
l'entêtement législatif (incontournable), grave les
divisions. Mais chacun rêve d'officialiser cette
union, qui, en dehors des engagements politiques,
est plus ou moins réalisée dans la mentalité
évangélique française, et en tous cas dans
l'expression culturelle de la spiritualité.

Pensons aussi à la position de François de La
Noue, Huguenot, qui "s'est toujours dit catholique
au sens large du terme, c'est-à-dire membre d'une
Eglise universelle dont il voudrait voir refaire
l'unité". Ses Discours politiques et militaires
s'adressent à "des hommes de bonne volonté, protestants et catholiques" (62). On a du mal à comprendre
ce qu'on prend pour des fluctuations politiques,
alors qu'on devrait s'interroger sur la perméabilité
plus fondamentale qui est ainsi révélée. On a
souligné avec un étonnement anachronique que Pascal
de L'Estocart avait mis en musique en 1582 Cent-
vingt-six Quatrains du Sieur de Pibrac (celui-ci
avait écrit une apologie du massacre de la Saint-
Barthélemy), et un recueil de Sacrae Cantiones. En
1583, on l'a dit, parurent les Octonaires...
protestants, et en 1584, le musicien gagna la harpe
d'argent au Puy d'Evreux avec un motet religieux en
latin (prière condamnée par les Protestants). Jean-
François Labie écrit: "Notre musicien semble
appartenir, ou du moins être capable de se mêler à
deux mondes qui sont encore bien loin de la
réconciliation" (63). Or, ce qui paraît
contradictoire du simple point de vue dogmatique,
n'apparaissait pas comme tel aux yeux des garants de

l'orthodoxie (rappelons que Bèze écrivit un poème en introduction aux Octonaires), et surtout, constituait le fonds même de la mentalité des hommes cultivés de cette époque. Il ne s'agit pas de parler de "réconciliation", mais il est vrai que les oppositions et différences, insurmontables prises de notre point de vue, étaient résorbées à leur époque, en entrant dans un système axiologique global et supérieur de représentation. L'histoire des mentalités et des sensibilités permet de découvrir des communautés plus déterminantes que celles qui se donnent comme telles idéologiquement ou confessionnellement: d'autres divergences, plus profondes, apparaissent; d'autres affinités ne cessent de compter.

Sponde n'a pas été un écrivain militant comme D'Aubigné par exemple. Il a plutôt poursuivi son idéal humaniste et chrétien, d'un homme juste et universel, capable de s'élever au-dessus de tous les sectarismes. Alors que dans la Méditation sur le Ps. XLVIII il appelait le "Dieu des armées" contre les Ligueurs, sa dernière Méditation s'achève sur une condamnation de la violence: "Ne dites point, Nous rendrons le change à noz ennemis, oppression pour oppression, rapine pour rapine (...). C'est perdre autruy en se perdant soy-mesme" (p.231). Cette exigence d'unité au niveau politique, et surtout spirituel préexiste à sa conversion de 1593, et c'est elle qui lui fait rappeler les Protestants au sein de l'Eglise:

"Saint Paul (...) nous prie tous par le nom de nostre Seigneur Jésus Christ, « que nous disions tous une mesme chose qu'il ny aye point de schismes entre nous, et que nous soyons parfaits en mesme sens, et en mesme science». Ce sont ses propres termes au premier chapitre de la première aux Corinthiens, ce qu'il recommande en la seconde au chapitre quatriesme, « que nous ayons un mesme esprit de foy». Si nous l'avons donques

tel avec toute l'Eglise qui a jamais esté, que vous reste-t-il pour replique?" (64).
Sponde pardonne même à ses détracteurs en faveur de l'unité.

En effet la fin de sa vie est obscurcie par des récits polémiques. Il reste certain qu'il se retira à Mauléon, où il travailla à une édition de Sénèque, et à une révision de ses éditions d'Homère et d'Hésiode.
Il mourut en 1595 d'une pleurésie qui l'emporta en quelques mois.

*

Plus que la vie de Jean de Sponde, nous avons donc voulu retracer l'atmosphère des milieux qu'il a fréquentés, dans la mesure où ceux-ci ont pu avoir une influence sur sa pensée, son style et son oeuvre. Nous avons pu souligner la spécificité d'une mentalité navarraise, qui correspond à une façon de vivre la foi réformée en fonction d'un héritage spirituel sous-jacent et plus puissant que les choix confessionnels volontaires; et à un style local, dont la diffusion a grandement contribué à l'élaboration du Baroque, après l'investissement de ses procédés formels par la sensibilité religieuse des Réformés de Genève et l'arrière-plan d'angoisse métaphysiques qui y a alors été impliqué.
Nous avons insisté sur le "terrain commun", cette mentalité générale, qui oriente la problématique religieuse et esthétique des textes de cette époque. Mais nous devrons aussi repérer les empreintes et colorations personnelles que notre auteur manifeste, en même temps que ces particularités continueront à éclairer une mentalité commune.

CHAPITRE 2

LA PENSÉE ET LE SENTIMENT RELIGIEUX DE SPONDE

L'oeuvre littéraire de Sponde se situe avant sa conversion, et témoigne certainement d'une inspiration calviniste. Pourtant déjà, elle s'en détache à certains moments, et on verra que les points de rupture, loin de renvoyer à des zones d'indétermination ou d'hésitation, révèlent l'exigence d'une grande cohérence non seulement dans sa pensée mais aussi dans son sentiment religieux. Car, si divergences il y a entre le calvinisme et l'infléchissement de la pensée religieuses de Sponde vers un catholicisme inconscient, le "système" conceptuel ainsi impliqué est en parfaite harmonie avec le sentiment religieux, à qui ce soutien intellectuel ne fait rien perdre de sa spontanéité ni de son intimité profonde.

En effet, à la conception d'un Dieu par essence défini comme bien absolu correspond l'image d'un Dieu personnel de douceur et de bonté, et partant, la certitude d'un rapport de pardon, de reconnaissance et d'amour entre l'homme et son Créateur. C'est à la recherche d'une approche de cette foi que nous serons conduits, comme à la source d'une représentation du monde, de la vie humaine et de la transcendance, et de l'écriture qu'elle suscite et qui l'anime. Nous examinerons successivement la pensée doctrinale de Sponde, l'image qu'il se fait de Dieu, et le sentiment vécu de la foi.

*
* *

I. LA COHERENCE D'UNE PENSEE.

*

A) Sponde et la pensée calviniste

Le point de départ de la pensée de Sponde reste néanmoins le calvinisme, dont nous devons brièvement rappeler les positions les plus déterminantes, à partir desquelles se dessinent les déviances de l'oeuvre spondienne.

Nous aborderons principalement les questions de la Grâce et de la Prédestination, d'où naissent les oppositions entre Protestants et Catholiques.

Ceux-ci ont toujours voulu maintenir la coexistence de la liberté humaine et de la Grâce divine, pourtant toute-puissante: Dieu propose Son Amour à tous, et l'homme est capable de répondre oui ou non par ses actes et sa foi, sans que cet appel soit contraignant. Le Dieu catholique veut être aimé librement, par un choix renouvelable qui garantisse la valeur de l'engagement humain. Un mouvement convergent de l'homme vers Dieu et de Dieu vers sa créature est nécessaire: c'est le synergisme. Depuis le Moyen âge, les théologiens ont discuté ce mystère. Saint-Augustin a combattu tour à tour les hérésies qui mettaient l'accent tantôt sur la Grâce, tantôt sur l'aptitude de l'homme à faire son salut par ses oeuvres (Pélage).

Luther et tous les Réformés affirment la toute-puissance de la Grâce, sa gratuité, et l'impuissance de l'homme à faire son salut. Calvin va même jusqu'à nier le libre-arbitre. Pour lui, c'est Dieu seul qui décide du salut et même de la foi de l'homme:

"La foi procède d'une source et fontaine plus haute et plus cachée, c'est à savoir de l'élection gratuite de Dieu, par laquelle il choisit à salut ceux que bon lui semble."

62

(Sur l'Election éternelle, 1562).
La Grâce ne concerne d'ailleurs que quelques hommes,
les Elus. A l'origine, Dieu avait créé l'homme avec
un "franc arbitre", mais celui-ci l'a utilisé pour
choisir le Mal, et, depuis le Péché originel, est
totalement asservi au Tentateur: ainsi, il n'a plus
qu'un "serf arbitre", et toute sa volonté est orientée vers le Mal. Sponde rappelle cet épisode.
L'homme "avoit bien le pouvoir de ne pécher point",
mais à la condition de conserver "la volonté du
bien":

> "Il pouvoit aussi pécher, non pas pour luy
> servir à pécher plus aisément, mais pour
> s'acquérir de la gloire à ne faire point le mal
> qu'il pouvoit faire. Il a donc perdu l'un et
> pratiqué l'autre, non pas tant pour la faute mesme
> du pouvoir, que pour la faute de la volonté. La
> volonté constante au bien devoit brider
> l'impétuosité au mal. Relaschant donc la volonté
> au péché, son pouvoir s'est aussi relasché: ainsi
> il a seul péché." (Méd.p.114).

Tout le Bien vient de Dieu, tout le Mal de l'homme,
et le Bien en nous ne peut être qu'un effet de la
Grâce. La formule de Sponde est frappante:

> "Dieu qui n'est qu'intégrité, l'homme qui n'est
> que corruption" (Méd. p.111).

Le péché, ou "corruption", a complètement défiguré
l'homme pour Théodore de Bèze: "Createur de l'homme,
voici ta creature du tout desfiguree"; "...que suis-
je, Seigneur, en moy-mesme que corruption,
qu'injustice, que mort ?"; "Deslors, mon Dieu, que
ceste povre creature fut conceuë, la corruption y
estoit attachee: deslors, di-je, que ma mere m'ayant
conçeu m'eschauffa en son ventre, le vice y estoit
au dedans de moy comme la racine, qui a puis aprés
produit ces fruicts tant amers et venimeux..." (1).
L'enfant, alors qu'il n'est pas encore né, dit aussi
Sponde, fait déjà souffrir sa mère, et cette douleur
infligée est le signe de sa méchanceté et de son
péché: "Voylà, l'homme commence à estre, et à mal

faire tout à la fois." (Méd.p.97).

Mais Calvin enchérit: dès la Création Dieu avait décidé la Chute, pour que l'homme voie sa propre misère et reconnaisse la Gloire divine. C'est l'extension totale de la Prédestination, qui ne va pas sans soulever des contradictions dans la pensée calviniste, et des déchirements dans la foi de la plupart des Protestants. Car le calvinisme semble cultiver l'antithèse conceptuelle et affective. La Prédestination du péché avant la Création contredit la culpabilité humaine; le sentiment de culpabilité contredit la justification par la foi, lui survit, et met parfois la Grâce en doute... Il ne reste alors qu'à invoquer le mystère, et mesurer l'abîme laissé béant entre l'homme et Dieu.

Le pessimisme total aboutit à un optimisme systématique. Car comment espérer sauver un pécheur si noir, sinon par l'intervention d'une Miséricorde gratuite et incompréhensible? Comme Il avait décidé de la Chute, Dieu avait, de toute éternité, prévu la Rédemption. Il a créé l'homme tel que celui-ci puisse pécher, afin de mieux le racheter:

"O chose estrange, ô grand oeuvre de Dieu! Tout malheur est venu du péché, et nul n'arrive à la félicité, qu'ayant prealablement passé par le péché. Non certes que la félicité provienne de péché, mais pource que la misericorde presuppose la misere, le pardon, la faute, la vivification, la mort." (Th. de Bèze, Chr. Méd., p.62).

La collusion entre le châtiment et le pardon, le Jugement et la Grâce, finit par opérer un brouillage, tout au moins dans le vécu de la foi, et créer un effet de vertige, chez Théodore de Bèze:

"Car combien grand est ce secret maintenant manifesté par effect, par lequel pardonnant tout, tu punis tout, n'ayans rien payé nous nous trouvons avoir entièrement satisfait: jugement nous est fait misericorde..." (Ibid.).

De plus, la Rédemption a été accomplie

définitivement; l'homme "ne peut plus pécher, ni mourir, ains est bénit éternellement" (Ibid.). Non, certes, qu'il ne pèche plus, précise Sponde:

"...le péché renaist incessamment en nous, mais c'est autant de nouvelle matière à l'efficace de ce sacrifice, par lequel le péché qui est en nous, ne règne point en nous." (Méd. p.190).

Ainsi, par ses actions l'homme ne peut pas avoir d'influence sur son salut, mais son devoir est de mener une vie austère, afin de restaurer l'image de Dieu en lui, et de Le glorifier. Le pécheur doit sans cesse rabaisser son orgueil, prendre conscience de sa corruption, jusqu'à en être épouvanté et désespéré, jusqu'à ce qu'il ne lui reste qu'à attendre et implorer la miséricorde divine:

"Hélas, mon Dieu, si j'entre en cest abysme de rememorer mes iniquitez, desquelles une seule suffit pour me rendre coulpable de la mort eternelle, je suis du tout péri. Je ne puis donc faire autre chose que te supplier d'escouter mes clameurs..." (Th. de Bèze, Chr. Méd., p.91).

Il passe de la terreur à la foi (et ce passage est encore un signe d'élection de la Grâce). Plus il souffre et expie, plus il avance dans la connaissance de sa misère, et plus il approche de son salut. Selon l'Institution chrestienne, le monde trompeur nous ensorcelle et nous attire par ses plaisirs, "l'intempérance de notre chair" nous harcèle, et notre orgueil nous fait oublier notre misère. Les écrits de Calvin révèlent une vision très baroque de la condition humaine: "La vie humaine est semblable à ombre et fumée"; l'homme est instable, Dieu "connaît combien l'entendement de l'homme brûle d'inquiétude, de quelle légèreté il est porté çà et là...", et Il lui assigne un état, une "vocation", afin "qu'il ne voltige et circuisse çà et là inconsidérément tout le cours de sa vie" (2). Le calvinisme semble vouloir répondre à l'inquiétude philosophique dont l'esthétique baroque serait l'ostentation. La morale parvient à corriger les effets de notre légèreté ontologique, à défaut d'une influence essentielle. Mais une distance infinie et irréparable sépare l'homme de Dieu, et leur "relation" de juxtaposition antithétique ne va pas sans ouvrir des contradictions dans la pensée de certains protestants, comme Théodore de Bèze:

> "Voilà d'un costé mille maledictions que j'ay plus que meritees, voilà d'autre part un abysme infini de tes misericordes..."(Chr. Méd. p.74-5).

Le sentiment de sa misère le fait quasiment douter de la puissance absolue de la Grâce, tant le rapport avec Dieu est rompu:

> "...il est vray, Seigneur, que ta misericorde est tousjours infinie en soy-mesme: mais telle est la multitude de mes forfaits qu'il m'est advis qu'une seule merci ne me suffiroit pas (...), mes ordures et pollutions sont si vilaines, si puantes, si avant encrees en moy jusques en l'ame de mon ame, qu'encores que d'un seul mot tu puisses toutes choses, si est-ce que (pourtant) je me persuade que par maniere de dire ceste tache ne s'en ira point estant touchee pour un coup, tant grande est ma rebellion: mais il faut que je sois frotté et refrotté, lavé et relavé, devant que je me puisse trouver nettoyé d'une telle et si enracinee pollution" (p.72-3).

Cette rupture profonde explique peut-être la position calviniste à propos de l'Eucharistie. Si Sponde n'adhère pas à l'angoisse métaphysique de la plupart des Protestants, nous le verrons, il suit la doctrine de Calvin sur le problème particulier de la Présence Spirituelle. Cette question de dogme avait été l'occasion de divers conflits entre les Réformés eux-mêmes. Le Concile de Trente (1545-63) dut expliciter la position catholique et la durcir, pour répondre à l'interprétation des Réformés, qui allait dans le sens d'un spiritualisme. Il affirma avec force la Présence réelle du corps du Christ dans

l'hostie, par la transsubstantiation: le pain transforme son être et sa substance, tout en gardant son
apparence de pain. Les Luthériens et Théodore de
Bèze, convoqués en 1586 par le duc de Würtembenberg
à Montbéliard pour trouver une solution commune,
mirent en fait à jour leurs divergences. Les
Théologiens de Würtemberg restaient attachés à la
Présence réelle, par consubstantiation: ceux qui
communient prennent le pain et le vin, auxquels
s'ajoutent réellement le corps et le sang du Christ,
qu'ils croient ou non (les impies sont damnés, mais
ont quand même participé au corps du Christ). En
revanche, les calvinistes entendent par "présence
réelle" une présence vraie du point de vue de
l'esprit: le corps du Christ est reçu non pas
matériellement (sinon du point de vue de la
matérialité du signe qu'est l'hostie), mais
spirituellement; ainsi, ceux qui ne croient pas ne
le reçoivent pas. A l'extrême, Zwingli fait de
l'Eucharistie une commémoration purement
symbolique. Dans les Stances sur la Cène, qui sont
le texte le plus calviniste de Sponde (une sorte de
prêche assez sec), il affirme que son "foible
corps", au moment de la communion:
    "N'en prend visiblement que le visible signe"
    (str.10,p.237),
tandis que son âme reçoit le Corps du Christ
"invisiblement".

On a souvent mis l'accent sur le drame spirituel
dont témoignerait le style accidenté de Sponde, la
crise et les combats intérieurs que révélerait une
obsession jamais vaincue de la chair et de la
présomption humaine. Mais il faudrait plutôt
s'interroger sur la motivation doctrinale d'une
telle tendance, et rappeler que c'est le projet
calviniste qui exige ce conflit. La reconnaissance
de sa propre misère fait partie d'un cheminement
spirituel auto-accusateur imposé, au cours duquel
l'homme laisse la place libre à l'action de la Grâce

en lui, pour la gloire de Dieu:

"Car quelle chose convient mieux à la foi que de
nous reconnaître nus de toute vertu, pour être
vêtus de Dieu? Vides de tout bien, pour être
emplis de Lui? Serfs de péchés, pour être
délivrés de Lui? Aveugles, pour être de Lui
illuminés? Boiteux, pour être de Lui redressés?
Débiles, pour être de Lui soutenus? De nous ôter
toute matière de gloire, afin que Lui Seul soit
glorifié, et nous en Lui?..."(Calvin (3)).

La seule action possible pour l'homme étant
négative, il faut que celui-ci fasse se retourner le
mal contre lui-même (qu'il détruise sa volonté qui
le rattache au mal), de manière à faire le vide en
lui, pour être plus accueillant et réceptif aux
messages divins. L'auto-accusation fougueuse de la
méditation réformée prend place dans l'oeuvre
polémique destructrice que doit accomplir tout
chrétien calviniste contre la volonté et le péché,
non par masochisme et perversité, mais en fonction
d'un but hautement positif, et dans une démarche
préétablie. D'abord toutes les entreprises mondaines
sont caduques; ensuite, le discours religieux qui
s'adresse aux pécheurs pour les convertir et les
entraîner sur le chemin de la vérité, n'est qu'une
préparation imparfaite et ne peut souhaiter que
d'être dépassé et oublié le plus rapidement
possible. Pour Sponde aussi, la vie et les actions
humaines (dont l'écriture) sont un détour obligé et
pénible:

"Je me veux despestrer de ces facheux destours.."
(st.VI, p.258).

A la fin des Stances sur la mort, il accepte le
fardeau de la vie, ce "martyre" qui lui a été
imposé par Dieu, mais c'est dans l'attente
confiante d'une vie nouvelle et idéale:

"Invisibles beautez, Délices invisibles!
Ravissez-moy du creux de ces manoirs horribles,
Fondez-moy ceste chair et rompez-moy ces os"
(str.22,p.252).

Le conflit intérieur est un lieu commun de la littérature réformée, et donne la matière de tout un imaginaire familier aux auteurs de cette époque. Du Plessis-Mornay prend pour thème principal de ses Discours et Méditations chrestiennes les luttes de la Chair contre l'Esprit. Pour lui, la vie du chrétien est une guerre perpétuelle. Apparemment, l'esprit actif devrait triompher de la masse passive de la chair, et pourtant, il y a en nous un "esprit charnel" qui subvertit notre raison et ne sert que nos concupiscences: il est "Ce qu'il y a de plus puissant et de plus hautain en nous, nostre raison, nostre prudence propre, Ennemie, dit l'Apostre, de Dieu, rebelle à la loi: adversaire par conséquent, de nostre salut, sçavoir envenimé de concupiscence et de péché; d'autant plus dangereuses, plus elles sont spirituelles" (4). Remarquons que la "chair" ne correspond pas à la sensualité, mais à l'orgueil raisonneur, à l'attrait pour le monde, dans ce qu'il implique de démission pour l'esprit. Le savoir est envenimé de "concupiscences", c'est-à-dire d'aspirations mondaines ("charnelles" dans un sens large), dangereuses parce que cautionnées par une intelligence irreligieuse (5). Nous retrouverons cette idée dans les Stances de la mort de Sponde. Ainsi, il faudra tenter de lire les termes du conflit chair / esprit selon la signification commune que leur donnaient les textes réformés (en se gardant de toute superposition anachronique). La représentation de ce combat sous une forme aussi simplifiée ne doit pas cacher les résonances conceptuelles métaphysiques qu'elle implique. Citons, par exemple, Antoine de La Roche Chandieu:

"Le péché et la mort, et le Monde et la chair
Conspirèrent un jour contre l'âme immortelle.
Le traitre corps déjà les laissait approcher,
Si la foi n'eût été pour lors en sentinelle,
 Qui du péché, du Monde et de la chair l'effort
Surmonta par sa croix, de quoi l'âme enhardie,

Fit si bien qu'en plein champ elle vint mettre à
                                                    mort
La mort qui s'attendait de lui ôter la vie" (6).
On trouve chez tous les Réformés la même opposition
entre la vie mondaine et la vie spirituelle:
Chandieu dit "l'âme", Sponde "l'Esprit", contre la
Chair ou le Monde (souvent symbolisé par l'onde, et
toutes les images de la vanité et du dérèglement).
Partout, ce sont les mêmes thèmes et les mêmes
images, qui renvoient moins à des obsessions personnelles qu'à un code emblématique conventionnel. Ce
n'est donc pas dans la présence des thèmes ni des
images que se situent les différences de
sensibilité, mais dans leur utilisation par rapport
à ce code, et leur adaptation au dessein général de
chaque oeuvre, qui modifie leur valeur et leur
signification.

Ainsi, les Chrestiennes Méditations de Théodore
de Bèze pourraient révéler une véritable obsession
du péché et un dégoût de soi-même: on assiste à une
autocritique minutieuse. En fait, il s'agit d'un
modèle de confession, et l'auteur ne saurait
avoir accompli tous les vices dont il s'accuse:
"Je me suis adonné à faire beaucoup pis,
m'appliquant à avarice, envie, fraudes, et en
general à toute espece de vice..." (Chr. Méd. p.43).
Cependant, si on voulait y voir malgré tout les
indices d'une angoisse personnelle, on la trouverait
plutôt chez lui (comme nous l'avons suggéré), et
chez Calvin lui-même, que chez Sponde, dont les
textes font preuve, au contraire, d'une étonnante
exigence de rigueur et de clarté.

*

B) Déviances

S'il est indiscutable que Sponde est imprégné de
doctrine calviniste, on s'aperçoit que son discours

a tendance parfois à prendre une autre orientation;
et ces points de déviance sont révélateurs de
l'unité profonde de sa pensée.

Il admet, on l'a vu, que la nature de l'homme est
entièrement corrompue depuis le péché originel mais
il est beaucoup plus réticent sur la négation du
libre-arbitre, et sur la prédestination de ce Péché.
Il fait comme si Dieu n'avait tiré gloire de notre
chute qu'après-coup (alors que pour Calvin, Dieu
l'avait voulue; en cela, Sponde rejoint plutôt la
position janséniste). Il se rattache, certes, tradi-
tionnellement à cette idée calviniste, mais il la
présente par un "voire" ("et même"), qui l'inscrit
en marge de son discours, et introduit une distance
entre elle et lui:

"...ce péché est un abysme de coulpe pour luy,
mais ung champ de gloire pour toy. Tu fais du bien
de ce mal, quand tu nous fais fructifier en bien.
La fin de nostre péché à nous, est la
désobéissance, et la perte: à toy, la grâce, et la
conservation. Quand nous avons passé par ces
ténèbres, nous trouvons plus agréable la lumière:
voire ta bonté nous eust esté comme cachée, si
nostre mal ne se fust découvert: ces thrésors de
miséricorde se fussent rouillez, si noz crimes ne
luy eussent ouvert la porte. Mais qu'eust faict ta
Justice en nous, si elle n'eust rien trouvé que
punir?" (Méd. p.114-15)

Cependant cette idée que Dieu avait besoin de notre
péché et de notre imperfection pour manifester sa
Puissance le gêne...Il invoque alors le mystère et
l'impossibilité de parler, non pas par un acte de
soumission désespéré, comme le fait Bèze, mais comme
pour temporiser, et laisser en suspens les questions
sur lesquelles il sent apparaître en lui des
réticences par rapport à la doctrine calviniste:

"Bref, Seigneur, il n'y a que recognoistre, que tu
as cognu ce qui estoit expédient, et pour nous,
et pour toy-mesme. Tu l'as trèsbien, et
trèsjustement fait, car tu ne sçaurois vouloir

Jean Calvin

autrement. Et puis qu'on ne te peult débattre ceste volonté, pourquoy débattrons nous ton ouvrage?" (p.115).

La Prédestination pose le problème de la responsabilité humaine dans le péché: en effet, si l'homme n'a plus de libre-arbitre, est-il vraiment coupable de pécher? Son péché n'est-il pas seulement le signe de l'abandon (coupable) de Dieu? Sponde supplie Dieu de ne pas priver de sa Grâce les Infidèles dont l'endurcissement ne vient que de leur méconnaissance (involontaire) de Dieu:

"Toy donques, ô Dieu, qui es dès toute Eternité, hélas! vueilles estre aussi avec ces écerveléz, donne leur congnoissance de toy, comme tu leur donne des tesmoignages de ta fureur: car leur ignorance n'est que ta fureur, ô Dieu, et l'endurcissement de ceste boue vient des ardeurs de ton courroux: ramolly-la, Seigneur, des eaux de ta miséricorde, et grave-toy toymesme en ton ouvrage." (Méd.p.110)

Or, il ne peut croire à tant de dureté et d'injustice de la part du Seigneur, et par un acte de confiance dans Sa bienveillance, il se reprend:

"Quoy? Tu le veux, Seigneur, mais leur obstination est ahurtée."

Le péché n'est plus la conséquence d'un abandon de Dieu, qui <u>propose</u> son amour; ce sont les hommes qui répondent non, et ont donc le pouvoir d'aller contre la volonté divine:

"Non, non, disent ces enragez, il n'est point de Dieu. Et pour tant (pour cette raison),
<u>Ils ont corrompu leurs voyes, ils font des oeuvres</u>
<u>abominables, et il n'y a nul qui fasse bien</u>"
(p.110).

Sponde se rapprocherait ici de Jacques Arminius, un Réformé que Calvin et Bèze avaient "exilé", parce qu'il disait que la Grâce est indispensable mais non irrésistible, et maintenait la possibilité du libre choix pour l'homme. Le caractère sélectif de la Grâce, pour Sponde, s'oppose à la notion de Justice divine. Alors que Calvin demande au chrétien d'accepter ce mystère avec crainte et humilité (puisque l'homme est loin de pouvoir comprendre les concepts de Dieu), Sponde ose manifester un mouvement de révolte, qu'il étouffe immédiatement par l'appel du silence qui châtie, en laissant la contradiction patente:

"Et pourquoy ne fais-tu point Grâce esgalement à tous? Hélas! ne me respon point mais chastie-moy de silence, car mes propos sont sans propos, et ma raison sans raison." (p.115).

Certes, ces questions, ces retournements, entrent dans le cadre d'une mise en scène du discours intérieur exemplaire que requiert la Méditation (nous y reviendrons), mais leur récurrence nous induit à y lire des écarts personnels de la pensée de Sponde par rapport au calvinisme. Ainsi, Sponde semble ne pas pouvoir renoncer à la liberté humaine ni à la valeur des actes. Dans un poème sur la Cène, il s'adresse aux Infidèles pour leur faire peur en annonçant leur damnation:

"Desloyaux, à ce jour le Ciel vous abandonne,
Ainsi que vous l'aviez vous-mesme abandonné,
Qui s'ennuyant du temps qu'il vous avoit donné
Pour revenir à vous, et de vous à luy-mesme,
Aiguise les rigueurs de sa justice extrême.
Las! vous l'aviez banni, ores il vous bannit"
(p.242).

Les plus-que-parfaits ("vous l'aviez abandonné; vous l'aviez banni"), marquent indiscutablement l'antériorité des oeuvres sur la damnation: "ores il vous bannit". Ce sont les actes des pécheurs qui ont déterminé leur exclusion.

Or l'acte le plus cher à la liberté du croyant est sa foi; car c'est la seule réponse que l'homme puisse donner à Dieu. Quand bien même tous ses autres actes seraient voués à l'anéantissement, celui-ci le lie à son Créateur, et l'arrache à la vanité universelle. Sponde paraît suivre la doctrine calviniste:

"Je te cerche, et te cercheray-je tousjours
sans te pouvoir rencontrer? Quoy? Je t'ay desjà
trouvé, et ma peine n'a point esté
frustratoire. C'est, Seigneur, pour ce que tu
m'as trouvé plustost que je ne t'eusse point
cerché, plustost, Seigneur, que je n'y eusse pas
mesme pensé"(p.161) (c'est-à-dire: tu m'as trouvé
avant que je ne t'eusse cherché, avant que je n'y
eusse seulement pensé).

Mais la doctrine catholique elle-même ne nie pas
l'intervention divine dans le "mystère de la foi",
où convergent la volonté de l'homme et celle de
Dieu. C'est à ce double mouvement de désir réciproque que croit plutôt Sponde:

"Qui cerche Dieu, il le trouve, car Dieu cerche
aussi ceux qui le cerchent. (...) Cerchez
premièrement le royaume de Dieu, dit ton Fils, et
le reste vous sera adjousté." (p.119).

L'homme semble avoir l'initiative de la quête
("premièrement") et "le reste" c'est-à-dire la Grâce
de la foi, lui est donné.

Ainsi, Sponde a une vision beaucoup plus clémente
de la condition humaine, et de nos rapports avec le
Créateur : c'est en toute liberté que l'homme répond
à l'appel de Dieu, d'un Dieu bienveillant et juste.
On peut comprendre que les arguments de Du Perron
aient trouvé un écho dans sa pensée. Sponde diverge
de la position calviniste par souci de cohérence:
plutôt que d'accepter avec soumission les mystères
des dogmes, il a besoin de lier les concepts avec
logique, c'est pourquoi il croit au libre-arbitre,
à la responsabilité humaine, et à la justice
universelle de Dieu. Les Protestants insistent sur
la dureté effective de Dieu, sa colère et ses
punitions, et laissent à la notion de Miséricorde
une allure plus abstraite et intellectuelle. Pour
Sponde, c'est le Dieu Vengeur qui reste abstrait,
tandis que la présence de Dieu est d'une infinie

douceur.

II. UNE IMAGE OBSEDANTE.

*

A) Un visage serein

Quelle image de Dieu se profile à travers les textes de Sponde? Cette image est double: Dieu de colère, Dieu de douceur. Le Dieu de Calvin est très dur, cruel, vengeur: Il poursuit le pécheur et le châtie sans rémission. Il juge Son peuple avec une rigueur inflexible, tandis que toute la charité est reléguée du côté de Jésus, seul intercesseur. Nous trouvons cette opposition dans les "Stances de la Cène":

"Noz forfaicts, qui du Père animoient le courage,
Animèrent le Fils d'un doux vent d'amitié:
Vous sentistes tous deux deux passions contraires.
Le Père la rigueur, et le Fils la pitié."
(p.239, strophe 18).

Cependant, en dehors de ce poème, il apparaît que la dureté de Dieu chez Sponde concerne non pas l'homme en général, ni l'auteur, mais les infidèles, ceux qui sont l'objet du discours, et surtout les adversaires politiques. La Méditation sur le Ps. XLVIII est celle qui contient le plus d'allusions à l'actualité de la guerre: l'auteur appelle le "Dieu des armées" pour protéger les Justes (les Réformés), contre les Ligueurs:

"Ha! Seigneur, que tu sçauras bien salarier leur outrecuidance! que tu sçauras bien trancher ces noeuds indissolubles de leur Ligue; que tu sçauras bien faire respirer de leurs conspirations tes pauvres enfans oppressez!" (p.141).

Il présente ainsi la victoire de Coutras (1587):
"Le Dieu des armées estoit de nostre costé, il
combattoit au front de nos escadrons, et noz
ennemis qui accouroient à nous en ont soudain esté
esperdus..."(p.143), "O Dieu des armées, Dieu
favorable des armées de ton peuple, Dieu ennemy
des armées de tes ennemis..." (p.147).
La colère de Dieu est entièrement tournée contre les
autres, ou en tous cas contre les infidèles, à qui
Sponde s'associe parfois dans la mesure où le péché
est lié à la condition humaine, mais sans aucun
sentiment de culpabilité personnelle, et en en
restant à une hypothèse de principe.

Au contraire, lorsque l'auteur quitte le ton
militant et sermonnaire de l'accusateur, c'est
l'image d'un Dieu doux et bienveillant qui prévaut.
A partir de la page 148, la Méd. sur le Ps. XLVIII
fait succéder au Dieu de Vengeance appelé contre les
Infidèles un Dieu de Miséricorde pour les Justes.
L'image bascule à la faveur d'une référence biblique
qui contient (et produit) un effet de sublime. Le
prophète Elie attend Dieu, caché dans une caverne.
Survient un orage, et Dieu n'y était pas; un
tremblement de terre, un incendie, et ce n'était
toujours pas Dieu: "Après l'orage, la commotion, et
le feu venoit ung son paisible et subtil. C'est là
où tu estois, Seigneur." (p.148). Toute la charge
émotive de l'épiphanie est ramassée dans ce
contraste, de la violence à la délicatesse (du son),
et est traduite aussi par la simplicité de la formu-
lation.

Pour Sponde, le visage de Dieu est serein:
"je t'ay rencontré, non pas affreux et redoutable,
comme les gens estiment, mais d'un visage serain,
et qui n'esclatte que l'asseurance" (p.212).
Il ne s'agit pas d'un sentiment intime, spontané et
gratuit, né d'un mouvement d'affectivité. Cette
image personnelle est en parfaite unité avec les
concepts mêmes de Sponde. Selon la définition de
Dieu que donne la Méd. sur le Ps.XIV, Dieu peut

tout;   pourtant Il laisse le Mal exister dans le
monde. Ce n'est pas par faiblesse, dit Sponde, mais
parce que la nature même de Son Etre est inaccessible à la notion de destruction:

"Celuy qui dit que tu ne peux point dit que tu ne
veux pas, Seigneur. Quand le vouloir ne précède
point en toy, il ne s'ensuit point de pouvoir. Tu
peux aussi peu le mal, que tu le veux. Ceste
impuissance du mal, n'est pas, Seigneur, une
débile et lasche contraincte, mais une ferme et
solide volonté du bien." (p.114).

Or les hommes, à tort, appellent ce choix exclusif
du Bien "impuissance":

"impuissance néantmoins puissante, puissante au
bien, à la volonté, à la constance: impuissance
comme celle des rochers, qui ne peuvent crousler,
ou s'esbranler aucunement. Ceste impuissance est
la privation du mal, le mal mesmes qui n'est pas
en toy: car le mal n'est rien non pas mesmes une
ombre: qui desfait seulement ce qui est , et n'est
rien en soy, et moins encore en toy, Seigneur,
dont l'Essence est seulement le Bien subsistant en
soy, et en toy éternellement" (p.114).

Le Mal est défini comme négation pure, néant, tandis
que Dieu est toute positivité, Il est le Bien
absolu;   il n'y a donc pas de place en Lui pour la
Négation ni la Destruction, pas même contre ce Mal
dans le monde et dans l'homme. L'existence du Mal ne
s'explique pas par le châtiment de notre Péché
originel, (ce qui révélerait une certaine capacité
de violence et de destruction de la part de Dieu),
mais au contraire par l'essentielle hétérogénéité
divine au Mal. On le voit, cette définition de Dieu
ne laisse pas de place pour la notion de châtiment
venant s'abattre sur le pécheur, et élimine
implicitement celle de culpabilité, si primordiale
chez les Réformateurs.

*

B) Le Rêve de l'invisible douceur

En dehors du cliché calviniste d'un Dieu Vengeur
dont la miséricorde reste abstraite et lointaine, il
semble bien que le Dieu de Sponde fascine le croyant
par la force propre de Sa Bonté. Alors que les
autres Protestants auteurs de Méditations (Théodore
de Bèze, Du Plessis-Mornay) ne cessent de s'accuser
d'être pécheurs, et de demander à Dieu la
purification dans la crainte du châtiment, Sponde
veut effrayer les autres, les Infidèles, mais son
sentiment religieux à lui est dominé par la
confiance. Sans s'opposer ouvertement au calvinisme,
il en modifie l'intonation dans le sens d'une
religion plus ouverte, plus humaine, et plus
souriante. Ce n'est pas après une lutte intérieure
qu'il se résout à la mort; les "Stances de la Mort"
présentent un combat déjà dépassé, et n'ont qu'une
fonction propédeutique pour ceux qui hésitent
encore; partout le sens de la pensée et de la foi de
Sponde débouche sur un rêve magnifique, celui de la
béatitude d'une vie auprès de Dieu, enfin. Le mythe
presque personnel qui revient aux moments les plus
passionnés est celui d'Enoch et Elie, les deux
prophètes qui ont reçu la grâce d'être enlevés
directement au Ciel, sans avoir à passer par la
déchéance et les souffrances imposées par la vie
puis la mort:

"Pour vivre au Ciel il faut mourir plustost ici:
Ce n'en est pas pourtant le sentier raccourcy,
Mais quoy? nous n'avons plus ny d'Hénoch, ni
                               d'Elie" (st.XI, p.263).
Dans la Méditation sur le Ps. XIV, l'appel se fait
plus pressant:

"Car que faisons-nous parmy ces pestes que humer
leur venin? Ton Hénoch, et ton Elie eurent bien
plus de privilèges. Que ne nous enlèves-tu dans
ton sein, si tu ne nous veux perdre avec ces
perdus? Tu nous laisses icy, nous touchons à ces

corruptions, et nous voylà frappez de pareil mal?" (p.117).

Cette impatience de la mort correspond moins à la fuite d'un monde médiocre, qui, assurément, est insupportable, qu'à l'attrait d'un au-delà lumineux, un univers de douceur et de délices, dans lequel Sponde met tout son espoir et tout son élan:

"Ce vivre est une mer où le bruyant orage
Nous menace à tous coups d'un asseuré naufrage:
Faisons, faisons naufrage, et jettons nous au
                                    Port.(...)
 Ces Amours, ces Plaisirs, dont les troupes des
                                    Anges
Caressent du grand Dieu les merveilles estranges
Aux accords rapportez de leurs diverses voix,
Sont bien d'autres plaisirs, amours d'autre
                                    Nature.
Ce que tu vois ici n'en est pas la peinture,
Ne fust-ce rien sinon pour ce que tu le vois.
  Invisibles Beautez, Délices invisibles!
Ravissez-moy du creux de ces manoirs horribles,
Fondez-moy ceste chair et rompez-moy ces os:
Il faut passez vers vous à travers mon martire,
Mon martyre en mourant: car hélas! je désire
Commencer au travail et finir au repos."
(str.19,21,22, p.251-52).

Le poète avoue sa lassitude et son dégoût de la vie, qui lui est un martyre, une torture, et aspire à la sérénité douce du port enfin rejoint, de l'harmonie enfin vécue (7). C'est un pôle positif très puissant qui l'attire vers l'avant, et dont il laisse transparaître la fascination lors des rares moments de confidences personnelles où s'enflamme un lyrisme rayonnant :

"Qu'attens-je donc sinon que tu me ravisses, et que la délivrance soit esloignée de moy? Mais ravy-moy, Seigneur, non pas en ire, mais en douceur, voire ravy-moy comme despité de me voir loing de toy, et désireux de mon salut. Tire-moy, di-je, par force, car je n'ay pas la force de

m'approcher, non pas de me mouvoir seulement, afin
que je ne me retire point de toy, et que tu me
ravisses non pas pour me désirer, mais pour me
deschirer en ceste fureur espouventable, que je ne
craindray plus si tu prens la peine de m'em-
brasser et de m'estraindre, sans te lasser, et
sans me laisser jamais" (Méd. p.204).
La crainte de la mort est vite surmontée par le
formidable élan d'amour qui emporte la créature vers
Dieu, et par la confiance absolue dans l'amour de
l'Autre. Cette force d'attraction, il l'appelle pour
se garantir des errances humaines auxquelles il est
sujet par sa condition imparfaite, mais sans douter
de la Miséricorde divine.

De la même façon que nous avions constaté que les
flottements par rapport au calvinisme, (qui se
traduisaient dans le texte par un recours au mystère
et un appel au châtiment par le silence), permet-
taient de renouer les fils d'une pensée religieuse
très cohérente, attachée à la liberté de l'homme, et
que nous avons trouvé chez Sponde une vision de Dieu
sans faille, dans la confiance absolue en Son Amour
pour l'homme, nous allons voir que son sentiment
religieux intime témoigne aussi d'une grande
cohérence. Sa foi est certainement vécue de façon
très sincère, pourtant, elle a un aspect fortement
intellectuel qui peut nous étonner, et qu'il nous
faut maintenant essayer de ressaisir, en revenant au
plus près du texte.

*
* *

III. LA FORCE DU SENTIMENT VECU.

*

A) Un mysticisme rationnel et intellectuel

Sponde a le goût des raisonnements: il veut
convaincre son lecteur-auditeur moins par l'émotion
que par des arguments d'une logique irréprochable.
Cependant, au bout d'une ascension rationnelle et
intellectuelle il accède à un contact brusquement
très fort avec Dieu. Cette démarche est plus qu'une
méthode de convertisseur, elle témoigne d'une façon
personnelle de vivre la foi, ou plutôt d'une
mentalité différente de la nôtre. En effet, depuis
les grands mystiques du XVIIe siècle, et l'éloge
ultérieur de la sensibilité qui place la foi du côté
du coeur et des larmes, on a l'habitude de lier le
mysticisme à une extase où le sujet s'oublie lui-
même, se fond dans l'universel, ou en tous cas est
en proie à un bouleversement intérieur qui, souvent,
n'est pas dénué de sensualité (lorqu'on a ressenti
les effets de la grâce, on dit qu'on a été
"touché").

Le "mysticisme" de Sponde est d'une autre nature,
c'est un mysticisme de l'esprit, et non du coeur.
Chez lui, la contemplation de l'irrationnel se conquiert par un effort de conscience et de lucidité.
La Méd. sur le Ps. XLVIII commence par la recherche
philosophique d'une définition de la grandeur. Ana-
lysons ce passage, révélateur de l'initiation qui le
conduit à une véritable vision ("il m'est advis que
je te voy", p.133). Sponde met en scène un
dialogue intérieur avec son âme, et selon le procédé
socratique de la maïeutique, l'oblige à prendre
conscience de ses contradictions premières et
l'invite à les dépasser en faisant appel à son
propre sens logique: "Appelles-tu donc cela
grandeur, qui ne l'est pas mesme quand elle l'est,

et qui peult cesser de l'estre?"(p.131). Cette notion de grandeur absolue (dans l'espace ou dans le temps), aboutit à celle d'infini et va lui permettre de prouver la présence du désir de Dieu au coeur de l'homme. C'est une forme de l'argument ontologique: la notion même de Dieu est si contraire à ce que nous offre le monde qu'elle ne peut provenir que de Lui, et donc prouve son existence.

Suivons la progression de la "démonstration". L'infini défie toutes les réalités visibles et ne renvoie qu'à l'esprit humain: "il n'y a rien de grand au Monde, si ce n'est toy-mesme, non pas comme estant au monde, mais pour ce que les bornes du monde ne sont pas tes bornes" (p.131). Par un renversement "pascalien", Sponde montre que l'homme ressaisit dans sa conscience les dimensions apparemment immenses, mais relatives, de l'univers. C'est donc à l'intérieur de l'homme que s'ouvrent les vrais horizons infinis:

"Tu comprens une Estoille plus grande que la Terre, un Ciel plus grand qu'une Estoille, la Terre un poinct au prix de l'Estoille, l'Estoille au prix du Ciel un autre poinct: c'est chose qui est, qui se void, qui se juge, mais tu peux toy-mesme désirer quelque grandeur plus grande: ainsi, tu n'es pas seulement la mesure, mais la mesure desmesurée du monde" (8).

L'homme est capable de bien plus que de la maîtrise scientifique de l'univers ("chose qui est, qui se void, qui se juge"): il est capable d'imagination. Loin de borner son être aux choses mêmes qu'il mesure, il se situe hors normes, "mesure démesurée du monde".

Quelque part, il est relié à l'infini, presque malgré lui, et son insatisfaction le pousse à imaginer d'autres univers, où la terre aurait pu être "moins rétrécie", l'océan "plus espandu":

"bref, si l'on te veult croire bien souvent, il y pouvoit avoir plusieurs autres mondes plus grands que cestuy-ci" (p.132).

C'est que l'homme n'est pas fait pour ce monde, et transfère dans la multiplicité son désir d'infini; il compense dans l'horizontalité son refus d'ascension vers une transcendance. Mais Sponde l'amène progressivement à reconnaître cette existence divine en forçant le lecteur à ressentir l'angoisse de la finitude, suggérée par l'impression d'une quête éperdue de l'Ame, exilée dans ce monde, et qui cherche à en faire craquer les barrières. Il parvient à présenter comme un soulagement l'ouverture tant attendue que constitue la découverte de l'Au-delà: "Où t'arresteras-tu, mon Ame? où trouveras-tu ceste grandeur infinie que tu cerches? Sortons du Monde, car elle n'y est point". Il mime ainsi le saut qualitatif de l'âme à qui une surréalité, ou un "ordre" supérieur, ont été révélés.

Cependant, Sponde ne veut pas séduire son lecteur par un simple mouvement d'adhésion lyrique, il reprend le raisonnement pas à pas. Quelque chose d'infini ne doit avoir ni commencement (finitude dans le temps), ni forme (finitude dans l'espace): "Cerchons donc quelque Essence qui n'ait point ny commencement, ny forme, mais qui donne et commencement et forme à toutes choses...". Car tout a une forme, donnée par une cause; il faut donc remonter à une forme qui serait cause de soi-même, et du coup cause de toutes les choses. Cette approche de la cause première est, certes, une définition de Dieu, mais Sponde a pris soin de ne pas Le nommer tout de suite. Il n'a pas voulu forcer le lecteur: il l'amène au contraire à surgir à l'idée d'infini et d'absolu, sans l'égarer par l'émotion, mais grâce à l'effort d'un raisonnement qui déduit l'existence d'une Essence nécessaire, seule capable de remplir parfaitement ce désir d'infini au coeur de l'homme. Il a éveillé ainsi la soif de Dieu, d'autant plus impérieuse que sa rencontre est différée. Il reprend en effet les termes des comparaisons entre le ciel et l'étoile (qui avaient été dépassés), afin d'assurer la continuité scrupuleuse du raisonnement:

"Voyons et jugeons ceste grandeur, au prix de laquelle tout ce Tout n'est qu'une Estoille au prix du Ciel, voire un rien au prix d'un tout: ceste grandeur qui n'est point comprise du Monde, car c'est la grandeur qui comprend la grandeur du Monde, et qui mérite proprement le tiltre de grandeur: car est-il rien de plus grand que l'infini?".

L'infini, enfin atteint, annule toutes les autres grandeurs, et la grandeur du monde se retourne comme un gant par rapport à cette Essence, qui a tous les attributs de Dieu. Il n'y a désormais plus de raison de ne pas Le nommer:

"Dy donques, mon Ame, comme Jérusalem disoit jadis,

Le Seigneur est grand."

Sponde a élevé son lecteur jusqu'au bout de sa recherche d'infini, dans une élévation contrôlée par la raison, et il a rejoint Dieu et la parole sacrée. Au bout du cheminement rationnel et philosophique surgit l'aveu de la parole de foi, parole simple, mais dont la profondeur ne nous aurait sans doute pas été révélée sans cette progression logique, cette conquête personnelle qui l'enracine au coeur d'un homme penseur.

Le ton change alors, et le lyrisme éclate : "O grandeur incompréhensible!". A l'extrême fin du raisonnement, l'intelligence humaine est vaincue, il ne reste que l'admiration et le cri.

Une fois atteinte la notion de Dieu, Sponde poursuit l'ascension jusqu'au surgissement d'une vision. Là encore, il procède par étapes, depuis l'imagination jusqu'à la contemplation spirituelle. Mais même le voyage imaginaire qu'il propose, sur le sommet des Pyrénées, n'est pas une évasion idéale: il est inséparable d'un effort de concentration et de volonté.

Plus encore qu'un rêve de verticalité, c'est
un exercice exemplaire d'attention qui soutient le
texte:

"Quand je me plante sur les pointes de ces
Pyrénées, et que je regarde dans les vallons qui
sont à son pied, les Eléphans me semblent des
mouches, les Villes une Maison, les Géans des
Pigmées. Hé! combien plus, mon Dieu, quand je
m'eslève à la contemplation de ta grandeur, quand
je me roidy sur ceste contemplation, tout ce
Monde, mon Dieu, me semble un Atome!".

Et par une question, Sponde oblige le lecteur à
franchir un palier supplémentaire, à s'éloigner
encore du spectacle, même imaginaire, du monde:

"Mais que pourroit me sembler ce que je ne voy
point du tout? tes rayons m'esclairent pour te
voir, et m'esblouissent pour ne voir point le
Monde: non, mon Dieu, je ne voy point les
ténèbres, en voyant ce Soleil" (p.132).

La vision de Dieu provoque un véritable éblouissement mystique paradoxal et sélectif (voir Dieu,
ne pas voir le monde), où tout s'oppose: le
pluriel lié au mal et le singulier de l'Unique,
ainsi que le violent contraste de l'image ("les
ténèbres"; "ce Soleil"). Cette image se prolonge en
un jeu étonnant de clignements d'yeux dans le
soleil:

"Toutesfois pource que ce sont tes oeuvres, je
les voy du coing de l'oeil, et dans leur petitesse
j'y remarque ta grandeur: mais soudain que je
fiche attentivement les yeux de mon Esprit sur ta
grandeur, hélas! je ne voy que petitesse dans le
Monde".

Certes, la signification symbolique est évidente: on
ne peut dédaigner le monde en tant que Création
divine, tandis que par rapport à Dieu, tout
s'inverse, comme la lumière anéantit le négatif.
Pourtant nous avons quitté le raisonnement, et le
spectacle du monde: c'est bien une vision qui a
surgi. A la faveur de l'image du clignement d'yeux,

nous sommes passés de la réalité à la spiritualité.

Or ce n'est pas une vision extatique incontrôlée, ultime, qui envahirait un homme seulement réceptif. Cette vision par les yeux de l'Esprit n'est pas une illusion des sens, au contraire, elle correspond à un accroissement des facultés intellectuelles. Sponde explique la vision:

"Si ne te voy-je point, car tu es invisible: mais la vivacité de mes pensées est la veue que j'entens, et je te voy comme l'Ame peult voir l'Esprit."

Il ne parle ni d'imagination ni même de foi, mais de la vivacité de ses pensées, et essaye de décrire un phénomène interne de sa conscience. L'âme, qui est le siège de l'ensemble de nos fonctions psychologiques, et le plus profond de nous-mêmes, notre vie, peut "voir" ou plutôt sentir de l'intérieur la présence de l'Esprit, —à la fois intelligence humaine et parcelle de l'Esprit de Dieu en nous. C'est une vision qui est la perception directe d'une présence essentielle, vitale, au fond de l'homme, et qui fait apparaître brusquement un lien entre celui qui contemple et l'Etre contemplé, non dans l'effusion mais dans la certitude intellectuelle. "Je médite en toy, et je médite si attentivement qu'il m'est advis que je te voy", la vision est conquise par une tension, une lucidité extrême de la conscience, et elle est soutenue par l'effort intellectuel d'une méditation attentive. Tout le sentiment religieux intime de Sponde est là, dans cette concentration lucide, qui permet d'accéder à une vision non pas extatique et terrassante, mais intérieure, et qui a l'intensité des puissances de la volonté et de l'esprit humains. Chaque fois que Sponde emploie le mot de 'méditation', il l'associe à cet état d'acuité intellectuelle, par lequel se manifeste son contact avec le sacré, et avec la parole divine:

"Nous l'avons méditée, Seigneur, nous y avons bandé tous les nerfs de noz esprits, nostre force

s'y est roidie, nostre entendement s'y est occupé,
et attentivement" (p.149).

Certes, l'homme ne parvient pas toujours à
maintenir cet idéal de méditation tendue: il se
sent alors vague et dissipé, dérivant au large de la
mission que Dieu lui avait assignée (Le contempler
toujours et partout):

"...quand je contemple l'estendüe du Monde, il
faut que je confesse, mon Dieu, que mes
imaginations ne sortent point du Monde: je ne te
contemple point, mais seulement le Monde: ou bien
si je te contemple, c'est en passant, et mon
Esprit se vuide dans le vague de ce vuide, il
discourt tantost dans les parties, tantost dans
le tout: bref j'admire l'ouvrage, et ne pense que
bien peu en l'ouvrier: je suis trop au large, et
ma fantasie s'escarte et se dissipe" (p.150).

Cette faiblesse constitutive de l'homme
(l'endormissement, les intermittences du coeur et de
la foi), peut être combattue par l'attention
personnelle, —"si j'entre en mon cabinet, je te
voy, je te considère..."—, mais surtout par la
communion de l'Eglise. Nul désir d'un Dieu
particulier, ni d'un contact avec une divinité qui
le transporte: au contraire, Sponde cherche la
"vision de l'Esprit" orthodoxe et vérifiée,
correspondant à celle de tous les fidèles qui,
unissant leur "courage" (leur force intérieure),
rejoignent la béatitude d'une même contemplation.
Une approche personnelle ne suffit pas:

"...et combien que tu sois avec moy, je ne suis
pas pourtant en la compagnie de mes frères, qui
te voient, qui te contemplent comme moy.
J'accours donc à ceste compagnie, je mesle mes
méditations à leurs méditations, et par l'union
de noz assemblées, nous tesmoignons l'union de
noz courages..." (p.150).

Une telle définition de la "vision par les yeux de

l'esprit", qui n'est liée ni à l'imagination, ni à l'élection terrible du Prophétisme, est très différente de celle d'un d'Aubigné. Car l'expression et le concept existent. Les Tragiques évoquent les combattants justes, morts, qui, au ciel, se voient représentés sur des tableaux célestes dans leurs actes de bravoure, avec les yeux qu'ils avaient, étant vivants:

"Ceux qui de tes combats passèrent dans les cieux
Des yeux de leurs esprits voyent leurs autres
                    yeux" (Fers, v.305-6, p.158) (9).

A la résurrection de la chair, le corps transfiguré sera doué de "sens spirituels", dont les visions prophétiques, purifiées de toute influence sensorielle, sont comme l'anticipation (10). On distingue ordinairement trois degrés de "visions": la vision qui contient des images sensibles; le songe extatique, peuplé d'images divines; et la vision intellective, la plus pure, celle qui correspond à une fusion avec l'intellect divin. Cette dernière est considérée comme le degré suprême, auquel ont accédé Moïse et les Apôtres seuls. Aucune de ces définitions ne semble donc concerner Sponde. D'autant que d'Aubigné présente la vision comme une extase, qui entraîne une pamoison, songe ou évanouissement:

"Soit qu'un songe au matin m'ait donné ces images
Soit qu'en la pamoison l'esprit fit ces voyages.
Ne t'enquiers mon lecteur, comment il vid et fit,
Mais donne gloire à Dieu en faisant ton profit.
Et cependant qu'en luy, exstatic, je me pasme
Tourne à bien les chaleurs de mon enthousiasme"
(Fers, v.1201-6, p.179).

L'enthousiasme prophétique est bien une prise de possession par Dieu d'un homme qui est hors de lui ("exstatic"), dépossédé de son corps mais aussi de sa conscience ("je me pasme"). On retrouve le même phénomène à la fin des Tragiques, plus explicité:

"Chetif, je ne puis plus approcher de mon oeil
L'oeil du ciel; je ne puis supporter le soleil.

Encor tout esblouï, en raisons je me fonde
Pour de mon ame voir la grand'ame du monde,
Sçavoir ce qu'on ne sçait et qu'on ne peut
                           sçavoir,
Ce que n'a ouï l'oreille et que l'oeil n'a peu
                                voir;
Mes sens n'ont plus de sens, l'esprit de moy
                              s'envole,
Le coeur ravi se taist, ma bouche est sans parole
Tout meurt, l'ame s'enfuit, et reprenant son lieu
Exstatique se pasme au giron de son Dieu",
(v.1209-18, p.243).

Malgré ses efforts (pour voir et savoir, v.1211-14),
d'Aubigné quitte non seulement ses sens humains,
mais encore son esprit, son coeur "ravi": il meurt à
lui-même ("Tout meurt, l'âme s'enfuit"), et cette
véritable extase mystique aboutit non à une
connaissance (il ne peut plus parler), mais à une
dissolution de l'âme dans la fusion avec Dieu.

Rien de cela chez Sponde. L'approche de Dieu et
même sa vue n'entraîne pas à la "mort", mais à une
exaltation des facultés intellectives. Aux mots: "se
pasme", "ravi", répondent: "attentivement, et "la
vivacité de mes pensées". A l'extase répond la
méditation.

Cette conception trouvait chez Sponde des échos
dans une tradition aristotélicienne, ficinienne et
alchimique. Les visions intérieures sont supportées
(et éclairées) par le spiritus phantasticus
(néoplatonicien), lui-même lumineux (11). Giordano
Bruno rappelle que cette lumière est la première
substance sans corps, la première création de Dieu,
avant même le soleil. Elle est la lumière de notre
âme, ainsi que de l'âme du monde, et soutient
l'imagination et les songes:
"Hac luce quae substantia quidem spiritualis
est (...) nullo lucente sole (...) donata est anima,
non solum nostra, sed immensa per universum se
diffundens" (12).

Répandue dans le monde, elle correspond à une unité spirituelle de la Création (qu'on retrouvera dans la communion des méditations contemplatives de Sponde), et elle reste présente, quoique cachée: "c'est à l'alchimiste de la libérer", dit Robert Klein (13).

Les sens intérieurs appartiennent déjà à tout homme (et ne sont pas que l'anticipation du corps ressuscité), ils sont spirituels dans la mesure où ils sont en relation avec l'essence divine. Cependant, pour accéder à la vision ou à l'intelligence de cette présence divine dans notre âme, il faut remonter progressivement, comme par l'échelle de Jacob, tous les degrés de notre être (l'échelle des facultés), depuis les sens, l'imagination, la raison, jusqu'à l'esprit. Ficin retrace la même ascension:

"Hominis anima (...) assumit (...) per sensum has a materia mundi infectas similitudines idearum, colligit (...)eas per phantasiam, purgat excolitque per rationem, ligat deinde cum universalibus mentis ideis" (14).

Hugues de Saint-Victor utilisait ce même schéma de progression pour illustrer le cheminement de la conversion, et de la relation de va-et-vient entre l'homme et Dieu. Pour lui, écrit Klein: "Dieu descend par la révélation, et l'esprit par l'imagination et par son instrument, les sens; inversement, le corporel est spiritualisé par la sensation (corpus sensu ascendit) et l'imagination prépare l'intellection à la contemplation qui le conduit à Dieu. Vide scalam Jacob" (15).

Une telle utilisation synthétique des doctrines antiques et chrétiennes, des théories de représentation de la nature et d'interprétations métaphysiques et religieuses n'a rien de surprenant. C'était la pratique exégétique la plus courante et la plus orthodoxe. Ainsi, le pneuma stoïcien, substrat et véhicule de l'âme, correspond à l'éther lumineux des hermétistes, et à la lumière intérieure de l'esprit divin en nous. Les poètes humanistes du XVIe siècle trouvaient dans leur connaissance de l'antiquité une caution pour les images mystiques de la lumière (du soleil) de Dieu. De même, certains motifs, comme l'allusion biblique à l'échelle de Jacob, chez Hugues de Saint-Victor et Giordano Bruno, s'associent, sans doute naturellement, à la conception hiérarchisée des êtres. Sponde, s'il n'a peut-être pas connu directement Giordano Bruno (qui séjourna pourtant à Genève de 1581 à 1583, et à Toulouse), et s'il n'a pas présenté une théorie claire de ces questions, n'a certainement pas été ignorant des résonances néoplatoniciennes et alchimiques qui leur avaient été associées (16).

Ainsi, l'utilisation de l'imagination dans sa rhétorique persuasive acquiert une valeur plus essentielle: il s'agit à la fois d'emporter l'adhésion du lecteur, et de l'aider à remonter progressivement toute l'échelle intérieure qui seule peut conduire à Dieu. La vision, décidément, ne peut pas fondre d'un coup sur l'homme, elle est conçue, chez Sponde, en termes de progression, de persévérance, et de contemplation attentive. Elle ne comprend pas d'image, mais révèle une expérience intime de proximité et de présence, elle n'enflamme pas les sens, mais encourage la lucidité. C'est un travail d'intériorisation et d'approfondissement de soi qui permet à la fois l'instant de la Rencontre, et la durée de son épanouissement partagé et serein:

"Ainsi, Seigneur, je me restrein dans cest enclos, et comme me reserrant en moy-mesme hors du Monde, je sors plus librement vers toy, et te magnifie. Ailleurs, les insolences, les desvoyemens des meschans dominent, et ton service est en dérision en leurs bouches, dont mon Esprit est en trouble: mais où ta Saincteté resplendit, je trouve le repos, et le temps pour esplucher soigneusement ta bénignité, pour chanter tes loüanges" (Méd. p.151).

D'Aubigné et Sponde relèvent, certes, de la même

mentalité, et utilisent le même vocabulaire et les
mêmes images, mais leur sentiment intime s'éclaire
l'un par l'autre, nous offrant deux facettes
différentes du vécu de la foi à cette époque: pour
l'un, le mysticisme est violent, foudroyant, et
prive l'homme de la parole; pour l'autre, le
mysticisme est "rationnel" et "intellectuel",
déployé, et il se prolonge dans une louange
méditationnelle.

Le sentiment religieux de Sponde allie dans un
étonnant "mysticisme" l'élan de la foi à la force du
rationalisme; c'est un sentiment qui s'épanouit bien
au delà de la raison, mais qui ne perd jamais le
contrôle de sa puissance psychique ni l'acuité de sa
conscience. La méditation est définie ici, non comme
genre, mais comme pratique spirituelle, par un
effort constant de concentration de toutes les
facultés intellectuelles de l'homme, tendues vers
Dieu, jusqu'à une contemplation qui n'annule pas la
méditation, mais est soutenue par elle. On comprend
mieux la valeur de cette écriture religieuse, au
delà de la fonction didactique; écriture comme acte
conscient, prise de lucidité du phénomène de la foi;
non seulement témoignage (confession) ou chant
intérieur (prière), mais pratique volontaire et
assidue, qui en elle-même réconcilie la raison,
l'intellect, et la foi, dans un sentiment religieux
qui correspond à un libre choix.

∗

B) "Puisque tu me portes tant d'amour"

Cependant, il ne faudrait pas seulement retenir du
sentiment religieux de Sponde la présence de la
raison au coeur de la foi. La Méditation sur le Ps.
LXII contient un véritable texte d'amour à la fois
brûlant et serein. Nous allons découvrir un

mysticisme sage, mais d'une force surprenante. Il y
a une sorte d'apaisement et de sagesse dans cette
dernière méditation, où s'entrecroisent tous les
thèmes des méditations précédentes pour se
résoudre dans un acte de confiance absolue. A la
fureur du convertisseur succède la prière comme pur
élan oblatif vers Dieu. Même si le "je" représente
un orant idéal, l'idéal auquel il renvoie correspond
à celui de Sponde. Sa prière est marquée par la
confiance dans la Miséricorde divine, et dans
l'existence tenace d'un lien entre l'homme et Dieu,
son Interlocuteur privilégié. Cet amour se heurte
à la colère de Dieu, et pourtant il continue à se
donner sans rien exiger, sans trouble, dans la
plénitude et la paix de lui-même. Il sait avec une
étonnante assurance, que sa force positive
triomphera du châtiment, et il oppose ainsi à la
rigueur presque passionnelle qu'il rencontre, un
calme souriant, dans toute la supériorité du mystère
surhumain qu'il porte en lui. Car l'orant ne doute
pas de la bienveillance de Dieu; il participe des
péchés de toute l'humanité, mais accepte le
châtiment, parce qu'il sait que Dieu châtie pour
ramener à Lui le pécheur, pour le sauver et non
l'exclure:

> "Certes, Seigneur, tu es bien courroucé contre
> nous. Mais plustost, non pas certes contre nous,
> mais contre noz pechez (...), tu les chastie, à
> fin que tu ne sois constrainct en fin de nous
> punir" (p.209-10).

L'orant répond donc à la colère divine, légitime et
juste, contre le pécheur, par le don de soi.
Car il a compris ce secret d'amour, de Dieu
pour sa créature, et du coup, il veut percer ce
secret par l'amour même. Il crée ainsi une relation
très forte et très personnelle entre l'homme et
Dieu, où l'homme apprend un amour surhumain, un
amour qui se moque des insatisfactions matérielles,
et qui est mû par une force transcendante, plus
forte que toutes les rigueurs:

"...tu ne me réduiras point au désespoir: j'ay
meilleur courage que jamais, pour m'asseurer de
toy, et en toy, mon Dieu. Oste-moy tout ce que tu
m'as donné, je ne t'abandonneray jamais, non plus
que ton fidèle serviteur Job. Remply-moy
d'ulcères, l'esprit que je tiens de toy, se
tiendra incorruptible. Quelques belles raisons que
me donne le Monde, pour appréhender ta rigueur, je
ne desmordray jamais ta miséricorde" (p.210).
Cet engagement total, qui va jusqu'au sacrifice,
s'exprime par une série d'hypothèses qui ne sont pas
des provocations, mais une façon de dire la
puissance de la foi, d'une positivité à toute
épreuve. Même si Dieu utilise le mal contre moi, dit
l'orant, je ne répondrai que par cet amour dense et
éclatant, où le mal se brisera. Nulle place pour
le doute. Car si les accidents et les
circonstances altèrent la vie corporelle, Dieu a
laissé un signe au coeur de l'homme: l'esprit qui le
rattache à Lui ("l'esprit que je tiens de toy"); et
ce lien, fût-il mis en péril par la colère de Dieu,
fût-il même déjà brisé, la force de son amour le
recréerait, car il est sûr de la réciprocité cachée.
Sans être insensible aux coups, il s'entête à chérir
cette main qui le frappe, jusqu'à ce qu'elle lui
accorde sa bénédiction:
"J'empoigneray ceste main qui s'appesantit sur
moy, je la baiseray, je l'embrasseray, et elle ne
m'eschappera jamais qu'elle ne m'ay desparty sa
bénédiction" (p.210).
Cette force en lui fait qu'il ne ressent aucune
différence entre le bonheur et la douleur:
"quand ils me viennent de toy: je les ay
esgalement agréables, car il ne vient rien de toy
aux tiens qui ne soit bon",
dans la mesure où est maintenu le lien "de toy aux
tiens". Et il renchérit:
"et quand j'y vouldray mettre de la différence, le
mal que tu me fais sentir, je le préfère au bien:
car le mal me rappelle à toy, et le bien me faict

esgarer bien souvent du chemin qui m'y conduict."
Ce paradoxe ne s'explique pas par une
exaltation soudaine, il est aussi en accord avec à
la doctrine calviniste à laquelle il renvoie
implicitement: le bien dont jouit l'homme le
détourne irrésistiblement du chemin de Dieu, tandis
que "les adversitéz non seulement nous sont bénites,
mais aussi nous sont comme aides pour avancer
grandement notre salut"(Calvin (17)). La folie de
l'amour s'inscrit dans la cohérence profonde de sa
foi. Et la contradiction qui est soulignée tout au
long du texte, entre la violence qu'il subit et
l'amour qu'il donne, est en fait sous-tendue par une
confiance absolue qui en voit l'unité.

Il a rencontré l'amour divin, l'amour terrible
dans la vivacité de sa puissance infinie. Il l'a
entraperçu, il le devine sous les formes même
agressives par lesquelles il se manifeste, mais il
n'aspire pas à l'ex-stase, à l'identification qui
l'annulerait. Il accepte l'équilibre passionné
(d'une passion paradoxalement sereine) entre le
contact brûlant de cet amour surhumain en lui, et
l'expérience profondément humaine qu'il en vit, dans
toute la différence imposée par les tiédeurs de nos
imperfections. Loin de désirer la fusion, il
manifeste l'éblouissement merveilleux du contact,
où, grâce à son altérité même, il appréhende et
apprécie l'Autre, l'Unique. Ainsi, l'écart ne
supprime pas le lien, et ne crée pas l'angoisse
déchirante de la fusion impossible, mais permet que
cet amour trop éblouissant soit perçu par les yeux
humains, et réellement vécu avec fascination:
"Ceste lumière esclatante de tes faveurs me crève,
par manière de dire, les yeux, et ces ténèbres de
misère me rafreschissent la veue" (p.210).
Nous touchons ici au vécu existentiel d'une foi qui
correspond moins à une sublimation autistique
effusive ou à un idéal abstrait, qu'à la reconnaissance d'une relation à l'Autre sans assimilation,

dans laquelle le sujet offre son humanité même. Non
que les angoisses ne l'aient jamais saisi, mais il a
dépassé les doutes et les douleurs, et sans les
renier, en les incorporant à lui, il a trouvé la
paix de l'amour confiant:

"J'ay débatu avant que d'avaller ceste amertume,
mais je l'ay en fin dévorée, et le repos m'a
saisi tout à l'heure: je m'y suis endormy"
(p.211).

C'est une grande paix et une grande sérénité
qu'exprime, au delà de la souffrance et de la
révolte, une écriture qui elle-même après la
violence a trouvé l'harmonie de la louange, et a
rejoint la parole sacrée:

"Si est-ce que mon ame se tient coy en Dieu"
(p.211).

Les moments d'angoisse sont toujours présentés
comme une étape dépassée, un "avant" de l'écriture,
qui ne les résout pas mais les intègre en tant que
concession à valeur d'exemplarité:

"Je confesse que tes pointures m'ont réveillé,
Seigneur, que je me suis escrié de douleur, mais
je n'ay point regimbé pourtant: et mes plainctes
ont esté soudain appaisées du silence de mon Ame,
qui n'a que dire contre toy..." (p.211).

En revanche, lorsque d'Aubigné appelle la
miséricorde divine, le souvenir de ses péchés le
torture, et finit par le laisser dans une véritable
angoisse, par delà même la confiance qu'il met aussi
en Dieu. C'est le même espoir, mais vécu avec une
sensibilité différente, une impatience qui bouscule
les images et les sentiments. D'Aubigné réclame la
Grâce, "afin que ces os et moëlles fondües devant le
feu de ton courroux soyent restituees..." (Méd. sur
le Ps. LI, p.540). Rends moi, dit-il,

"...une ame nouvelle, pour s'embraser en ton
amour: remplis mes entrailles de charité qui
monte au Ciel, arreste ces mouvements esgarés de
ma vie, approche la leur de cette face en la

contemplation de laquelle je vis seulement: ne
retire pas ton Esprit, sans lequel je ne suis
qu'une anatomie de la puante charoigne d'un mort.
Oserai-je te prier de descendre en mon sepulchre?
Restitue en moi et la vie et la joie; refai-moi
tel que tu prenes plaisir à me regarder; et lors,
moi miserable (qui par mon exemple ay monstré aux
autres le chemin de perdition et de voix et de
coeur deviendrai un docteur de repentance, un
miroir de ta grâce, un eschantillon de ton
pouvoir, en me donnant un esprit nouveau, et non
content de me l'avoir donné, le maintenant en moi
renouvellé" (p.540-41).

Le contraste est saisissant, entre le pécheur
"miserable", et soudain "docteur de repentance",
comme si les deux n'étaient pas déjà réunis dans le
même homme. D'Aubigné demande "une ame nouvelle",
"un esprit nouveau", dont il se sent dépossédé, ce
qui crée un vide intérieur, presque un dangereux
vacillement de l'être.

A aucun moment, Sponde ne doute de la présence
constante de Dieu au fond de lui: "tu ne me réduiras
point au désespoir: j'ay meilleur courage que jamais
pour m'asseurer de toy, et en toy, mon Dieu (...)
l'esprit que je tiens de toy se tiendra
incorruptible" (p.210). L'un emploie un futur en
déséquilibre, l'autre un futur de certitude.
Théodore de Bèze implore aussi le Seigneur pour être
"du tout changé" (Chrest. Méd., p.48, 76), et
recevoir la grâce d'une seconde Création, annulant
la première:

"J'ay tout gasté, j'ay tout destruict, et ruiné.
Et pourtant (pour cela), ô Dieu, recommance ton
oeuvre comme tout de nouveau, sois le createur de
cest homme interieur pour la seconde fois,
desployant ta force qui penetre jusques au fond
de moy-mesme, afin de former en moy comme une
nouvelle ame..." (p.76).

On le voit, ce sont deux types de sentiment (et de
sensibilité) religieux qui se dessinent ici, et ne

sont pas sans implications au niveau même de la conception théologique.

Pourtant, chez d'Aubigné et Sponde, ce sont les mêmes images qui reviennent: celle de la main de Dieu par exemple: "Desploye, Seigneur, ceste main à me relever de mon odieuse bouë: tu vois la haine que je me porte à cause de mes pechez", dit d'Aubigné (18). Sponde se démarque de la pratique réformée de l'auto-accusation pour vivre sa foi dans la confiance et la paix de l'amour. Il embrasse la main qui le frappe, sûr de la bénédiction, non pas parce qu'il se serait accusé d'être de la boue, et se serait plongé dans le désespoir, mais au contraire parce que sa confiance dans l'amour n'aura pas faibli. D'Aubigné aussi s'en remet à Dieu:

"C'est toi seul qui peut me délivrer, et à qui je dis: "sauve moi de la bourbe" (...). Mon oeil languit d'affliction. Eternel, je te réclame tout le jour: j'estens mes mains vers toi: c'est à toi que je viens me rendre" (Méd. Ps. LXXXVIII, p.551).

Mais le rapport est coupé entre les deux moments d'affliction et de délivrance. Il y a comme un hiatus abyssal entre les deux phases (marqué par un point). Là où les mains se tendent avec fébrilité dans le vide, Sponde inscrit la douceur d'un baiser: "J'empoigneray cest main qui s'appesantit sur moy, je la baiseray, je l'embrasseray..." (p.210).

Une autre image typique est celle de la tempête. D'Aubigné, abandonné de tous ses amis, s'identifie au vaisseau en péril:

"Ainsi suis-je accablé de tous tes flots: ta fureur s'est jettee sur moi: ◥un abysme appelle l'autre abysme: au bruit de tes canaux toutes tes vagues et flots ont repassé sur ma teste ◢ (Ps.), empli ma nef si basse et si fragile, qu'elle ne peut resister aux plus petites ondes de tes tempestes: et tout sans espoir de secours" (Méd. Ps. LXXXVIII, p.551).

Sponde, lui, s'identifie au roc contre lequel les

flots ne peuvent rien, il compte sur sa fermeté intérieure qui le met à l'abri de toutes les épreuves. Les sentiments qui lui ont appris la douleur lui ont aussi découvert la force de la patience:

"Ainsi du sentiment je me suis faict ouverture à la patience. C'est là où je m'arreste, c'est là où je suis à l'abry des orages, dont le Diable, le Monde, et mes propres amis me combattoient" (p.211).

Sponde refuse expressément le schéma de l'accusation de ses péchés et de la désespérance calviniste, comme étape nécessaire (et conventionnelle dans le genre de la méditation), avant la venue du secours surnaturel. Selon lui, l'homme n'est jamais complètement misérable, et Dieu est toujours avec lui, comme un espoir tranquille. Les tourments lui sont imposés de l'extérieur, par les autres et par les accusations immodérées (injustifiées, présomptueuses, et sonnant faux dans leur bouches), qu'ils se permettent de porter contre lui, ou de tenter de l'entraîner à porter contre lui-même. Certes, il avoue avoir été près d'être vaincu par les tourments, mais tandis que ses faux amis ("sophistes") l'induisaient en erreur, Dieu n'a cessé d'être son secours dans la bonté, et Son langage ne ressemblait pas à celui de ses accusateurs. Nous citons tout le passage, parce qu'il éclaire singulièrement la sensibilité spondienne:

"Que s'en est-il fallu, mon Dieu, que je n'aye esté vaincu? Et certes, je l'ay esté de parolle, tant que je n'ay eu plus que respondre à ces langages importuns qui m'ont frappé de tous costez les oreilles: mais ma bouche s'est teuë, et mon coeur encore d'advantage pour t'escouter, Seigneur, qui me tiens tout un autre langage que ces Sophistes. Car ils disoient de moy, Il est affligé pour la multitude de ses pechez: il luy

est bien deu, car il l'avoit bien mérité par ses
desmérites: Dieu est juste. Ils ont dist vray, ô
mon Dieu, je l'advoüé, mais ceste vérité n'est
pas bien séante en leur bouche, puisqu'ils
l'employent à ma confusion. Je ne trouve pas
bonnes les entorces de ceux qui me veulent
rompre, mais de ceux qui me veulent redresser:
ceste saignée qui va jusques à la syncope est
trop dangereuse, et je la tiens pour suspecte,
voyre je ne la puis souffrir, et ces violences me
font détester leurs remèdes" (p.211-12).

C'est une véritable condamnation de la pratique
réformée, de cette "saignée" violente de l'être,
jusqu'à la "syncope", dans laquelle l'homme perd le
contact avec son Créateur. Sponde refuse le hiatus,
dont nous trouvions la présence angoissante chez
d'Aubigné et Bèze, entre l'homme pécheur et l'homme
pardonné: ce hiatus lui paraît suspect
intellectuellement, dans la mesure où il traduit un
manque de cohérence, et renvoie même à une
malhonnêteté morbide de la part des "sophistes"; et
il lui est insupportable du point de vue de sa foi.
Les autres "ne visent qu'à ma seule condamnation",
dit-il,

"Mais tu m'as bien abouché d'une autre façon: tu
m'as faict sentir mes coulpes, et mes peines,
mais non pas jusqu'à l'extrémité: ce ne sont
mesme que des menaces simples, au prix de ce que
j'ay desservi. Mon affliction est grande, mais
l'affection que tu me portes est bien plus
grande: et tu me l'as ainsi dict" (p.212).

Pour lui, l'aveu des fautes est lié immédiatement
dans la même phrase à la confiance dans l'amour,
dont il a reçu une assurance indestructible ("et tu
me l'as ainsi dict"). Cette parole le lie
essentiellement, et lui permet de surmonter toutes
les peines, car grâce à elle, il est épargné et
sauvé, il est définitivement aimé. Il peut avoir des
peines, "mais non pas jusqu'à l'extrémité" de la
séparation (la syncope, traduction physique de

l'abandon ontologique), son affliction peut être "grande", "mais l'affection que tu me portes", c'est-à-dire l'amour, "est bien plus grande. C'est un amour réel et non abstrait, qui, au coeur même de la souffrance, apporte l'émerveillement, la joie, et la paix:

> "Espère en moy, as-tu dit à mon Ame, et je ne te tromperay point: attens constamment mon secours, et il ne tardera point. Ce n'est donc plus matière des hommes, puisque tu t'en mesles: et pourtant je me repose seulement en toy, abbattu certes et harassé de mes traverses, mais ô que ton repos est doux et récréatif, Seigneur! O que j'y ay trouvé bien tost du soulagement! (...) Depuis je n'ay point de peine ni d'ennuy, je laisse parler tout le Monde, et me tais en toy, ô Dieu, de peur de t'offencer. Je presse ma bouche de ton giron, où je suis estendu à mon aise..." (p.212).

Or là encore, la joie ne l'aveugle pas: il la contrôle, l'apprécie, en toute lucidité intellectuelle. Car la foi et l'amour sont des expériences paradoxales qui échappent à toute logique habituelle, mais ne privent pourtant pas l'homme de son intelligence. Elles lui font découvrir une réalité autre, une autre logique, d'un autre ordre, mais tout aussi exigeante et implacable, tout aussi solide. Sponde n'ignore pas qu'on pourrait l'accuser de vaines illusions (la foi comme "sublimation", remède nécessaire et commode dans la peine), mais cette attitude lui paraît se détruire d'elle-même, s'aveugler de son parti-pris obtus (sa "vigilance"), et se conforter à l'intérieur de ses limites (sa "foiblesse"). Pour lui, la foi le met au-dessus de ces "infirmités" d'un monde misérablement clos sur lui-même, car il a en lui la certitude d'être toujours "soutenu" par Dieu, et constamment rattaché à Celui qui est vissé au creux de son être:

> "Quand la nuict arrive, il nous semble que le

Henri de Sponde, évêque de Pamiers. Gravure de Lubin,
publiée dans le recueil de Charles Perrault, Les
Hommes illustres qui ont paru en France pendant le
XVIIe siècle, La Haye, 1736. Nous n'avons pas pu
trouver de portrait de Jean de Sponde.

Soleil ne reviendra jamais: et c'est alors que
croissent mes espérances. Or ces espérances sont
des seurtez solides et inviolables, car tu en es
le fondement. Non pas que j'avale ce pavot pour
m'endormir en mes vaines imaginations, mais je ne
puis et ne veux veiller qu'avec toy, travailler
qu'avec ta main, et plustost avec toy seul, avec
ta main seule qu'avec ces esprits assoupis du
venin de leur propre vigilance, et renforcez de
leur propre foiblesse. Et quand nous ne serions
plus que sept dans une Arche, es-tu pas nostre
Dieu? Et quand il nous faudroit tous mourir, es-
tu pas le Dieu de vie?
  Que je ploye donc sous le fardeau de mes
malheurs? Nenny, car je me roidiray en toy. Que
je tombe pour toutes ces secousses? Nenny, car je
m'appuyeray sur le baston de fer que tu as en ta
main, pour briser ces pots de terre. Je ne veux
pas dire que tout me soit possible: c'est à mon
seul regard que je ne puis rien, mais tenu et
soutenu de toy, je suis invincible, je puis tout,
et tout le reste du monde n'est qu'infirmité"
(p.216).
Les maux ne viennent pas de Dieu, tels des
châtiments, au contraire, Dieu aide sa Créature, et
l'inonde d'un amour infini:
  "Mais quelles traverses doy-je redouter puisque
tu es sans doubte ma force et mon espérance?
Quelle nuict puisque tu es ma colomne de feu?
(...) Quel ennemy, puisque tu me portes tant
d'amour?" (p.216-17).

*
* *

Dans sa pensée religieuse, Sponde s'éloigne donc
du calvinisme pour découvrir une conception plus
ouverte et plus clémente de la vie humaine,
constamment soutenue par l'esprit de Dieu, et à
chaque instant libre de son choix d'amour. Certes,
cette vision n'est pas propre à notre auteur, elle

ressortit à la mentalité générale de l'époque, où
les deux visages de Dieu coexistent, de la violence
à la douceur. La foi était vécue selon ces deux
pôles, tantôt impérieuse, pleine de contrastes,
tantôt un havre de paix: il y a certainement un
sentiment religieux commun et spécifique en cette
fin de siècle. D'autant que la dimension spirituelle
imposait au quotidien à la fois une lecture du monde
et une conduite efficace. Néanmoins, à partir de
cette sensibilité commune, partagée par le groupe
des Réformés de la cour de Navarre (légèrement en
décalage par rapport à l'orthodoxie de Genève), les
distinctions personnelles se dessinent.

Au delà du vocabulaire, des lieux communs, des
citations bibliques, et d'un même genre littéraire,
il apparaît que de tels textes induisent à un
sentiment religieux intime, à une expérience humaine
à la fois unique et essentielle, qu'un effort
culturel parvient à ressaisir. C'est seulement à ce
niveau de recréation "par sympathie" que se
découvrent en même temps le fond d'une mentalité
religieuse, et les différences de sensibilité de
chacun, qu'une analyse parallèle continuerait à
éclairer réciproquement. Ainsi, nous avons vu que si
pour d'Aubigné (comme pour Bèze et Calvin),
l'expérience mystique aboutit à une fusion totale
(qui brûle d'un coup toute l'humanité qu'il abhorre),
Sponde refuse cette "syncope" dangereuse, ce que
nous avons appelé un hiatus ontologique, ou une
faille dans l'être. Pour lui, son être est
constamment et essentiellement rattaché à l'Etre
divin. Cette différence fondamentale dans le vécu de
la foi (qui n'altère en rien la sincérité ni la
confiance de chacun), nous permet de repérer la
ligne de démarcation entre les "Baroques" et les non
Baroques. Certes, les différences stylistiques
peuvent aussi nous éclairer: l'écriture de d'Aubigné
est plus "heurtée", les contrastes sont fondés sur
des oppositions absolues, tandis que la phrase
spondienne est plus "périodique", et construite sur

une progression montrée. Les oppositions sont soutenues par un mot de liaison (mais) et par le rythme de l'apodose apaisant la protase. Mais il ne s'agit là que de différences relatives, et dont le jugement ne peut faire état qu'en termes de degrés. En fait, le facteur déterminant est la qualité de la texture même de la représentation (métaphysique et religieuse) à laquelle renvoie le texte écrit. Le hiatus est la secrète fêlure qui change tout: ce n'est pas le degré d'extension de la fissure dans l'être qui compte, car, si petite soit-elle, celle-ci change toute la qualité de la foi, fût-elle compensée par une intensité extrême du sentiment religieux (19).

Pour Sponde, les ennemis viennent de l'extérieur, et s'évanouissent au contact de sa fermeté essentielle, parce qu'il n'a pas quitté de ses yeux intérieurs la lumière divine; qu'il a reconnu la source vivante de son être: l'Etre inaltérable, auquel il a amarré résolument son âme. Au milieu des tempêtes "qui battent à l'encontre",

"mon Ame dict que tu es la Roche où elle a fiché l'anchre de sa seurté" (p.214).

CHAPITRE 3
LES MÉDITATIONS: CRI ET SILENCE

I. HISTOIRE ET ORGANISATION D'UNE PAROLE

*

A) Le genre des Méditations

On peut parler d'un "genre" de la Méditation (au sens où on peut dire que le sermon est un genre), mis à l'honneur par les Protestants, qui reprenaient en la transformant la pratique médiévale traditionnelle de la méditation monastique.

La meditatio médiévale est une étape à l'intérieur d'un cheminement spirituel dont l'aboutissement est la contemplatio,elle est le premier palier par lequel l'âme inquiète se prépare à la prière. Le moine doit répéter la Parole de Dieu, se laisser imprégner par elle, jusqu'à ce que jaillisse une vraie prière. Saint Augustin la compare à une ruminatio:

"Lorsque tu écoutes ou lis, tu manges, lorsque tu médites ce que tu viens d'entendre ou de lire, tu rumines, afin d'être un animal pur et non impur"(Enarratio in Ps. XXXVI, sermo III,5) (1).

Il s'agit de parfaire ainsi une familiarité avec les textes sacrés.

Pour les Réformés, la méditation écrite devient un exercice pénitentiel (2), destiné à remplacer la confession que le calvinisme avait condamnée. Théodore de Bèze inaugura cette pratique (donnant le modèle d'une repentance exemplaire), qui connut immédiatement un grand succès. Ses Chrestiennes méditations, écrites en 1550-61, furent publiées en 1582; les Discours et méditations chrestiennes de Du Plessis-Mornay, auxquelles il ajouta deux méditations de Savonarole déjà imprimées par Luther, et une méditation de Pélisson, parurent en 1586 ;

d'Aubigné écrivit sa première Méditation en 1588; la
Méditation sur le Ps.XXXII d'Antoine de La Roche
Chandieu parut à la même époque; et celles de
Sponde, en 1588. La Roche Chandieu prononça sa
méditation au collège de Lausanne (en 1581). Il
s'agissait pour lui d'éduquer les fidèles, de leur
présenter un enseignement doctrinal sur le problème
du péché et du repentir. Pour Bèze, la méditation
écrite se voulait un guide spirituel à l'usage des
fidèles (3). Elle est indissociable d'une paraphrase
assez serrée des Psaumes, à l'occasion de laquelle
l'auteur, qui figure le pécheur anonyme, considère
ses fautes, les décrit avec horreur, et demande
pardon.

Pourquoi les Psaumes sont-ils le texte de référence pour cet exercice ? Selon Théodore de Bèze,
il y a cinq espèces de confessions (4), parmi
lesquelles la troisième est à la source de notre
genre. Celle-ci se produit "quand un pécheur
extraordinairement touché d'un vray zèle de Dieu,
vient jusques à confesser hautement sa misère, et la
miséricorde de Dieu envers luy, à l'exemple de David,
et plusieurs autres" (Méd. Ps.LI). Les Psaumes eux-
mêmes sont donc assimilés à un exercice pénitentiel
accompli par David. Bèze voudrait entraîner les
pécheurs dans une sorte de prière collective, où il
serait le miroir des consciences inquiètes: "Et quel
meilleur exemple de tout ceci sçauroit-on trouver que
moy-mesme? Aussi veux-je les publier, afin que je
serve de miroir ou patron aux autres" (Méd. Ps.XXXII,
p.63).

Les courtes Méditations de Bèze ou de Du Plessis
restent très proches du texte et sont ordonnées selon
un schéma stéréotypé. Elles commencent par une
déploration enragée des péchés, où l'auteur, par une
sorte de dédoublement de conscience, analyse sa
propre psychologie, et fait son autocritique dans une
prière ressassante, au fil de la plume; puis, par un
revirement soudain dans les dernières lignes, il
témoigne sa confiance dans la miséricorde divine. Ce

schéma correspond tout à fait au projet calviniste
qui veut désespérer l'homme en lui faisant prendre
horreur de sa misère, pour qu'au fond de ce
désespoir, il ne puisse que s'en remettre humblement
à Dieu. Au cours de cette confession typique, tous
les crimes sont passés en revue avec dégoût, et avec
un sentiment de culpabilité violent, aux accents très
personnels. Seule la prière finale ramène le calme.
Le style en est très accidenté, hérissé d'antithèses,
d'hyperboles, de ruptures de construction (la
phrase se présente sous forme de questions-réponses),
et les auteurs jouent d'une grande variété de
tons. Au début de la Méditation, Théodore de Bèze se
présente donc comme un pécheur désespéré et perdu:

"Helas, moy plus que miserable, assailli, pressé,
outré de toutes parts, navré mortellement par ma
conscience, percé d'outre en outre par le
sentiment d'infinis forfaits, ne me restant plus
que le profond abysme du desespoir (...), que
feray-je, que diray-je, où iray-je..." (p.52).

Le Ciel est pour lui un juge qui lui fait des
reproches: "Si je regarde au ciel, j'y voy mon juge,
(qui) me fait mon proces, et me semble n'esclairer ce
monde, que pour me voir souffrir la peine de mes
desmérites". La nuit semble avoir "doublé ses
tenebres pour detester" ce qu'elle a vu en lui: "La
terre s'ennuye de soustenir une si malheureuse
creature..." (p.52). Accablé, il supplie Dieu de lui
faire grâce:

"Jusques à quand crieray-je sans estre allegé?
Jusques à quand attendray-je ta mercy? (...)
desploye cette grande compassion pour garantir
ceste povre ame defaillante: car c'est en ta seule
grâce que je fonde ma requeste" (p.55).

Cependant, son âme "defaillante" qui appelle, crie
dans le vide qu'elle a creusé par ses péchés, et
doute: "helas, Seigneur, mes pechez m'envoyant à la
mort, empescheront-ils l'effect de ceste volonté qui
vient de toy?". Les questions se multiplient, les
remords s'accumulent (p.56), et finalement, il

découvre que ces remords sont déjà le signe d'une élection: "La grace donc vient de toy jusques à moy pour me chasser de moy, afin de me trouver et tout mon bien en toy" (p.57).

Mais là encore, comme nous l'avions observé chez d'Aubigné, la venue de la grâce correspond à une syncope de l'être, une destruction totale ("me chasser de moy"), au profit de la fusion promise ("afin de me trouver...en toy"). Cette pamoison ontologique cache en fait le sentiment d'une rupture essentielle, assez mal vécue, justement parce qu'elle n'est pas cohérente avec la doctrine chrétienne selon laquelle l'homme a en dépôt une parcelle de l'Etre divin. Bèze demande: "conferme donc ce qui me reste de ton estre, ou refay plustost celuy qui autrement s'en va desfait" (p.54-55). La correction est révélatrice. La structure et la parole des Méditations réformées porte le témoignage de ce déséquilibre intérieur.

Sponde lui, nous l'avons vu, ne doute pas de la présence de l'Esprit de Dieu en lui, de la grâce déjà donnée, et de l'amour sans faille qui nourrit son silence intérieur. Il était normal que ses Méditations prissent un tour différent.

*

B) Le sermon intérieur

Sponde a transformé le genre de la méditation, en infléchissant la paraphrase vers le sermon (5). Il abandonne le thème de la pénitence et de la confession des péchés, et développe un discours sermonnaire, qui s'enfle entre les versets du Psaume. Les personnages en présence n'y sont plus l'humble pécheur face à Dieu, mais un orateur qui dit "je", fait partie des élus (tout en portant le poids de la misère lié à la condition humaine), et s'adresse à l'Infidèle, c'est-à-dire à l'homme qui a oublié Dieu et qu'il veut réveiller, convaincre, et entraîner avec lui dans sa prière.

En effet, après un mouvement oratoire au style passionné et accusateur, l'écriture de Sponde tend vers le bercement de la prière. L'itinéraire qu'il mime ainsi correspond à une accommodation au sacré. Il va chercher l'Incroyant par les moyens de la raison avec les argumentations logiques, et par ceux de l'imagination ; ainsi il le convertit, le ramène sur le chemin de la foi, au bout duquel surgit la rencontre de la parole de Dieu (la citation du Psaume). C'est une véritable mise en scène exemplaire de la remontée de l'âme vers Dieu, une métamorphose contrôlée de l'homme humain en homme divin.

De plus, la partie sermonnaire est elle-même engagée au delà de son efficacité persuasive. Il ne s'agit pas seulement, comme on tendrait à le croire, d'un discours qui veut convaincre, et maîtriser l'émotion de l'auditeur.

Le sermon a une double valeur sacrée.

D'une part, il est chargé de fournir au chrétien (catholique) une lecture du texte et une nourriture spirituelle, en lui assurant un contact avisé avec la Parole de Dieu, en lui permettant de participer à la liturgie. C'est pourquoi l'orateur est censé être lui-même inspiré, non pas en lui-même, mais dans la mesure où il parle ex cathedra. D'autre part, la prédication entendue n'est qu'une proposition: elle doit se doubler d'une prédication intérieure, par laquelle la conscience de l'auditeur, pénétrée de la parole divine, poursuit dans le silence le sermon devenu prière. C'est cette intériorisation du sermon qui le rend véritablement efficace. L'orateur réel (le prêtre) est aidé et soutenu par un "orateur intérieur" en chacun des auditeurs. Cette idée est explicitée par Saint Augustin, et sera reprise par Bossuet:

"...il faut s'imprimer bien avant cette vérité chrétienne, qu'outre le son qui frappe l'oreille, il y a une voix secrète qui parle intérieurement, et que ce discours spirituel et intérieur, c'est la véritable prédication, sans

laquelle tout ce que disent les hommes ne sera qu'un bruit inutile: Intus omnes auditores sumus" (Bossuet, Sermon sur la parole de Dieu).
Et il cite Saint Augustin: "le son de la parole frappe les oreilles, le Maître est au-dedans: on parle dans la chaire, la prédication se fait dans le coeur: sonus verborum nostrorum aures percutit, magister intus est" (6).
La prédication (sermonnaire ou, ici, méditation-nelle) est, certes, oratoire et soumise à une codification rhétorique artificielle sur le plan de la parole réellement entendue, qui a une action réelle sur nos sens, que les vibrations soient perçues lors d'un discours public, ou imaginées lors de la lecture du texte. Mais ce plan "humain" (sensible et intellectuel) est une étape qui doit être immédiatement franchie, un lieu de passage pour la parole divine, dont les échos s'éveillent aussitôt au plus profond de notre être, la où est nouée la relation essentielle avec Dieu. Notre "oreille interne" communique avec le Verbe éternel, dit Saint Augustin. C'est ainsi qu'il explique comment la voix miraculeuse de Dieu s'est fait entendre comme un "verbe de chair" aux oreilles des apôtres, lors de la Transfiguration: "C'est ici mon fils bien aimé". Le texte de son analyse est intéressant:
"De fait, cette voix fut poussée et elle a passé, elle a eu commencement et fin, syllabes sonnantes qui s'en sont allées, la seconde après la première, la troisième après la seconde et ainsi de suite jusqu'à tant que la dernière vint après les autres et, après la dernière, le silence. D'où il appert, clair comme le jour et en haut relief, qu'elle sortait, cette voix, du mouvement, en soi temporel, d'un objet créé au service de ton éternel vouloir. De ce verbe produit pour un temps, l'oreille externe a transmis le message à la prudente raison dont l'oreille interne communique avec ton Verbe éternel, et la raison alors compara ce verbe, sonnant au cours du temps,

avec ton Verbe en son silence éternel. «C'est, a-
t-elle dit, autre chose, bien autre chose. Un
verbe comme celui-la est en dessous de moi:
n'étant que fuite et passage, il est néant, quand
au contraire, le Verbe de mon Dieu demeure au-
dessus de moi pour l'éternité»" (7).

Dieu se sert de la finitude temporelle du langage
sensible pour évoquer la Parole éternelle. Saint
Augustin distingue bien les deux niveaux (réalité
humaine; surréalité divine), tout en montrant le
passage de l'un à l'autre. Entre les deux, entre le
moment de la déception du verbe temporel et celui de
la révélation du verbe éternel, s'opère non un
éblouissement mais une comparaison: "la raison alors
compara ce verbe, sonnant au cours du temps, avec ton
Verbe". C'est pendant que court le discours, et grâce
à ce support sensible de l'invisible (inaudible) que
se produit le décollement d'un plan à un autre.

Ainsi, les accents sermonnaires de la Méditation
spondienne ne correspondent pas à des morceaux de
bravoure; ils doivent être compris sur le modèle
ambigu d'un discours en équilibre, sur le point de
basculer dans l'intériorité de l'auditeur-méditant.
Il s'agit d'une parole en métamorphose de prière,
saisie en train de fracturer le seuil de la
conscience de l'autre, c'est-à-dire encore, au moment
où elle réussit la conversion.

Lorsque nous étudierons les procédés rhétoriques
du discours oratoire, il ne faudra pas oublier que
celui-ci n'est jamais persuasif au premier degré,
mais qu'il est déjà parcouru en profondeur par la
demi-appropriation d'une parole intérieure
personnelle. La méditation est très fortement liée
d'une part à la parole du Psalmiste, d'autre part à
celle, pro-voquée, de la conscience de l'auditeur:
elle est un lieu de participation, de coïncidence des
voix, attendues et appelées à hauts cris par le
discours sermonnaire. L'orateur terrible se tait et
l'écho de sa parole de persuasion se double alors du
murmure fécond de l'orateur intérieur. Le

décollement se produit à partir d'un parallélisme
initial qui lui donne son élan. Voyons comment
s'engendre et s'organise cette parole méditationnelle
complexe.

*

C) Structure profonde

a) Méditation pré-citationnelle et post-citationnelle.

Il faut imaginer une composition d'un type nouveau.
Le discours ne suit pas un ordre logique, une architecture générale (comme les sermons), mais la
structure de la parole méditationnelle est toute
enroulée autour des citations du texte sacré, et sans
cesse entrelacée (tissue) de références bibliques. Or
plus qu'une parole d'accueil elle est une parole de
quête. L'ordre est organique, prolifération vivante
autour d'une parole qui est à la fois l'origine et le
but de celle de l'orateur. Le verset du Psaume est
très rarement rapporté, il est intégré à la syntaxe
même du discours qui lui redonne vie, soit par un mot
de liaison ("Car voici,..."p.170; "Et pourtant,..."
p.146 ...), soit par une proposition:
      "...Il n'est plus temps, car le temps est desjà
venu que, Notre Dieu viendra, et ne dissimulera
plus." (p.172).
Le texte dérive autour du Psaume, dans une dérive
contrôlée, qui tend vers la coïncidence des paroles.
Ceci est important: chez Sponde la méditation ne part
pas de la Bible pour développer une paraphrase, mais
la parole divine est son aboutissement. Du coup,
son écriture n'est plus un détour, une
digression: elle s'avère toute tendue dans une
progression spirituelle, jusqu'à ce qu'elle rejoigne
la parole sacrée, jusqu'à ce que l'orateur devienne
prophète.
    Dans chaque méditation, cette structure profonde
apparaît. Le principe de prolifération du texte est

soumis à une double tension structurelle: la
tentation d'une structure linéaire de discours
sermonnaire, et l'exigence plus fondamentale d'une
structure organique, liée à une trame donnée, et
orientée intérieurement vers la parole sacrée
promise.

On peut tenter de saisir deux grandes directions
de cette écriture, en repérant deux rapports
différents à la citation du verset. Une partie de la
méditation est pré-citationnelle, sermonnaire et
longue, comme s'il fallait un long cheminement pour
que l'homme atteigne le sacré: elle a la citation
pour point d'arrivée. Le verset vient comme preuve ou
soutien dans une démonstration; l'écriture va de
l'avant, expliquant par anticipation une série de
versets qui servent la parole humaine. La méditation
post-citationnelle au contraire prend la citation
pour point de départ d'une explication
paraphrastique, elle est plus courte, plus lyrique,
et atteint une proximité de la parole de Dieu: elle
devient prière. On peut repérer dans chaque
Méditation le moment où se produit la "conversion" de
parole, et qui ne correspond pas d'ailleurs à
l'apparition de la citation. Il s'agit d'un
changement dans les rapports que le texte entretient
avec la trame biblique. La Méd. sur le Ps.XIV est
caractéristique: il faut attendre sept pages avant la
première citation, et de la p.96 à 118, c'est-à-dire
pendant vingt-deux pages, la méditation est
sermonnaire (pré-citationnelle); puis à partir de la
p.118, Sponde inverse le processus, le ton change, on
entre dans la méditation post-citationnelle.

Voyons cette structure plus en détail. Dans un
premier temps, Sponde entreprend une démonstration
préparatoire pour amener le premier verset: "Le fol
dit en son coeur, il n'y a point de Dieu". Il engage
une définition de l'homme qui "explique" cette folie:
"Rien de si misérable que l'homme, mais rien de si
superbe" (p.96). Suit alors une double argumentation

qui développe cette définition paradoxale. Il évoque
d'abord la misère de l'homme: sa fragilité physique
(p.96), morale, et ontologique. A peine né, celui-ci
commence à ressentir et provoquer des douleurs, et
toute sa vie est souffrance; il apporte le mal avec
lui, et le péché, dû à sa faiblesse essentielle:
l'inconstance ("ces biens ne pouvaient durer en celuy
qui ne peut durer luy-mesme", p.98). Le péché
provoque immédiatement le châtiment, qui rend l'homme
encore plus vulnérable du point de vue terrestre,
tandis qu'il est inexplicablement sauvé par la Grâce.
Plus l'homme est orgueilleux, plus il est frappé,
ridiculisé, et plus sa misère apparaît (p.99). La
seconde partie du développement évoque l'orgueil (et
la vanité) de l'homme qui veut se tourner seulement
vers le monde, et dont les entreprises sont l'une
après l'autre réduites au néant. C'est l'entêtement
dans la voie illusoire des biens de ce monde, et de
la satisfaction de soi, qui est la "folie" dénoncée
par le Psaume. Cette première citation appelle alors
non une "explication", déjà donnée, mais une riposte.
Le ton du discours est très ironique contre cet homme
fourvoyé, que Sponde apostrophe au singulier ou au
pluriel: "...Lamente toy donc, misérable"(p.97);
"Chétive masse de boue..."(p.98); "Hommes heureux et
superbes"(p.101); "Hommes chiens"(p.103). C'est à cet
Infidèle qu'il s'adresse, et c'est lui qu'il veut
convaincre, en lui proposant une discussion animée où
il lui soumet toutes les preuves de l'existence de
Dieu (p.103 à 110): preuve ontologique, preuve par
l'absurde, preuve téléologique (l'ordre et la
finalité de la nature), preuve de la cause première
(le problème de l'origine) (8). Mais brusquement,
l'orateur se tourne directement vers Dieu (ici
intervient la seconde citation, p.110). Le "tu"
désigne d'abord l'homme puis Dieu. Commence alors un
dialogue où le prédicateur examine avec Lui le
problème de l'existence des Infidèles: "Comment
souffres-tu, Seigneur, tous ces opprobres?" (p.111);
"Et pourquoi ne fais-tu point grâce esgalement à

tous?" (p.115)... La méditation est-elle encore sermonnaire? Oui, car ce "dialogue", ou méditation "personnelle", est lui-même montré en témoignage à l'incrédule, dans la mesure où il permet d'entrer plus avant dans les questionnements intimes d'une conscience au sujet des mystères théologiques (la punition sans haine, p.111-12; l'existence du péché et du mal malgré la toute-puissance divine, p.113-14; la sélection de la grâce, p.115). Sponde apostrophe d'ailleurs à nouveau l'homme ("Ver de terre", p.116), et reprend le premier verset, qui a défini son interlocuteur adversaire: "Il n'y a point de Dieu, à ton advis. Pourquoy? pource que s'il estoit, il n'aymeroit point l'iniquité" (p.117). Mais l'orateur ne peut supporter ces injures à Dieu, et s'adresse encore à Lui: "O Dieu, jusques à quand?" (p.117).

A partir de là, son discours se laisse pénétrer de la parole sacrée (p.118), qui s'avère constituer un infratexte profond, complexe, et générateur d'un véritable lyrisme biblique, où l'Ancien et le Nouveau Testament se répondent, et répondent à la situation humaine, toujours renouvelée et toujours réincarnée dans l'histoire, du refus de Dieu par les méchants:

> "Ceste vigne est en friche, il n'y a nul qui la cultive. Il n'y a plus que des changeurs en ton temple, et les gens ont renvoyé ton héritage" (p.118).

A l'intérieur d'une même phrase, les allusions se multiplient: Isaïe (5,1-7) et Matthieu (21,33-43), et les vendeurs chassés du temple (Mt, 21,12-17)... La suite de la Méditation continue d'être parcourue de cette trame biblique et transforme le discours en prière et en louange (méditation post-citationnelle), de sorte que par moments, le parallélisme des paroles amène Sponde à l'expression d'une vision prophétique. Il voit la dissolution des "Ligues de l'Enfer" (et le mot a certes des résonances politiques actuelles), comme déjà accomplie, ce qui est une façon d'en communiquer la nécessité et l'imminence:

> "Ces Ligues de l'Enfer, du Monde, et de l'homme

sont rompues (...). Je les ay veues (...) et tout
s'est espars devant mes yeux" (p.124).
Certes, la méditation sermonnaire n'est pas purement
philosophique et rationnelle, et ses procédés
oratoires ne visent pas seulement la maîtrise de
l'émotion de l'auditeur-lecteur: elle est aussi en
relation avec une inspiration biblique et une ardeur
religieuse qui déborde de toutes parts les carcans
logiques de l'argumentation, pour se communiquer sur
le plan de la révélation. De même, la méditation
"lyrique" finale n'est pas dénuée de logique et
d'analyse. Sponde y reprend même incidemment une
dénonciation de l'illusion psychologique des
Infidèles:
"Ils sçavent ce qu'il faut faire, mais ils ne le
veulent pas. Tu les convaincras par leur propre
conscience, qui leur recolle mille tesmoins. Ils
ont bien dit en leur coeur, que tu n'estois point,
(...) mais c'est une cachette descouverte, où ils
enfoncent la teste, et laissent voir tout le
corps" (p.121).
Car la "prière" méditationnelle poursuit le même but
que le "sermon": entraîner le lecteur à la foi, le
conduire parallèlement à une parole, au long de
laquelle il peut trouver (et retrouver), la
Révélation.

Dans la Méditation suivante, le changement de
modalité de parole intervient beaucoup plus tôt (à la
page 133). Sponde commence par une réflexion
philosophique sur la notion de "grandeur", afin
d'introduire le verset: "le Seigneur est grand". Le
discours est alors d'emblée orienté vers la louange,
d'autant qu'il exprime l'idée que la fonction de
l'homme est de louer Dieu (p.134). Les interlocuteurs
qui apparaissent sont "mon Ame", "mon Dieu",
"Seigneur, O Dieu, où es-tu Jérusalem?". Ce premier
envol est repris lui-même dans une démonstration à
vocation édifiante, celle de l'ingratitude des
hommes, à qui l'harmonie divine n'a pas suffi, comme

le montre le "Or":

"Or Seigneur, tu fais du bien à tout le monde, et
tout le monde te doit loüange, mais tout le monde
ne s'acquitte pas de son debvoir" (p.134).

Néanmoins, l'orateur adresse tout son discours à
Dieu, même si parfois, appelant la force et le
châtiment divin sur les Infidèles, il décrit leur
attitude avec une ironie de prédicateur (p.141-42),
et évoque la récente victoire de Coutras, en relation
avec les victoires bibliques (p.145-47), qui montrent
que Dieu finit par faire triompher le peuple juste.
Cette exaltation est une autre facette de la prière
enthousiaste et prophétique: il y a une jubilation de
la destruction des méchants. A partir de la p.148
cependant, et jusqu'à la fin, la prière redevient
laudative et apaisée:

"...finalement, soit que nous vivions, soit que
nous mourions, fay que nous vivions à toy, que
nous mourions à toy, Seigneur..." (p.159).

La Méditation sur le Psaume L est plus complexe.
Sponde demande une intervention divine: las de ce
monde où triomphe l'injustice, il réclame le
châtiment des Infidèles, ou la mort. Or, l'heure du
Jugement est proche, c'est le sens du premier verset,
que la méditation ne paraphrase pas mais interroge
et explicite, tout en préparant la citation
suivante. Le sermon renaît sans cesse. Cela est dû au
thème principal, qui est le Jugement et le châtiment
des hommes; Sponde met en scène un tribunal où il
joue le rôle de l'avocat général, porte-parole des
reproches de Dieu aux hommes qui s'éloignent de Lui.
Les citations sont l'occasion de faire rebondir le
discours accusateur:

"Ouy plustost ce que luy-mesme te dit, et puis je
te répondray, car sa parolle est mon fondement"
(p.186).

Sponde répond ainsi aux efforts du pécheur pour se
défendre, et le procès continue par delà les
citations, comme une immense sermon argumentatif,

mais aussi "inspiré" par la parole divine.

Cependant, le dernier argument amène un tournant: il s'agit de l'évocation du sacrifice de Jésus-Christ (p.191). La parole de l'avocat se casse: "C'est ce sacrifice que je veux méditer dorésnavant, Seigneur...". La Rédemption met fin évidemment aux condamnations, et appelle en retour le sacrifice de louange (p.192). L'orateur décide de consacrer sa voix à la seule louange de Dieu; mais il ne le peut, et demande l'aide du Seigneur; le ton devient alors plus lyrique:

"Mon Dieu, je ne puis raconter tout ce qu'il faut faire pour te louer, pour te sacrifier louänge. Ayde-moy à le comprendre, mais appren-le-moy plustost (...). Tu veux que je te louë, hélas! ouvre plustost mes lèvres (...). Ouvre, di-je, mes lèvres, mais ouvre plustost les tiennes, et parle à moy..." (p.193).

La méditation est alors post-citationnelle (p.193-94). Mais bientôt l'image du Jugement reparaît (p.195), suivie d'une dénonciation très dure des pharisiens (les Catholiques): "Imposteurs exécrables" (p.198). La lutte des arguments continue. Or, Dieu remet sans cesse le Jugement, car aucune faute ne peut trouver la mesure de Sa parfaite Miséricorde. L'orateur enfin demande miséricorde pour lui-même (p.202) et achève la méditation en louange (p.202-5).

Nous avons donc pu isoler un moment de méditation post-citationnelle (p.193-94), au milieu de la méditation sermonnaire la plus violente. Les changements de parole sont parfois très fugaces. Au dessous des structures d'ensemble que nous avons brièvement retracées ici, nous pouvons discerner au cours de la lecture des variations de ton, au niveau du paragraphe même (du sermon à la prière), tant les deux paroles sont souvent en affleurement l'une de l'autre, ou plutôt, tant le sermon attend de se subordonner à une parole supérieure.

La dernière Méditation commence par une mise en

accusation de la vanité et de l'ambition humaine,
mais dès la deuxième page, l'orateur abandonne le
sermon, et plutôt que de vouloir convaincre
l'infidèle, s'adresse directement à Dieu (la
méditation devient post-citationnelle):

> "Je sçay que je me romps en vain la teste avec
> toy, mais je profiteray au moins en parlant avec
> mon Dieu. Tu n'es que la verge dont il se sert,
> j'accourray donc à la main qui frappe, j'y
> trouveray moins de fureur, et plus d'espérance.
>
> O Dieu, les meschants nous oppressent..."
> (p.208).

Le sermon accusateur reparaît au tournant de certains
paragraphes, pour dénoncer la vanité humaine (p.217,
p.218, 225, 227, 229-31); mais Sponde y évoque plutôt
ses ennemis qui essaient de le détourner de la vraie
foi (les sophistes zélés, les persécuteurs et
meurtriers, ses détracteurs, tous ceux qui
l'éloignent de la religion et mettent leur confiance
dans une existence mondaine confortable). Ces ennemis
comptent sur la "lascheté" du peuple élu, dont Sponde
veut ranimer la confiance, après un rappel de chaque
épreuve. Ainsi, cette méditation est d'emblée
orientée vers l'exaltation de la foi et amorce
inlassablement le mouvement d'ascension vers la
prière.

Examinons un des derniers paragraphes. Sponde y
traite des richesses, et commence par donner un
conseil impératif à ceux qui sont loin de la
spiritualité: "Ne dites pas encore, Nos thrésors ne
sont pas encore espuisez, nous avons des richesses en
abondance" (p.232). Aussitôt il corrige leur discours
erronné: "Que vos Thrésors soient au ciel où la tigne
et la rouilleure ne gastent rien...". Mais ce
faisant, il laisse se substituer à sa parole
"sermonnaire" les paroles mêmes du Christ, de sorte
que l'orateur (poète/prophète) utilise le cadre
sermonnaire et la trame rhétorique pour les effacer
progressivement au profit d'une "broderie" sacrée,
qui s'avère contaminer et transformer complètement la

matière même de la création. Comme souvent alors, le
prédicateur se fait visionnaire:
"Voire je voy le Lazare au sein d'Abraham, tandis
que le Riche gémist dans les flammes. Ouy, le
mauvais Riche. O qu'il en est bien peu d'autres!
Quand je voy le fils de Dieu n'avoir point où
reposer la teste, ô que je loüe la pauvreté!..."
(p.232).
Le verbe voir, le temps présent, le cri (ô) et
l'exclamation "réalisent" la proximité du langage
humain et de la parole biblique qui a pu venir s'y
déployer, lui apportant une inspiration qui permet
au locuteur de voir-comprendre (voir par les yeux de
l'esprit?), les relations signifiantes entre les
réalités vécues et les paraboles auxquelles celles-ci
ressortissent (entre l'historique et le religieux).

b) Structure d'une parole méditationnelle

On peut chercher des correspondances entre les
quatre Méditations, mais plus qu'à une "progression
linéaire", les "multiples échos" (9) renvoient à une
même inspiration: chacune des Méditations contient le
même itinéraire et reproduit la même structure
fondamentale. Chaque fois, le lecteur en reparcourt
le chemin ascensionnel. Néanmoins, si nous ne
croyons pas à une structure générale d'ensemble des
Méditations, la dernière semble marquer un
aboutissement: elle est plus courte, les citations
sont plus rapprochées, et elle correspond à
l'expression d' une véritable sagesse. Sagesse
politique (p.231), avec une condamnation de la
violence de tous les partis, qui s'oppose à l'appel
du Dieu des armées, et à l'exhortation au combat de
la Méd. sur le Ps. XLVIII; et sagesse d'un sentiment
religieux d'une étonnante sérénité, où transparaît
un amour total sans trouble, dans la plénitude et
la paix de lui-même:
"Et n'estimez pas que ce soient les simples

mouvements de mes imaginations, car, "Dieu a une
fois parlé, et je l'ay ouy deux fois, que la
puissance est à Dieu". Je croy à ceste seule
parolle de Dieu, à ceste voix unique qui m'a
frappé les oreilles, mais que j'ay souvent méditée
en moy-mesme, et en laquelle je me suis si bien
exercé, si bien confirmé, que ne n'en doute plus"
(p.233).
Le "doute" signifie la crainte: l'orant s'est laissé
envahir de la force divine qui l'a "renforcé" contre
ses adversaires.

Ce type d'écriture méditationnelle sermonnaire
oblige donc à concevoir autrement la structure d'un
texte, ni paraphrastique, ni dialectique, mais
mise en relation suivie le long d'un texte parallèle.
Certes, au-dessus de cette structure profonde
matricielle, on peut toujours distinguer une
structure superficielle selon la succession des
thèmes abordés au fil du discours. Mais on
n'obtiendrait que des "unités" structurelles
fragmentées. Or, la progression syntagmatique ne perd
pas de vue la relation paradigmatique qui en fait le
véritable poids, qui l'épaissit, dans la mesure où
chaque image, idée, expression, correspond à un
élément du discours sacré, avec toutes les résonances
qu'il porte en lui-même, et dans les échos intra-
textuels qui se lient au fil de l'oeuvre. Le substrat
textuel sacré est présent tout au long du discours
méditationnel, qu'il soit un support mis en
ostentation structurelle lors des citations du Psaume
médité, ou une parole originelle toujours prête à
émerger, comme allusion ou référence, à la surface du
discours qui l'attend. L'épiphanie du Verbe absolu
n'annule pas l'expression temporelle discursive qui
lui sert de véhicule. Le texte avance, non pas
écartelé entre ces deux dimensions, mais soutenu et
renforcé par elles. Ce qui se passe au niveau de la
génération des paroles humaine et divine
entrecroisées a une répercussion sur les sujets

traités.

La temporalité mondaine (les choses historiquement vécues), se trouve constamment en relation avec la "para-temporalité" du "point de vue" de Dieu (l'interprétation atemporelle biblique des choses historiquement vécues). Le <u>déroulement</u> de l'histoire (comme du discours) est <u>indispensable</u> au surgissement de l'Eternité. Non seulement celle-ci manifeste sa présence, mais elle se manifeste comme présence durative, c'est-à-dire non pas temporelle mais para-temporelle (parallèle à la temporalité). Car l'homme peut percevoir l'éternité non en elle-même, --l'a-temporalité lui échappe--, mais seulement parallèlement à la temporalité. En effet, la méditation sermonnaire en devenir de méditation orante "intérieure", va chercher l'écho biblique de la conscience de l'auditeur. Le verbe de chair (ou de papier) rencontre le verbe sacré, et lui donne existence le temps de la parole. Le glissement d'être, de l'humain au divin, est possible, certes, parce que l'être divin est déjà et toujours constitutif de l'être humain. Mais la présence intérieure de ce qui est hors norme et hors perception resterait abstraite. Le texte méditationnel lui tend un miroir, dans la mesure où il tisse lui-même les relations continuées entre les citations, allusions, images reprises, mots clefs chargés d'une mémoire de sens etc., qui retentissent dans l'imaginaire du lecteur. Le texte compte avec les effets de rappels accumulés et le pouvoir synthétique d'un imaginaire à la fois construit et dynamique. Cette architecture signifiante est stable (quasi préexistante), engageant un déterminisme invisible mais par définition complet (tout le texte sacré a été dit, et tout le texte méditationnel ne fait que le redire), et en même temps elle est en construction, architecture en puissance et en devenir. Elle est en elle-même mimétique de la réalité de la dimension spirituelle incarnée au coeur de la vie humaine et mondaine. La présence divine préexiste à l'homme, mais se manifeste comme éternité au cours d'une construction relationnelle qui nécessite la temporalité.

Ainsi, le phénomène structurel particulier de l'écriture des Méditations correspond à la fois à la matière traitée, et à la visée du discours. Celui-ci manifeste au niveau verbal, syntaxique et structurel, le message qu'il est chargé de porter: la communication entre les ordres mondain et spirituel, entre l'homme et Dieu, entre la parole sermonnaire et la parole prophétique. Il est dès lors facile de comprendre pourquoi chaque méditation montre la progression du sermon à la prière: il s'agit de ce qu'on pourrait appeler le noyau cellulaire structurel de cette écriture, et qu'on retrouve au niveau du paragraphe comme au niveau de la composition d'ensemble. Cette unité à deux temps (les deux modalités de parole que nous avons explicitées), porte en elle-même la nécessité d'une durée pendant laquelle se produit une métamorphose, --une "conversion".

On ne pourrait pas d'emblée entrer dans la perception de la croisée des paroles: il faut faire l'expérience de leur éloignement, puis de leur rencontre, et de la conversion profonde qui s'ensuit. Puis encore, il faut répéter ce cheminement, de plus en plus libéré du délai sermonnaire, jusqu'à la création d'une contiguïté exaltée.

Le discours méditationnel oratoire est chargé de perméabiliser une parole à l'autre, et de favoriser la conversion (de la parole et de l'auditeur). Avoir compris la structure génétique profonde de cette écriture, nous permettra de mettre en perspective l'analyse de ses formes rhétoriques, et de définir son esthétique par rapport à la fonction religieuse qu'elle désire.

C'est pourquoi nous allons d'abord considérer la parole discursive du convertisseur, et étudier sa rhétorique sermonnaire, puis nous essaierons de comprendre comment ces cris retentissent dans l'épaisseur d'un silence sacré.

*
* *

II. RHETORIQUE DES MEDITATIONS

L'"acte" de parole

Une parole si forte mérite en effet une étude à elle seule. Néanmoins les formes du discours procèdent d'un dessein, et renvoient à une expérience de création. C'est donc directement le sens qui a suscité ces procédés formels que nous interrogerons.

D'ailleurs, au Moyen âge et au XVIe siècle, la rhetorica n'était pas descriptive et normative (la grammatica se chargeait de ces fonctions). Elle était une science de l'art oratoire et même de la littérature en général, prenant en compte la valeur littéraire et morale d'une oeuvre (pour nous, sa forme et son sens) (10). Elle étudiait les techniques de persuasion de l'orateur (Cicéron était le modèle de "l'écrivain"), selon ses trois visées connues: docere (enseigner), movere (émouvoir), placere (plaire, séduire); leur mise en oeuvre comportait trois étapes: l'inventio, où l'on découvre les idées, les thèmes; la dispositio, qui concerne l'agencement des topoi, la composition; et l'elocutio, qui est la création des figures de style (tropes), qui font l'ornatus destiné à émouvoir et plaire.

Ces catégories, les humanistes les retrouvaient et les utilisaient spontanément lors de tout acte d'écriture. Même les auteurs protestants, qui étaient tenus de refuser en bloc la littérature antique, ne pouvaient s'empêcher de tirer profit de leur culture (11). Pour Du Bartas, nous l'avons vu, il s'agissait de ménager une période de transition stylistique pendant laquelle le poète déshabituera les lecteurs du langage orné, "pié à pié": d'autres viendront, dit-il, qui feront "quitter du tout la place" aux métonymies mythologiques (12). L'appareil rhétorique est le moyen pour l'auteur et le lecteur de s'affronter, se "rencontrer", non pas auteur et lecteur réel, mais l'auteur et sa visée tels que le lecteur se les représente, et le lecteur et ses réactions tels que l'auteur les anticipe au cours de son écriture. Le texte est d'ailleurs porteur de ce "lecteur intentionnel". Nous utilisons l'expression "lecteur intentionnel" d'après la définition qu'en a donnée Claude Faisant: c'est "un type de lecteur, qui (...) se situe au niveau de la conscience critique claire et distincte de l'auteur", et "expressément invoqué ou évoqué" dans le texte (13).

Sponde s'adresse à un lecteur intentionnel de formation humaniste, qu'il soit sceptique ("Athée", p.104; "Prophane", p.108, 109; "Nouveau Pyrrhonien", p.117...), ou théologien trop scrupuleux (14). Il veut convertir les premiers, et invoquer les seconds à titre de contre-exemples (ou éventuellement les rappeler à la vraie foi, p.176-77). Car ces lecteurs apostrophés dans le texte sont des modèles eux-mêmes métaphoriques des tendances ou tentations (sceptiques ou "pharisiennes") à l'intérieur de tout homme: c'est cet homme susceptible d'être converti que le texte de Sponde interpelle implicitement. Le texte veut opérer une métamorphose: celle du lecteur intentionnel en lecteur idéal.

Les Méditations assument donc toute une tradition culturelle, dialectique (15), et du coup, rhétorique. Mais alors que Du Bartas utilise cet héritage comme une concession, en jouant sur les goûts littéraires d'un lecteur supposé cultivé, et sur l'action possible de son texte pour transformer le langage profane habituel en langage purifié idéal, Sponde réinvestit cet héritage d'un sens nouveau.

Chez lui, la passion oratoire est soutenue par un zèle de convertisseur, qui inscrit à tous les niveaux de son discours, nous allons le voir, la figure de la conversion. Son art oratoire s'explique donc par là, et détruit la rhétorique traditionnelle en même temps qu'il lui donne un nouveau fondement (une nouvelle caution). Ainsi, il faudra rendre compte des significations religieuses auxquelles les termes rhétoriques renvoient désormais.

*

A) La passion de convaincre.

1. Une parole passionnée

a) Les interpellations dialogiques: les lecteurs intentionnels

Les méditations, on l'a dit, sont des sortes de sermons où l'orateur apparaît sans cesse, crée son interlocuteur, provoque un dialogue impossible qu'il finit par mimer. Le destinataire implicite (l'auditeur), devient lecteur intentionnel, c'est-à-dire interpellé dans le texte et caractérisé au point de devenir un allocutaire imaginaire. Les interpellations créatrices de ce lecteur-auditeur intentionnel sont l'apostrophe et toutes les formes d'appel direct, comme les exclamations et les interrogations.

L'apostrophe est une façon impérative de créer celui qu'on interpelle: d'abord simple récepteur, le lecteur-auditeur devient un personnage imaginaire. En effet, au début de la première Méditation, Sponde décrit la naissance de l'homme et ses premiers cris de douleur, qui seraient une preuve de la misère de sa condition: "Oys-tu ces premiers gémissements?" (p.97). Le "tu" est le lecteur, qu'il prend à témoin. Mais bientôt, il va mettre ce témoin en cause:

"Lamente-toy donc misérable, car tu viens en l'Enfer des encombres".

Ce "tu" s'adresse à l'enfant, représentant de toute l'humanité, mais du coup, il inclut le lecteur-auditeur, non à titre de destinataire spectateur, mais de destinataire désigné, objet à l'intérieur du discours. Plus loin, il reprend :"Chétive masse de boue, escoute un peu" (p.99), le récepteur est cette fois clairement défini par l'apostrophe et par l'impératif: il s'agit de l'homme misérable. La cible se précise et se diversifie.

Les lecteurs invectivés sont, en gros, de deux sortes. Les premiers sont les esprits philosophiques, confiants en leur seule raison, leur seul jugement, et bouffis d'arrogance, révoltés contre le ciel:

> "Tu cognois tout, arrogant que tu es, et tu t'ignores toy-mesme, idiot que tu es" (p.98).

Sponde les renvoie alors à leur propre philosophie et démasque leur carence (en retournant l'oracle de Delphes contre eux, qui se croient pourtant beaux raisonneurs). Il défie leurs "escholes" de se tirer de contradiction:

> "Hommes heureux et superbes, prenez-moy en vostre eschole et m'apprenez ce bien et ce mal si bien unis ensemble" (p.101).

Contre ceux-ci, l'orateur est ironique, sinon compatissant ("Estourdy", p.104), car ils sont aveuglés par l'orgueil, et secrètement torturés par leurs contradictions et leur manque de foi (voir infra). La seconde sorte de lecteurs invectivés est celle des esprits religieux fanatiques, également orgueilleux et aveuglés par la certitude d'être les meilleurs. Il s'agit là de ses "amis" réformés (Méd. sur le Ps.LXII), qui, par leur attitude pharisienne, "hypocrites", sont bien proches des prêtres de l'Eglise catholique (p.198...).

Cependant, ces deux catégories, qui concernent d'ailleurs certainement des adversaires historiques réels pour Sponde, sont comme les deux pôles extrêmes qui délimitent une "fourchette" de lecteurs intentionnels provoqués. Cette fourchette correspond en fait à un auditoire beaucoup plus vaste, pour lequel les attitudes représentées par les personnifications de lecteurs invectivés (scepticisme, rationalisme, pharisaïsme plus ou moins conscient), sont des tentations dangereuses contre lesquelles le prédicateur les met en garde. Les lecteurs intentionnels interpellés sont donc des mises en scène d'un seul type de lecteur en voie de conversion, lui-même figure de l'homme devant Dieu.

L'orateur emploie d'ailleurs le pluriel ou le singulier. Par le "vous", il s'adresse aux pécheurs pour les accuser et les menacer: "Vermine abominable (...) ne vous suffit-il pas..." (p.178), "Hommes-chiens, vous dites qu'il n'est point de Dieu..." (p.103). Par le "tu", il s'adresse à un auditeur qu'il veut atteindre personnellement, comme le montrant du doigt, mais cette fois pour le réveiller et le convertir.

Ces deux formes d'appel correspondent non pas à deux types de lecteurs visés, mais à deux moments dans la définition de son lecteur.

Chaque interpellation renvoie à une idéalisation de plus en plus grande. Au niveau du langage, le lecteur provoqué devient représentant d'un lecteur intentionnel à demi-idéal (en voie de conversion): le vous plus concret (évoquant un groupe réel et historique) devient tu, plus psychologique, et même métaphysique. Et au niveau du contenu du discours, le pécheur redevient homme, aspirant à devenir créature de Dieu. Au fur et à mesure que la fourchette des lecteurs invectivés se resserre, l'interpellation du lecteur idéal s'agrandit, et le texte porte les signes de cette métamorphose. L'"Homme charnel" (p.104) pécheur, après toutes les tribulations nominales que lui fait subir l'orateur pour qualifier ses errances, se retrouve uni à une communauté humaine essentielle, que Sponde désigne par le singulier collectif: "ô peuple (...) contemple des yeux seulement..." (p.228); ou par un pluriel de groupe: "N'ayez, enfans de Dieu, autre but, autre espérance: non, non, ce seul Dieu est nostre retraite" (p.229). Ces hommes en Dieu (destinataire idéal à créer), Sponde les appelle aussi: "mes amis" (p.226), "vous, (...) les Debonnaires du Seigneur" (p.231)...

Ainsi, on peut voir plusieurs métamorphoses, ou conversions à l'oeuvre dans le texte, en ce qui concerne le lecteur intentionnel. Le "vous" des lecteurs invectivés passe au "tu" du lecteur à demi-idéal, en voie de conversion, puis au "vous-nous" représentant le lecteur idéal (ou l'humanité en Dieu). Des textes qui visent une conversion, comme celui-ci, sont particulièrement intéressants pour étudier le mécanisme de la réception, car non seulement ils interpellent un ou des lecteurs explicites, mais encore le discours même a pour fonction de transformer ces lecteurs, et pose les jalons de cette conversion (16). Nulle ambiguïté ici sur le destinataire interpellé ou implicite: le premier est une <u>figure</u> ponctuelle du second, qui, lui, se révèle avoir été modulé, modelé et converti, et émerge à la fin, non comme un personnage extérieur mais comme un personnage intérieur au texte, dans un "nous" où son être se mêle à celui du locuteur, pour une lecture partagée. Les orateurs <u>intérieurs</u> se sont unis, à la faveur d'une interpellation sermonnaire extérieure (l'oeuvre).

Cependant, avant de parvenir à l'union des voix dans une même parole, qui est devenue par là même une prière, l'orateur convoque son interlocuteur dans son discours.

Car il est une autre façon d'interpeller que l'apostrophe. Tout le discours est rempli d'exclamations, d'interjections (des "ha !", "hélas!", "O!", "Quoi?", "Et quoi?" etc.). Il est parcouru de questions, qui pressent l'auditeur, auquel l'orateur finit par prêter une réponse. Citons seulement un exemple:

"Où est la fidélité? Où est l'amour? Où est la charité? Mais où est la crainte de celuy qui t'a veu et ouy en ce qui le concerne? (...) Mais n'attaquera-il point luy-mesme tes violences? Il n'en void rien, <u>diras-tu</u>, autrement il ne le souffriroit pas si <u>longtemps</u>"(p.200-201).

Le texte se donne comme parole dramatique dont la mise en scène est rappelée par des incises quasi didascaliques: "Qui a fait, <u>di-je</u>, tout ce que tu vois?" (p.106); "Pourquoy dis-tu que...Tant s'en faut

que le Ciel mesme ne soit plus excellent que toy
(toy, di-je),..." (p.107). La parenthèse indique et
le locuteur et le mouvement de désignation qu'il
esquisse à ce moment du discours (sinon, la
répétition du "toy" n'aurait pas de sens). Certes, le
discours de l'orateur, malgré les questions-réponses,
est une parole solitaire en quête d'écho: il veut
pénétrer dans l'âme des auditeurs, en leur offrant
le modèle et le rythme d'un monologue intérieur (ou
d'un sermon intérieur). Tous ces procédés dialogiques
contribuent à créer l'effet d'un langage parlé,
elliptique, souvent économe des verbes, comme si
l'orateur n'avait pas le temps, et qu'il forçât son
lecteur à une lecture rapide, emportée par le rythme,
comme si on l'entendait et qu'on suivît son esprit en
feu: "Ceste vie, Seigneur, qui d'ailleurs est si
courte, à quelle fin? Pour la perdre? (...) Semble
que tu nous engraisses pour le supplice"(p.158).

L'anti-cicéronianisme retrouve une cohérence
rhétorique de soutien, par delà la destruction d'une
architecture apparente. La période oratoire est
écartelée, fractionnée, par les questions, pourtant
elle reste sous-jacente à ce morcellement, on la sent
soutenue du souffle d'une parole orale lancée par
l'élan de la conviction.

b) La violence du discours

Un trait dominant du discours baroque selon Gisèle
Mathieu-Castellani est de vouloir persuader, par tous
les moyens que la rhétorique met à sa disposition: il
y a une "directivité" baroque, et une forte volonté
de terrasser par l'émotion. Cet "art de la parole
efficace" est ostentatoire de lui-même, auto-
persuasif. Il cache cependant un doute profond, dans
la mesure où il se donne lui-même en objet (de
séduction et d'auto-séduction)(17).

Or, "l'oralité" sermonnaire de Sponde est tout
autre: il ne s'agit pas d'une persuasion qui se

contemple elle-même et attire à soi un lecteur spéculaire, pour tout à la fois le maîtriser et se maîtriser soi-même dans son propre discours. La parole de Sponde passe à côté de cette relation fermée: elle vise, pour elle et pour le lecteur, un ailleurs silencieux et vivant, lieu du sens compris, pour lequel elle sait qu'elle n'est qu'une enveloppe vaine, indispensable à le recueillir, mais sèche et craquante. Un filtre transparent. L'oralité écrite est certes une mimesis d'oralité, mais elle s'annule comme effet mimétique dans la mesure où le discours ne vient pas après un modèle, ne compte pas sur un souvenir de sermon , mais où il crée un espace présent, tout écrit qu'il est, en attente de résonances orales possibles (futures, et selon des modalités inconnues) dans un discours intérieur chez l'auditeur (l'orateur intérieur à venir). Nombre d'auditeurs n'auront pas ces oreilles intérieures pour entendre, et en resteront au spectacle d'oralité. Mais d'autres passeront outre, et ouvriront la relation spéculaire constitutive de tout acte de parole. C'est toute la différence entre un discours content de soi, et un discours qui reste ouvert à l'Autre possible, non pas "l'autre-en-soi", mais l'Autre radicalement et essentiellement différent: Dieu, ou "l'autre-en-Dieu". Ceci est à notre avis encore une ligne de rupture entre les Baroques et les non Baroques.

"L'oralité", dans sa violence, provoque le spectacle pour le mettre à rude épreuve, pour le submerger par la vague d'une "parole vraie" implicite mais présente au texte.

Car la violence qui apparaît dans le discours de Sponde est celle de la conviction, qui loin de se subsumer dans l'ostentation rhétorique, aboutit à une négation de cet appareil rhétorique, en ôtant la lourdeur architecturale d'une parole oratoire. Ici, la violence se retourne contre le discours, tant sa force intérieure se moque des constructions

formelles. Certes, aucun acte de langage n'échappe à
la science du langage, c'est pourquoi on peut
toujours répertorier les procédés selon la taxinomie
rhétorique; mais le projet de Sponde est plutôt de
casser cet appareil orgueilleux par diverses
ruptures. Il multiplie les ruptures de construction
de la phrase par amputation ou dislocation. Mais la
"discontinuité" ne laisse pas de suspens ouvert, elle
se donne comme épiphénomène dédaigné d'une force
interne continue. Elle laisse place à l'entrée de la
vie dans le discours: vie engagée de l'orateur, vie
appelée du lecteur-auditeur.

L'ellipse brise le fil du discours, pour forcer
l'auditeur à réfléchir, à suppléer aux manques, et
à "entrer" dans ce discours. Celui-ci prend alors
l'allure d'un monologue intérieur intersubjectif. Les
raccourcis sont saisissants: "Quels yeux plustost qui
ne contemplent rien qu'eux-mesmes? Et quoy en
eux-mesmes? Ce que le Paon, son plumage et sa
bigarrure"(p.101). La parataxe, qui supprime les
liens syntaxiques entre deux propositions concourt au
même effet de rupture, d'autant qu'elle sert surtout
à juxtaposer des éléments antithétiques. Les
anacoluthes, sortes d'ellipses en décalé, obligent le
lecteur à un exercice plus difficile encore: le
déséquilibre de la syntaxe frôle l'incohérence.
Sponde évoque, par exemple, la conspiration de toute
la Création contre l'homme:

"...l'Hyaene (...) se dispose à l'outrager jusque
dans le Tombeau, les Serpens se tapissent soubs
les plus belles fleurs, les fleurs pour l'amorcer,
les Serpens pour le mordre" (p.98).

Dans la proposition "les fleurs pour l'amorcer", on
ne peut sous-entendre "se tapissent", comme le
demanderait une ellipse simple; il faut imaginer un
verbe voisin, comme "sont là", ou "attendent"...

Le discours est constamment désarticulé par des
questions, on l'a vu, ou des segmentations, qui ne
transforment pas le sens, mais ont pour fonction de
disloquer la phrase et d'imposer un silence

suspensif, où l'on sent la respiration de l'homme qui parle:
"Qui n'est point avec la lumière, il est aux ténèbres"(p.111).
Car les ruptures du discours sont surtout celles du ton sur lequel il est prononcé. L'orateur ménage des effets de sublime par le contraste entre une parole violente, accusatrice, et qui brusquement s'infléchit vers la douceur. Le sermon fulmine contre l'orgueilleux pécheur, qui semble appeler la colère divine; mais sans explication, Dieu le revêt de sa miséricorde: "Bref, cest outre-cuidé qui pensoit eschapper la main de Dieu se trouve assiégé de tous costez. Dieu l'a vu, Dieu l'a vu tout nud, Dieu l'a revestu: c'est miséricorde"(p.99). La protase ascendante, par la fougue impliquée dans la répétition, reste en attente du jugement de Dieu après le second segment; et l'orateur doit marquer un temps de pause avant d'énoncer l'apodose, pour créer un changement dans le ton, et suggérer, en même temps que la Grâce sublime, la disproportion incompréhensible entre le pécheur et la bonté de Dieu, que le dernier segment dévoile: "Dieu l'a vu, Dieu l'a vu tout nud, / Dieu l'a revestu: c'est miséricorde".

Ces brisures, on le voit, loin de laisser entrer des instants de vide, font percevoir dans la trame du discours ainsi mise à nu la force dynamique d'un même souffle porteur.

2) Un imaginaire architecturé

a) La violence des images

Nous prendrons le mot image dans un sens large, comprenant aussi bien les métaphores que les métonymies. La fonction des images dans un discours est d'orner, d'illustrer pour faire que l'imagination serve le raisonnement par sa puissance persuasive.

Mais dans un discours religieux, l'image est une
façon d'amener le divin à la mesure de nos facultés
de perception humaines (18): demonstrare invisibilia
per visibilia. Son statut est donc symbolique, puisqu'elle devient un point de référence susceptible de
nous induire à une réalité spirituelle dont elle
n'est que le signe.

L'image chez Sponde sert moins à frapper l'auditeur
qu'à lui faire percevoir la distance infinie qui
sépare le monde divin du monde terrestre. En effet,
ce qui compte, c'est moins la violence des images,
que les images violentées l'une contre l'autre.

Certes, le vocabulaire est réaliste, dynamique et
violent: "La Terre se hérissa d'espines, (...) les
Fleuves s'enflèrent jusqu'aux nues, et se crevèrent
jusqu'aux abysmes..." (p.98); "...ces mains qui
fracassoyent les taureaux, qui despièçoyent les
chesnes..." (p.99), etc... Sponde développe quelques
visions macabres:

"Petit bout de chair (...), qui seras rongé d'un
ciron jusqu'aux entrailles, qui estoufferas des
vers que ton ventre produict..."; "Dieu est comme
affamé de la pureté de nos services, nous luy en
taillons les morceaux, encore sont-ils pourris..."
(p.179; p.188).

Néanmoins, cette violence ne cherche pas à créer
un effet nu sur notre imagination, en présentant des
réalités capables d'émouvoir les sens, de soulever le
dégoût. En fait, on s'aperçoit qu'elle fonctionne
surtout par la puissance d'une structure
antithétique: "Les puanteurs de ces charognes
n'empuantissent point le Soleil: ces eaux
empoisonnées en leur course, ne le sont pas en
leur source"(p.111). A la puanteur s'ajoute le second
élément de comparaison (le soleil), et la force de
l'image réside dans le rapport d'opposition des deux
termes, souligné par la paronomase (course, source),
qui vise, plus qu'à nous faire soulever le coeur
contre nos propres péchés, à nous faire prendre
conscience de la distance entre la pureté divine et

la dégradation humaine.

Les images valent comme antithèses. Rappelons le contraste, privilégié, entre l'ombre et la lumière: "Quand ceste lumière est venue, ces Ombres ont passé" (p.189), signifiant la venue du Christ; "l'injustice cherche les ténèbres, mais la droiture ne trouve pas le Soleil même assez clair pour paroistre" (p.169, etc.). Rappelons les jeux d'opposition entre les mouvements ("à croitre, à décroitre, à fleurir, à flestrir",p.179), ou encore les évocations de sensations contraires ("tes désirs ailés t'y ont emporté, tes plaisirs gluants t'y retiennent"p.199). Toutes ces antithèses, rendues plus vives par leur réalisme, n'ont pas pour fonction de produire un effet d'ornementation rhétorique; à chaque fois, elles sont motivées par la même incompatibilité fondamentale entre l'apparence et la vérité, le monde et la vraie vie après la mort, le péché et le salut. Le discours religieux présuppose toute une rhétorique du renversement, qui vise par le balancement violent de l'imagination, à ce que l'homme aveugle puisse prendre conscience de l'hétérogénéité de l'ordre mondain et de l'ordre spirituel. En cela, l'image du soleil qui cache le monde est emblématique(p.132-33). Mario Richter écrit à propos de Bèze: "ce qui caractérise le mieux la pensée de Bèze, et par conséquent l'esprit même du calvinisme, c'est l'antithèse, qui est à la fois --dans le détail comme dans l'ensemble-- un procédé formel et une attitude d'esprit" (19).

Pour Sponde, l'image est donc l'occasion de faire découvrir l'abîme qui reste à franchir entre le mondain et le divin, de montrer la disproportion de laquelle il attend la révélation pour le lecteur-auditeur. Mais là encore, l'image s'adresse moins à nos yeux réels qu'à notre "intuition métaphysique", nos yeux intérieurs.

b) Une lecture des images

En effet, l'image veut susciter une démarche signifiante, être interprétée. Sponde propose d'ailleurs
lui-même une lecture de ses images, en accord avec
l'exégèse traditionnelle, mais très révélatrice: tout
doit recevoir une interprétation symbolique, le "réalisme" est un envers qui attend un endroit. Lorsqu'il
décrit la fertilité de Sion, sorte de paradis, où la
terre n'éprouve pas les rigueurs de l'hiver, car "un
seul Printemps domine en ceste contrée, et les
Zéphirs halènent sur sa face"(p.137), il demande de
lire cette fertilité, ce printemps et ces zéphirs sur
un autre plan:

> "c'est là où tu desployes tes richesses
> spirituelles, et voylà la fertilité que
> j'entends: tu fais fleurir ceux qui font
> résidence en ta maison, et c'est le Printemps
> dont je parle: et ta parolle retentist à leurs
> oreilles, et ce sont là les Zéphirs qui les
> halènent"(p.138).

Sponde oblige le lecteur à ne jamais perdre de vue
le sens derrière les images. Elles-mêmes sont
souvent bibliques et donc chargées de multiples
significations. Les fresques historiques qui
racontent la progression du peuple juif, sont
symboliques de l'histoire de toute l'humanité, ou de
l'humanité infidèle (p.167), ou des événements
présents: la guerre des Protestants contre les
Catholiques (p.141-47). Il n'est pas, jusque dans le
détail,une image qui ne porte pas un sens demandant à
être lu (qui soit une concession à un imaginaire
esthétique). Prenons un seul exemple: "Mais jusques à
quand, mon âme, contempleras-tu ces choses dans le
miroir enfoncé de la vanité?" (p.130). Ce miroir
enfoncé ou concave est déformant, parce qu'il ramène
tout à soi, et en même temps, il est miroir de honte.
Grâce à l'héritage iconographique du thème de la
vanitas mundi qu'il représente, il sert parfaitement
le discours ici, et devient un symbole pour toutes

les significations intratextuelles qu'il résume. La
précision concrète "enfoncé" fait surgir
immédiatement une épaisseur de significations:
l'image n'est jamais simplement visuelle, gratuite,
ou inexplicable, elle est le signe ultime (et
résiduel) d'un sens qui va s'amplifiant. Elle même
est parole visible de surface, valorisée par une
profondeur invisible mais pesante dans la mémoire du
texte (et du lecteur).

En effet, cette valeur symbolique finit par
imposer un réseau d'images mythiques, dans la mesure
où celles-ci reviennent, tissent des correspondances
au niveau de toute l'oeuvre, et créent un imaginaire
personnel chargé de sens. Nombre de représentations
gravitent autour du vaisseau dans la tempête (p.144-
45), ou du roc qui résiste à l'orage (p.147, 214...),
ou de l'orage du châtiment de Dieu et des feux de la
destruction prochaine (p.140...), elles s'organisent
en réseaux obsessionnels et font des points de repère
auxquels l'auteur fait parfois seulement allusion,
parce qu'ils sont devenus en eux-mêmes les indices de
significations complexes (vanité humaine; combat
de l'homme dans le monde; toute-puissance divine).
Lorsque Sponde menace le pécheur du châtiment
dernier, il lui suffit de dire: "...de quel front
soustiendras-tu les feux et les tempestes de ce juge?
Car la flamme va devant luy, et les tourbillons
l'environnent" (p.179), parce qu'il renvoie ainsi à
une longue description de cet incendie, quelques
pages plus haut (p.173-74). Ainsi, la foule d'images
violentes qui parsème le discours ne dissémine pas
l'imagination dans tous les sens par une sorte de
rage réaliste échevelée, mais constitue un univers
imaginaire dans lequel on se repère très vite, du
moment que sa production est guidée par une forte
volonté de convaincre, et une même pensée qui
l'organise parfaitement.

*

B) Le zèle de convertir.

La conversion implique un retournement, un changement profond, et même une renaissance. Luther et les
Réformés reprennent l'opinion de saint Paul selon qui
elle ne constitue pas un moment unique et définitif,
mais un mouvement permanent tout au long de la vie du
Chrétien. Le fidèle, en effet, mène une lutte
constante avec lui-même, contre le "vieil homme" (le
"vieil Adam") en lui, pour laisser jaillir la
nouvelle sève. Et cela, il le fait par la méditation
quotidienne, l'oraison mentale. Les méditations
visent donc à convertir l'infidèle, mais aussi à
poursuivre la conversion sans cesse recommencée du
fidèle (que le temps et les épreuves tiédissent).

1) Naissance du Prédicateur

La première Méditation donne d'ailleurs à voir la
naissance du prédicateur, et de son "zèle". Nous y
trouvions une dénonciation de l'orgueil des hommes,
assez fous pour prétendre nier Dieu: cette suprême
folie aura pour conséquence une folie égale en retour
la violence du convertisseur:

" Le fol dit en son coeur, Il n'y a point de
Dieu. Ceste folie, Seigneur, m'affolle, le zelle
de ta maison me mange, je me cholère à
l'encontre de ces escervelez. Si j'ay eu des
oreilles pour ouyr ces blasphèmes, j'auray bouche
pour les reprendre, mais reprendre avec aspreté,
voire avec fureur, fureur sainte, dont l'odeur
parvienne jusqu'à toy..." (p.102-103).
La symétrie de l'action et de la réaction, indiquée
dans la reprise du même mot (folie, m'affolle), et
dans les correspondances entre les moyens de
l'injure et de sa réparation (oreilles, bouche,
odeur), donne paradoxalement une impression
d'équilibre. La passion de Sponde, et sa violence,

qui se traduit dans le texte par les répétitions lyriques et par le souffle de l'orateur, sont nécessaires pour rétablir l'ordre, rompu par le crime du blasphème:il semble que pour chaque infidèle naisse un convertisseur. L'ordre ne peut être rétabli que par des violences égales qui ne créent pas un bouleversement, mais s'annulent l'une l'autre, finissent par établir une compensation des effets. Du coup, Dieu n'est jamais atteint ou dégradé. La fureur de la parole sermonnaire s'inscrit en fait dans une vision très ordonnée des rapports de force. La réaction quasi viscérale du juste s'explique parce qu'il porte la marque du Créateur; en tant que créature, il se doit de réparer l'outrage: "Moy, l'ouvrage que tu as faict, Seigneur, ne défendre point l'outrage qu'on te faict?" (p.103). La paronomase souligne combien ce devoir de fureur était en germe dans son être profond. Le zèle passionné est gardien de la paix et de l'ordre divins. Il n'y a nul besoin d'intervention de Dieu, car le mal se détruit de lui-même, en engendrant un retour de violence. Sponde avait montré que le péché originel avait eu pour conséquence immédiate non un châtiment venu d'en haut, mais le retournement spontané de toute la Création (en particulier des animaux), contre l'Infidèle (p.98-99).

Le zèle de convertir comme fondement de l'écriture oriente d'une part l'inventio et la dispositio (ou les chemins de la conversion), de l'autre, l'elocutio (ou le rythme de la conversion).

2) Les chemins de la conversion : de l'art du raisonnement ou de l'aveu différé.

a) La raison têtue

Les raisonnements ont la première place parmi les chemins de la conversion. Chaque Méditation

commence par une partie sermonnaire qui fait appel
à la logique, en prenant bien garde de ne pas égarer
l'auditeur. Les arguments de Sponde sont d'abord les
preuves de l'existence de Dieu. La preuve ontologique
marque l'intrusion de l'irrationnel (l'idée d'infini),
dans l'entendement et met en déroute tous les
circuits intellectifs humains, voués à échouer dans
la tentative de saisir cet être problématique, sans
pouvoir se résoudre à abandonner les discussions:
"S'il n'est point, pourquoy débattez-vous de son
estre?" (p.103).
L'inquiétude et l'entêtement rationnels prouvent
l'existence de l'être incernable par la raison. Car
le discours ne peut pas <u>dire</u> l'être: il dit quelque
chose <u>sur</u> l'être, et n'a <u>aucun</u> pouvoir sur lui. Il ne
peut <u>ni le</u> nier, ni le prouver. Tout discours est à
distance de ce à propos de quoi il se manifeste.
Sponde quitte très vite cet argument ontologique trop
abstrait. Son discours de prédicateur fait largement
place à l'irrationnel, après avoir mené la raison
jusqu'à son aporie. Ainsi, l'exigence logique, si
elle est une nécessité heuristique, aboutit toujours
à une faillite de l'intelligence, qui elle-même
débouche sur un acte de foi, un mouvement du coeur.

Ce qui nous intéresse ici est l'art rhétorique par
lequel se réalise ce décrochement de la raison à la
foi.

Le prédicateur prend par hypothèse le point de vue
de l'Infidèle sceptique, dont il a fait son
interlocuteur imaginaire et le pousse jusqu'au bout,
avec logique, pour en faire éclater l'absurdité. Le
lecteur-adversaire est ainsi impliqué, "intéressé",
dans l'évolution d'une pensée que la parole de
l'orateur dit être la sienne. Il est irrésistiblement
entraîné dans son raisonnement, jusqu'à ce que l'art
du convertisseur parvienne à provoquer chez lui un
refus, devant les conséquences, inacceptables par la
raison, de cette position. C'est là qu'il est attendu
car ce refus est aussi un refus à lui-même, et une

remise en question, un changement profond qui est
l'amorce du basculement de la conversion. Ainsi pour
l'argument téléologique: l'allocutaire croit sans
doute que l'ordre de la nature pourrait ne pas être
dû à Dieu, mais à la "fortune" (au hasard):

> "Dy-moy. A qui donnes-tu l'honneur de tant de
> beautez qui reluisent en toutes les parties de ce
> Tout? Au hazard, et à la Fortune? Dy-moy un peu
> que c'est de ceste Fortune" (p.104).

Il y aurait alors deux cas:

> "Ceste fortune est-elle hors des choses, ou si la
> Nature mesme des choses, l'essence des diverses
> espèces, est ceste fortune?" (p.105).

Sponde examine successivement ces deux possibilités,
en ordre inverse, en respectant avec un scrupule
ironique la logique scolastique: "Est-elle, dis-je,
abstraite du subject, ou concrète avec le subject,
comme jergonnent tes escholes?". Si cette fortune
appartient à la nature même de la chose, comme une
sorte d'instinct qui la régirait, chaque chose aurait
son propre "hasard", il y aurait une multiplicité de
fortunes, dont aucune ne serait susceptible
d'organiser l'univers dans son ensemble (le choix
d'une telle fortune supérieure serait d'ailleurs
arbitraire, et caduc: "Laquelle est celle qui te
garantira de l'autre?"). On tombe alors "dans le
gouffre de la pluralité". Deuxièmement, "Si ceste
fortune est hors des choses", elle est unique (il
vient d'éliminer l'impasse de la multiplicité), et
elle doit être aussi pourvue de sagesse, pour
justifier l'ordre du monde. Car si on ne supporte
pas la folie chez les autres, il serait absurde de
vouloir la faire régner sur le monde entier:

> "Quand tu as mis le glaive en la main d'un enragé,
> tu trembles, et te pourras-tu asseurer soubz
> l'Empire de ceste forcenée? Tu desthrones souvent
> les Princes qui manquent d'entendement, et voylà
> tout le monde dépend d'une fole, et tu le veux".

La réaction attendue chez l'auditeur est: non, c'est
impossible, il faut que cette fortune soit douée

d'entendement. L'orateur en arrive ainsi à la nécessité de l'existence d'une Essence ultime, cause première, qui correspond à Dieu.

Sponde utilise souvent les raisonnements philosophiques comme amorce du discours, ou d'une démonstration interne. Pour expliquer la corruption de l'homme (pourtant créature de Dieu), il commence par une définition générale de la corruption de la matière: "Les corps simples ne s'altèrent point (...). Ce n'est pas assez dict. Les matières sont corruptibles par la forme, les substances par les accidents: les matières, et les substance, di-je, demeurent quant à soy, mais les formes et les accidens leur font changer de visage. Voyre la nature est réduicte là, que les corruptions précèdent les générations, comme causes, non simples, mais joinctes et meslées à une substance contraire à celle qui se corrompt" (p.112-13). Et il conclut: "Voylà comme il en va de l'homme".

Au début de la deuxième Méditation, il montre que nous corrigeons sans cesse les données de nos sens par notre jugement. Certes, nous jugeons le ciel plus grand que la terre et les océans ("C'est bien jugé, mon Ame, et ton Optique ne t'abuse point"). Mais si nous regardons une étoile, nous pensons que la terre et l'océan sont plus petits:

"C'est bien jugé, mais ce ne sont pas tes yeux simplement qui t'en ont baillé l'instruction: car ce n'estoit qu'un poinct à tes yeux. Ainsi tu desments ces mesmes yeux quand tu soustiens que le Soleil est plus grand que la terre..." (p.129-30).

A chaque fois, l'orateur n'assène pas des vérités, mais veut démontrer pas à pas, —la raison en effet peut et doit mener au seuil de la révélation. Il part du raisonnement, qui très vite atteint l'aporie métaphysique, et entre alors dans la psychologie de l'auditeur. Or, là encore, il vise moins à s'emparer de l'émotion de l'autre, qu'à le conduire au bout de ses réactions premières d'affectivité, afin de découvrir la dimension supérieure à sa psychologie qui l'habite: sa dimension métaphysique, qui , hors discours et hors sentiments, hors dialogue dirigiste, d'une part est l'origine déterminante des mouvements psychiques, d'autre part le rattache à une essence universelle qui libère son intériorité et lui révèle sa cohérence à l'Autre.

b) La conversion libératrice

L'art de Sponde est double: pénétrer l'esprit de l'auditeur puis le convertir de l'intérieur dans une sorte de "psychanalyse" libératrice. Car son discours est la mise en scène d'une conversion. L'orateur aide une conscience à accoucher d'elle-même, en lui prouvant que c'est son refus de la foi qui provoque le malaise, l'angoisse secrète qui la ronge: il n'est que d'avouer cette foi refoulée pour être demi-guéri. Le prédicateur force l'Infidèle à voir les signes de Dieu cachés en lui: celui-ci se trompe lui-même en prétendant être infidèle, il se mutile dans sa dimension sacrée, et en souffre:

> "Sens-tu point des piqueures en ton âme, quand tes iniquitez te donnent de la gêne? Oys-tu pas siffler ces Serpens à la porte de ta ruine? En qui songes-tu? En celui en qui tu crains de songer. Mais pourtant: c'est en luy que tu songes. Ne desguise point ton mal, comme tu desguises la vérité. Ouvre cette playe, autrement tu nourris ta puanteur, tu fomentes ta pourriture; ouvre-la, et je t'ouvriray mes remèdes. Confesse, et te voylà demi guéri" (p.103).

La tournure interro-négative des premières phrases force la réponse "oui". Le prédicateur, plutôt que de remords, parle seulement de "piqueures", discrètes et étouffées, mais encore plus révélatrices de l'existence d'un sentiment du Bien qui souffre en l'homme lorsque celui-ci croit profiter de son péché. L'idée que le vice cause plus de tourments ("de la gêne") que de plaisir est concrétisée par l'image des serpents: quand l'Infidèle est sur le point de pécher, comme sur le seuil de sa damnation, il sait qu'il fait mal, et cette conscience est représentée par le sifflement des serpents (évoqué aussi par l'allitération).

L'orateur traque la conscience de son adversaire, en l'enfermant dans un piège de paroles: par les répétitions, il le met dans l'impossibilité d'occulter la réponse (l'aveu): "En qui songes-tu? En celuy en qui tu crains de songer...". On est obligé d'avouer que le fait de craindre de penser à quelque chose prouve davantage encore qu'on y pense. Le terrorisme intellectuel auquel il soumet l'auditeur est accompagné d'un effet spectaculaire; alors qu'on avait compris, l'orateur revient à la charge, et achève par une tournure de mise en relief: "Mais pourtant (pour cela), c'est en luy que tu songes". Le refus de la foi (torture secrète) devient vite une maladie infectieuse, dont la guérison dépend de l'acceptation de la vérité (la confession).

Car au fond, l'homme connaît son péché, et son refus de la foi est une hypocrisie mal vécue:

"Vous plastrez les crevasses de vostre coeur, vous enduisez de miel l'amertume de vos péchez, et vous voyez en vous-mesmes (hé! ne mentez point à celuy qui vous void) et ses crevasses, et ceste amertume"(p.178).

"Confesse" signifie: "dis-le, exprime-le". Cet aveu guérit de l'angoisse psychique, et comme confession de foi, (ou conversion), il guérit l'âme de la damnation. Le malaise psychique que ressent l'homme correspond au martyre qu'il fait subir à son âme. On trouve la même idée dans les poèmes:

"Vous qui rongez voz coeurs du souvenir des vices,
(..)
Sentez-vous point, hélas! du martyre en voz Ames"
(p.242, v.1-17) (20).

Ainsi, l'angoisse de l'Infidèle lui prouve à lui-même l'existence de Dieu; Sponde reprend l'argument ontologique en en faisant une application psychologique. L'orateur assaille le libertin, fouille sa "conscience", lui fait subir une sorte de cure "psychanalytique" (21) à valeur métaphysique au cours de laquelle surgit la révélation attendue: Dieu est déjà au coeur de l'homme.

Le procédé de conversion privilégié des Méditations est celui de la conversion anticipée, ou de l'aveu différé. Il donne lieu à un art rhétorique très subtil qui mérite un examen. Il consiste à prendre le point de vue du sceptique, comme on l'a vu, et à le pousser au bout de ses conséquences: Sponde se prête au discours supposé de son adversaire; or, comme en marge, il ajoute de courtes phrases, non pas pour condamner le discours sceptique, mais pour obliger l'interlocuteur à ne pas renoncer à son idée, ce qui laisse à penser que celui-ci aurait tendance à s'en détourner, et ne serait déjà plus très sûr de lui.
Qu'est ce qui conduit l'Univers? demande Sponde, préparant l'argument du premier moteur. Quelque chose de supérieur, ou bien un principe organisateur interne à la masse? Mais ce dernier serait donc déjà lui-même supérieur à la masse: il faudrait supposer une sorte d'entendement pour cette masse, qui aurait alors une essence différente (ce qui ruinerait la conception matérialiste):
"Que peux-tu imaginer pour la conduite de ceste masse? Quelque chose certes de plus grand, et de plus excellent que la masse. Car donnerois-tu bien à ceste masse mesme insensible et lourde quelque entendement? Ne t'enlasse point toy-mesme: car tu m'accorderois désjà quelque chose de plus que le monde" (p.106).
Il déstabilise l'auditeur, en lui montrant qu'il est obligé de l'empêcher de se tromper, et de tomber dans la contradiction. Par des interventions comme a parte, l'orateur dédouble son auditeur. Celui-ci est d'abord pris à partie en tant que personnage interlocuteur dont le discours et les pensées supposées sont assumés par le discours d'un

convertisseur adversaire; puis il est pris à témoin, en tant que spectateur complice, du discours d'un convertisseur paternel. Son statut subit un glissement (qui recoupe celui du lecteur intentionnel en lecteur idéal), au cours duquel le "vieil homme" entêté dans son scepticisme rationnel est ridiculisé (incapable de tenir son raisonnement jusqu'au bout sans être aidé) et auquel se substitue le "nouvel homme" converti à l'irrationnel divin. Le prédicateur fait comme s'il était sans cesse obligé de remettre l'Infidèle sur sa position de sceptique, pour l'empêcher d'avouer sa foi:

> "Si donques la vie est de soi prend garde à ce que tu dis, car tu m'avoues en toy-mesme, ce que tu refuses, d'avouer en Dieu: avec ceste Essence, tu m'accordes ce que je veux que tu estimes de Dieu.
> Mais tu te trompes encore: et je ne veux pas te tromper..." (p.108).

L'aveu ainsi repoussé semble alors non plus être suscité par le prédicateur, mais correspondre à un mouvement réprimé de révolte spontanée de l'Infidèle. Les brèves remarques en marge du discours intenable ("garde que tu n'enfondres", p.106, etc.), sont des jalons qui indiquent que l'Infidèle commence à décoller de son opinion antérieure, opinion prétendue à laquelle il ne croit plus, dont il se sépare de plus en plus, à mesure qu'il est forcé de la tenir. Quelle est la puissance qui meut la Terre immobile? "Le Ciel? Mais le Ciel est désjà soubz quelque meilleure essence, à sçavoir soubz l'Entendement, par ta propre confession, soit volontaire, soit violente", dit Sponde avec ironie, car le discours du sceptique n'est plus volontaire, c'est l'orateur qui le lui impose, comme s'il n'avait pas compris que l'Infidèle y a renoncé: "Il faut que je t'arrache la vérité à vive force"(p.107); l'Infidèle est infidèle contre son gré. Tout le discours du convertisseur, dans son apparente soumission à l'opinion de l'autre, suppose que la conversion a déjà eu lieu, au moment où il parle. Son habileté est d'éveiller un malaise chez l'auditeur à la vue de ses contradictions internes, de façon à accélérer le processus de renoncement à l'infidélité, à provoquer une révolte (le retournement de la conversion), et l'aveu de la foi, venu comme une libération impatiemment et secrètement attendue. Il aide le lecteur-auditeur à revenir de lui-même (ou comme de lui-même), sur le chemin de la foi. La volte-face libératrice, le texte l'interdit, la retarde, et par là-même la rend possible dans un après-texte: la conscience libre de tout homme. Les jalons textuels que nous avons repérés sont autant de portes ouvertes sur un discours différent à qui on ne permet pas d'apparaître.

3) Les rythmes de la conversion

La structure fondamentale du discours de Sponde est celle du revirement, qui cherche à déclencher la conversion du lecteur. Le rythme soutient ce projet de deux façons à la fois: en créant des espaces de rupture propices aux revirements, et en exaltant par un lyrisme sous-jacent une conversion en marche. Il y a deux unités rythmiques. Le rythme du discours (rythme rhétorique), ou de la pensée, est parsemé de ces cassures. Le rythme de la phrase (rythme poétique au sens où c'est là que se crée le discours), intègre les cassures, mais les unifie par un élan dynamique interne.

Souvent, au cours de la méditation, l'orateur s'interrompt, comme saisi par une soudaine prise de conscience qui inverse la suite de la pensée et opère un changement total de perspective. Ce retournement intérieur est marqué par une cassure dans le ton, grâce à un cri: "Quoi?", qui correspond aux "que dis-je?" des monologues de tragédies classiques. Le locuteur reprochait à Dieu de ne pas donner sa Grâce aux Infidèles (selon la doctrine calviniste de la

prédestination). Mais il se reprend: "Quoy? tu le
veux, Seigneur, mais leur obstination est ahurtée"
(p.110). Ailleurs, il se plaint de chercher Dieu en
vain, d'être privé de lui:

> "Et moy, Seigneur, où suis-je? Là où tu n'es
> point: en ce Monde, parmy ces hommes, avec ceste
> Eglise. (...) je te cerche, et te cercheray-je
> tousjours sans te pouvoir rencontrer? Quoi? Je
> t'ay desjà trouvé..." (p.161).

Cette "rhétorique du revirement" engage aussi
toutes les figures du contraste et de la dualité:
toutes les antithèses sont motivées par le
retournement total, d'un extrême à l'autre, que vise
le discours. Il ne s'agit pas tant ici des
oppositions d'images (dont nous avons déjà parlé), que
d'une structure profonde de la pensée: la violente
mise en présence des antinomies appelle un
dépassement dialectique hors texte. La phrase
enregistre et fait apparaître cette structure
antithétique extrême. Le rythme de l'écriture
renvoie, plus qu'à une représentation du monde, à une
modalité épistémologique. En effet, sans fonctionner
sur un rythme proprement binaire, la phrase traduit
une pensée qui fonctionne dans la dualité, celle d'un
double plan de conception de la réalité. L'expression
manifeste l'hétérogénéité du parallélisme des ordres
(mondain; spirituel).

> "Ces sacrifices sans pureté de mains, et ceste
> pureté de mains sans le sacrifice de vos Ames, ne
> sont que des charognes mortes et puantes. Comme
> si cest Esprit ne demandoit point l'Esprit: ceste
> vérité, la vérité: ceste saincteté, la saincteté"
> (p.187).

Le rythme d'ensemble est apparemment ternaire, mais
il est soutenu par une dualité fondamentale: deux
vérités se correspondent (le monde divin et humain).
C'est cette partition qui constitue le véritable
rythme de la matière du discours:

> "Voylà comme il en va de l'homme (...). C'estoit
> dis-je une neige esclatante de blancheur, les pieds

des passans l'ont foulée, la voylà sans lustre.
C'estoit un bel arbre chargé de beaux fruicts,
l'orage les a abbattus. C'estoit la verdissante
courge de Jonas, le ver l'a piquée au point du jour
et elle a séché. Les vents, et les feux de l'ire
de Dieu se sont eslevez, se sont allumez à l'encontre. Et voylà l'homme s'esvanouist, son esprit
et son corps défaillent. Les voylà tous deux, du
repos en l'angoisse, de l'asseurance en la honte,
de la vie en la mort, en la mort, où il n'y a que
pourriture, et infection" (p.113).
La période est ample, le rythme cumulatif, mais plus
que le nombre des membres de la phrase (variable:
deux, trois...), ce sont les ruptures internes qui en
déterminent la structure. Cette structure est celle
du renversement, qui s'opère autour d'un blanc ("du
repos en l'angoisse, de l'asseurance en la honte,
de la vie en la mort"). L'absence de liaison marque
le moment de la mort et de la renaissance, le moment
où s'opère le mystère de la conversion intérieure
promise.
   Or, cette partition, qui aurait pu avoir un effet
de fragmentation sur la période, est elle-même portée
par un souffle lyrique, mû par les anaphores:
"Voylà", "Et voylà", "les voylà"; "C'estoit",
"C'estoit", "C'estoit". La récurrence de la structure
antithétique crée à elle seule un effet d'ascension.
Remarquons dans la dernière phrase que les
oppositions sont juxtaposées, mais qu'à l'intérieur
de chacune le mot "en" marque le passage, le
mouvement d'un état dans un autre. Le revirement est
à la fois rupture et métamorphose.

   En effet le rythme de la phrase, soutenu par cette
dualité, est souple et tend à séduire le lecteur dans
le bercement lyrique d'une parole insinuante qui le
prend comme par vague. Les répétitions d'un mot qui
relance les phrases ont une fonction d'envoûtement:
"baisse, baisse les yeux..."(p.98), "Frappe, frappe
sur ces enclumes..." (p.155), "Ils crient et tu

n'escoute point: tu n'escoutes point, car tu ne fais compte de répondre" (p.208), "j'auray bouche pour les reprendre, mais reprendre avec aspreté, voire avec fureur, fureur sainte..."(p.103)... Les répétitions peuvent s'étendre sur tout un paragraphe, créant ainsi un espace lyrique de prière: autour du verbe "chercher" par exemple (p.119).

Ce rythme confère au discours une certaine solennité. Il est, tantôt lyrique, chantant comme une prière; tantôt sentencieux, régulier comme une marche sacrée. Citons seulement:

"De ce premier sang respandu / ruisselleront dans peu d'heures // ces rouges Océans des Ames innocentes" (p.97). (5-3 / 4-3 // 2-4 / 2-4).

Le dernier segment pourrait être un alexandrin parfait; les accents toniques tombent de façon régulière et sur des sonorités semblables (sang, océans, innocentes). De tels effets sont fréquents, et révèlent moins un travail sur la prose, qu'un rythme sentencieux profond, que la phrase a tendance à retrouver spontanément (22).

Ainsi le zèle de convertir explique la passion de convaincre qui anime la rhétorique de Sponde. Cette rhétorique anti-cicéronienne détruit l'appareil rhétorique, la phrase vole en éclats, cassée par une passion oratoire au service de la conversion. Le discours vise un revirement intérieur, un décrochement libérateur, et le mime à tous les niveaux. Il crée un lecteur qu'il métamorphose; il se sert des images pour les entrechoquer et leur laisser montrer un sens supérieur; il échaffaude un raisonnement pour mieux l'abandonner face à l'irrationnel révélé; il provoque le rebelle pour le faire s'insurger plus violemment encore contre le scepticisme stérile qui le mutilait. Ces ruptures fondamentales (dans la syntaxe et les images) sont destinées d'une part à traduire la conversion, d'autre part à révéler la partition des ordres mondain et spirituel. Cependant, la partition est

dépassée et portée par le souffle puissant qui anime
la parole de l'orateur, qui rend sa conviction
communicative, et qui dérive vers un lyrisme de
prière laudative. L'ardeur de convaincre aspire à la
douceur chantée de la prière; et cette double parole
est inspiré par un même idéal.

Or la passion violente qui se déploie dans la
temporalité d'un discours parlé, et qui est la seule
façon d'exister pour la parole sermonnaire, est aussi
en relation avec un silence essentiel, qui lui
donne sa force depuis les profondeurs sacrées de
l'indicible.

*
* *

III. LA PAROLE ET LE SILENCE

Les Méditations définissent la parole au tranchant
du Silence: "Je ne me suis rien réservé, de peur
d'estouffer la gloire de Dieu par mon Silence", écrit
Sponde dans l'avertissement Au Roy de Navarre (p. 94).
Cette déclaration liminaire correspond au projet de
confession totale et sans réserve de la méditation
réformée. Cependant, chez Sponde, cet engagement va
plus loin. Il annonce tous les excès de style,
tous les éclats de voix. On peut y voir la définition
d'une expérience de l'écriture, qui entretient une
relation particulière avec le Silence.

En effet, la caution théologique (démontrer pour
convaincre, séduire pour convertir) ne suffit pas à
expliquer le fonctionnement de la parole, de
l'intérieur, là où précisément se mêlent la
rhétorique violente et la douce prière.

Cette problématique parcourt toute l'éloquence

religieuse, dans la mesure où le style instaure et/ou révèle une relation entre le mondain (l'art de plaire), et le religieux (qui annule l'esthétique, ou la transfigure). Les Protestants ont une position ambiguë, entre leur durcissement doctrinal et l'acceptation de concessions (Du Bartas). Or, la parole de Sponde correspond à une expérience différente. Nous essaierons d'analyser cette approche particulière du langage et de la création: au delà des questions de style et des motivations didactiques, nous découvrirons une dimension spécifique de la parole religieuse.

Car en dehors de la beauté, de la doctrine, ou de la prière, pourquoi la Parole plutôt que le Silence?

*

A) La parole religieuse

1) Les styles de la foi

L'éloquence religieuse a toujours été consciente de son ambivalence: art et/ou prière. Tout au long de la Renaissance, des débats ont opposé les partisans du "Tullianus stylus" surtout représentés à Rome, à un courant anti-cicéronien se réclamant de Tacite et Sénèque, qui lie la clarté non plus à l'harmonie équilibrée et construite, mais à la brevitas, plus propre à la mobilité de la méditation intérieure. Saint Augustin avait précisé que le style n'est rien: seule compte la vérité et la clarté. Mais là encore, au XVIe siècle, la parole religieuse est écartelée entre le cicéronianisme italien et l'anti-cicéronianisme espagnol (23). Le concile de Trente, avec Charles Borromée, tente une réforme de l'éloquence sacrée, renouant avec les Pères de l'Eglise (de préférence à la scolastique médiévale), qui unirait l'éloquence humaniste et l'éloquence chrétienne. Cet éclectisme qui prend en compte l'humanité de l'auditeur et utilise son goût de l'ornatus n'est d'ailleurs pas entièrement opposé à la pensée d'un Erasme. La synthèse entre la rhétorique humaniste et sacrée s'opère avec Marc-Antoine Muret et les Jésuites. La contradiction entre l'idéal d'un style transparent et simple, et la pratique d'un style coupé, où la brevitas va parfois jusqu'à l'obscuritas (24), se résout dans la la notion de sublime (25), car la beauté de l'acumen (pointe, saillie) apporte à l'auditeur la Révélation: "A l'Idée de Beau, impersonnelle et objective, (...) tend à se substituer l'Idée du Sublime, que l'orateur inspiré, avec des moyens rhétoriques simples ou cachés, communique à son auditoire bouleversé", écrit Marc Fumaroli (26).

Ainsi, le travail sur le texte est cautionné par l'effet d'élévation spirituelle auquel il tend, et la rhétorique se soumet au movere.

Cependant, face à cette tolérance pragmatique de l'éloquence tridentine, les Réformés paraissent plus embarrassés à cause de l'intransigeance de leur position doctrinale, qui n'allait pas, d'ailleurs, sans contradictions. Ils avaient rejeté l'art humaniste, comme profane et provoquant un dangereux plaisir, en faveur de l'austérité stylistique, de la décence et la simplicité. Selon Calvin la littérature doit retrouver sa fonction naturelle qui est de louer Dieu, et édifier les hommes, en imitant le style de la Bible:

"Si la doctrine de S. Jean ou S. Paul estoit bien paree de couleurs de Demosthène ou Ciceron, possible qu'elle auroit plus de grace pour allecher à soy les Lecteurs: mais il ne resteroit point la centiesme partie de ceste gravité que nous y sentons pour toucher les consciences au vif, et de la majesté pour authoriser tout ce qui est là contenu... Nous pouvons justement nous vanter qu'il n'y a nulle véhémence de Rhétoriciens qui touche et esmeuve si bien que l'Escriture Saincte, avec la façon simple et rude" (27).

Le moyen employé change la nature de l'effet produit:
d'une part le lecteur est "alléché"" (séduit
esthétiquement), de l'autre sa conscience est touchée
"au vif"; il est "touché" et ému. Calvin ne condamne
pas l'émotion, mais il voudrait distinguer une
émotion sensuelle d'une émotion de l'âme. Cette
dichotomie théorique, correspondant à une négation du
corps , se résout difficilement dans la pratique. Le
discours religieux, persuasif ou laudatif, doit
s'occulter dans l'esprit du lecteur au profit du sens
enseigné ou de l'image évoquée, ou du choc spirituel
dans lequel l'émotion ressentie est tellement forte
qu'elle s'annule comme sensation et s'élève à la
fusion (ou proximité) de la vérité. Du même coup, le
discours est nié, nie le lecteur dans sa corporalité
et son identité: il vise une "assomption" du texte et
de l'homme, dans un silence final.
      Cet idéal rend tout texte religieux instable par
essence, coupable d'exister encore, et ne rêvant que
de se fuir: il peut se définir comme dérive vers la
transparence. La transparence est synonyme
d'effacement stylistique par la simplicité (le
silence), ou par la soumission totale au style
biblique, qui va parfois jusqu'au pastiche (28). La
première solution correspond à l'idéal évangélique de
dépouillement. Marguerite de Navarre écrivait:
      "Plus n'admiray la beaulté du langaige,
      L'invention, l'art, la reigle et l'usaige
      Que je trouvoys difficile à suyvir,
      Car Celluy seul auquel tout doit servir
      Ne se voulut dans ces livres celler,
      Mais par ce feu clairement reveller..."(29).
De même, le style de Marot, selon Gérard Defaux (30),
évolue vers la pureté, la sancta simplicitas, et à
la limite, débouche sur le silence de la communion.
La parole rêve de rejoindre une présence vivante,
indicible, devant qui s'efface l'artifice.
      La deuxième solution est celle que préconisent
Calvin, Bèze et Du Plessis. Il s'agit de n'accepter
que le modèle stylistique de la Bible: les Ecritures

ont "un style simple, nud et grossier", écrit Du
Plessis (31). Car la vérité se manifeste dans la
sobriété, avec un éclat et une force naturelles.
Michel Jeanneret a analysé les conséquences de ce
projet stylistique dans les traductions et
paraphrases des Psaumes: les auteurs acquièrent des
habitudes d'emprunt, imitant les parataxes, avec
raideur parfois; les concessions sont inévitables, et
nombre "se situent à mi-chemin entre l'idéal défini
par Isaïe et celui de Cicéron" (32).

Calvin le premier semble assez mal pouvoir
concilier l'exigence de sobriété et le réalisme de la
Bible. Il réprouve le "deshonneste" dans les
vêtements, les divertissements, et dans le langage,
mais les injures, les outrances verbales parsèment la
polémique théologique, ainsi que Marguerite Soulié
l'a montré (33). Ce langage souvent ordurier a
soulevé des protestations chez les contemporains;
Théodore de Bèze s'efforce de les rejeter en
invoquant la nécessité d'une parole énergique dans
des temps de crise, comme celle qu'ont employée les
Prophètes eux-mêmes. Calvin s'explique à propos de
l'emploi du mot "bougrerie", qu'il dit avoir pris de
la Bible:

"Et néanmoins si nous parlons ainsi on dira: «Est-
ce là le style du Saint Esprit? Comment? Est-ce
ainsi qu'il faut parler?» Voilà comment les hommes
veulent corriger le style du Saint Esprit? Quand
on aura amassé toutes les parolles qui seroient
pour nous faire dresser les cheveux sur la teste,
ce n'est que le langage duquel Dieu a usé en
detestant l'ydolatrie. Car tout ce qui est inventé
des hommes ce n'est autre chose que puantise et
abomination devant Dieu" (34).

Cependant, une écriture prophétique est différente
d'une écriture mimétique de l'écriture prophétique.
Et les textes religieux "inspirés" deviennent vite
non pas des textes "naturels", autres que les textes
littéraires, mais des textes anti-littéraires, c'est-
à-dire correspondant à une perversion par là même

encore plus littéraire. Les Ministres protestants ont
perçu le danger, et un Synode de 1565 conseille de
préférer la modestie et la bienséance aux injures et
au langage ridicule:

"Les Ministres et Anciens, à qui Dieu a donné des
talens pour écrire seront avertis de ne le faire
point d'une manière ridicule ou injurieuse, mais
avec modestie et d'une façon bien-séante à la
Majesté de la parole de Dieu: Et de garder aussi
cette même gravité et modestie dans leurs Prêches,
selon le stile de l'Esprit de Dieu dans l'Ecriture
Sainte" (35).

Le refus de la rhétorique traditionnelle aboutit à la
récupération d'une rhétorique dite biblique, dont la
codification est similaire à la première.

Lambert Daneau écrit son Methodus tractandae sacrae
scripturae (1579) pour les pasteurs: il propose une
codification qui dessine une démarche exégétique et
rhétorique (lire et enseigner l'Ecriture). Selon
lui, il y a trois étapes, ou trois lieux: le lieu
rhétorique (Daneau mentionne toutes les "figures"
qu'on retrouve dans les textes sacrés); le lieu
dialectique (ou on recherche l'argument dialectique
utilisé par l'auteur sacré); et le lieu théologique
(le sens que le St Esprit révèle) (36). De plus,
Daneau réhabilite la dialectique en distinguant la
matière de la théologie —si sublime qu'elle ne peut
être prouvée-- de la forme de la théologie qui, elle,
peut s'aider de l'art d'Aristote et de la
dialectique. Celle-ci est d'ailleurs un don de Dieu
qu'il faut utiliser au service de la foi.

De proche en proche, la position calviniste
accepte dans la pratique ce qu'elle condamnait dans
la doctrine, et s'applique à l'élaboration d'un art
de la rupture, de l'emphase, de l'excès. Bèze en est
un exemple étonnant: si on a pu parler chez lui d'une
"rhétorique de la simplicité" (37), on peut aussi
voir, avec Mario Richter, "un certain effort pour
transformer une pensée explicative et didactique,
pour lui donner une couleur nouvelle, un mouvement

bref, accidenté, asymétrique, d'après la "mode" qu'affectionna la maison de Navarre" (38). L'écriture, pour Bèze et Du Plessis, est elle-même le lieu d'une lutte contre soi-même, et devait laisser un sentiment de mauvaise conscience: "A moi, mon langage ne me plaist qu'à me desplaire", dit Du Plessis dans l'introduction de ses Méditations, en ajoutant par une dernière contradiction: "...si ce n'est, Madame, qu'en ces Méditations je vous aie peu plaire, peut-estre, en me desplaisant" (39).

En revanche, Sponde ne supporte pas ce poids doctrinal: il n'a pas renié la culture humaniste, l'art de la rhétorique, l'art de la démonstration rationnelle. Il constitue un discours qui est, certes, un instrument, mais qui se sait indispensable, qui avance dans un présent constructif. Les significations se tissent, les mailles du texte retiennent en elles une vérité silencieuse et rayonnante, qui se "communique" au delà de lui, mais grâce à lui, sans le dépasser vraiment. Avant d'aborder cette question plus particulière à notre auteur, il nous faut examiner les rapports que sa parole entretient avec le silence, dans l'optique des Protestants. Il existe en effet un silence coupable, et un silence devant lequel la parole est coupable.

2) Parler contre le silence

Sponde se réclame d'une parole forte et efficace, d'un devoir parler. Il n'a pas le droit de rester silencieux (40), à une époque où la neutralité est impossible, où tout acte (parler ou ne pas parler) est engagement; se taire, c'est "estouffer la gloire de Dieu":

"C'est icy, Seigneur, où je ne me puis taire. Je me tay pour n'oultrager point la main qui me frappe, mais il faut que je parle de celle qui me guérist:

si je n'en parle assez, ce peu vaut encore mieux qu'une malicieuse taciturnité" (p.213).

Il accuse Dieu même de ne pas parler, et de sembler approuver les crimes des infidèles, au lieu de les châtier: "Je me plain, ô Dieu, de ta connivence (...) Si tu le vois, que ne parles-tu? Et ton silence, Seigneur, n'est-ce-pas un consentement?"(p.163). Mais il se reprend, et continue d'appeler cette voix attendue:

"...je ne me plains plus de ton silence, mais je désire que tu parles. Car ta parolle est pleine de vertu, pleine d'efficace. Certes, Seigneur, parle, autrement tes brebis ne cognoistront plus ta voix, ta voix muette par si long temps: parle, dis-je, Seigneur..." (p.164).

Sa parole lutte contre le silence qui démissionne, et qui tue la foi vivante. Dans la Méditation sur le Ps.XIV, nous avons assisté à la naissance de la parole de prédication et à la fureur du convertisseur qui répond à la folie des incroyants; nous avons vu que cette réaction est inscrite en l'homme chrétien, et fait partie de son devoir: "Flatteray-je ceste malice par mon silence?"(p.103) dit Sponde, et ailleurs "Il ne faut point ensevelir la mémoire des bienfaits de Dieu (...). Ceux qui la desguisent, ceux qui s'en taisent sont à bon escient coulpables" (p.156-57). Il s'agit d'une problématique protestante que nous retrouvons par exemple dans les Tragiques. Agrippa d'Aubigné dans un texte célèbre met en garde les Justes, restés à la cour de Henri III, qui, même s'ils n'ont pas participé aux crimes, sont coupables par leur silence:

"Fuyez, Loths, de Sodome et Gomorrhe bruslantes, N'ensevelissez pas vos ames innocentes (...)
Vous estes compagnons du mesfaict pour vous taire" (Princes, v.1503-12, p.89).

Ce devoir parler explique tous les élans d'une rhétorique efficace: le Chrétien ne doit pas seulement méditer en lui-même, il doit se faire entendre et parler à voix haute.

3) Vers le Silence

Or, la parole de Sponde n'est pas seulement parole active, tournée vers le monde et prête à investir la conscience des autres; ou parole qui rejoint la parole originelle, se confond avec elle, et se laisse bercer par le chant sacré. Elle est aussi parole en attente au-dessus d'un silence; non pas le silence coupable de l'indifférence, de l'oubli, de l'absence, mais d'un silence essentiel (plein d'Etre), rempli d'une expérience vivante de communication totale.

Michel Jeanneret écrit que "la poésie religieuse la plus aboutie est celle qui se nie elle-même, et s'épuise à nommer l'innommable" (41). Et souvent, on considère que la poésie religieuse tend vers le silence, et n'est qu'une mise en condition en faveur d'un silence promis. Et en effet, la parole sacrée est très proche du silence: elle impose silence à la raison, et ne se donne, on l'a vu, que comme signe de la communication, du lien entre l'homme et Dieu, comme un signe visible, mais qui se vit véritablement de façon non verbale. Elle n'est pas une parole de lecture correspondant à nos outils exégétiques intellectuels, elle est parole vécue. Par là, elle est l'appui absolu, immobile et muet: elle est, et ne court pas (ne discourt pas) le long de l'axe temporel et dialectiquement tâtonnant du langage:

> "Tu veux, et je le sçay, que ta simple parolle
> Soit toute la raison qu'on cerche en ton eschole,
> Cest immobile appuy soustient ta vérité"
> (p.238, v.67-9, Stances de la Cène).

Le moment de la communion, c'est-à-dire de la rencontre avec le corps du Christ, se situe dans un blanc, entre deux strophes. Les Stances de la Cène s'organisent autour de cette coupure de parole, de cette épiphanie du silence, entre la prière par laquelle le fidèle se prépare à recevoir l'hostie, et

la joie de la communion reçue:
> "Mais, Seigneur, pour ne perdre en moy ceste
> largesse
> Fay-la-moy prendre mieux que je ne la comprens.
> (.......................................)
> Ha!   Que je suis heureux de sentir en mon Ame
> Les savoureux effects du zèle qui l'enflamme,..."
> (Strophes 13-14).

Le langage qui veut divulguer, communiquer aux autres cette expérience indicible ne peut procéder que par approximations, par métaphores,images, comparaisons: rappelons le texte de l'éblouissement mystique de la vision de Dieu, où Sponde évoque un jeu de clignements d'yeux dans le soleil, et essaie d'expliquer cette vision intime intérieure:
> "Si ne te voy-je point, car tu es invisible: mais la vivacité de mes pensées est la veuë que j'entens, et je te voy comme l'Ame peult voir l'Esprit" (Méd. p.133).

La perception la plus vive, la plus dense de Dieu est indicible. Allons plus loin: on ne peut entendre Dieu qu'en approfondissant son silence intérieur, tout au fond de soi, en devenant sourd aux discours multiples et pleins de "fiel" des hypocrites redresseurs de tort, pour accueillir la douce voix divine, la fragile voix de la vérité:
> "Voilà pourquoy je t'ay tendu mon oreille, et t'ay entendu en mon silence" (p.212).

La voix divine impose silence au discours humain, ou du moins, demande une écoute, un espace d'accueil.

Or, le silence sacré, silence de la foi, n'est pas le port idéal vers lequel dérive la parole de Sponde. Il est la force qui la motive, et qui l'anime.

*

B) La Parole accompagnée

1) Parler avec le Silence

Certes, le silence sacré anime la parole prophétique: nous retrouvons ici la théorie de la "fureur".
Au XVIe siècle, le poète se réclame de la fureur
divine. La théorie néoplatonicienne des quatre
fureurs (poétique, bachique, prophétique et érotique)
rendue célèbre par Ficin, et exposée par Pontus de
Tyard en 1555 (Solitaire Premier), finit par être
résumée toute entière dans la seule "fureur
poétique"(42) qui rattache le moment de la création à
une inspiration. C'est elle qui anima les premiers
poètes comme les prophètes. Pour Ronsard, la poésie
"Theologie allegoricque" , avait pour fonction de
divulguer les mystères divins, et la poésie hymnique
perpétue aussi ces mystères, et recrée le lien perdu
avec Dieu (43).
    L'écriture des Méditations se rattache tout à fait
à cette conception. D'ailleurs, pour Sponde aussi, la
poésie est théologique.
    La première partie des Prolégomènes à son
édition d'Homère est consacrée à la Poetica, nous en
avons parlé. La dignité de la Poésie vient de l'obscurité avec laquelle elle parle des choses sacrées:
elle doit être "énigmatique", comme la poésie
biblique elle-même. Le texte s'achève par une
apostrophe:
    "Je te salue, sacro-sainte Poésie, toi qui caches
    sous un si grand manteau de fables les trésors
    d'une science délectable ("mellitae doctrinae") et
    ne la révèles qu'à ceux qui en sont dignes. Si tu
    fais assez cas de moi pour m'admettre au nombre de
    tes mystes, jamais de ma vie je ne t'abandonnerai.
    Et de plus, je veillerai à ce que ton accès
    demeure fermé aux profanes" (44).
Le poète protestant tout en reconnaissant sa propre
indignité, se sent investi d'une mission par laquelle
il renoue avec la tradition biblique des prophètes

inspirés par l'Esprit Saint. La fureur poétique
retrouve la fonction prophétique, non pas en tant
qu'elle prédirait l'avenir, mais en tant qu'elle
exprime avec feu la louange de Dieu. Jean Bodin
précise ce second sens dans De la démonomanie des
sorciers (1580):

> "Le premier degré de la Prophetie est la
> revelation en songe... Le second degré de
> Prophetie, est quand quelcun aperçoit en veillant
> quelque chose, qui entre en son ame, qui le pousse
> à parler à la louange de Dieu, et de ses oeuvres,
> comme on dict que David alors composoit les
> Psalmes" (45).

C'est à cette définition de l'écriture prophétique
que semble correspondre la fureur poétique , selon
l'aveu de Sponde dans la lettre d'Août 1582 à son
frère Henri, alors écolier au collège de Genève:

> "Lorsque j'ai lu les Psaumes récemment, je ne sais
> quelle fureur poétique m'a tout de suite envahi, à
> ce point que je n'ai pu retenir ma plume, et m'a
> donné tant de plaisir que je ne me suis arrêté à
> un seul effort. C'est en vers latins que j'en
> écrit (sic) plusieurs que j'avais choisis..."
> (46).

Cette fureur vient de Dieu lui-même: "fureur sainte,
dont l'odeur parvienne jusqu'à toy, qui l'as allumée
et qui ne l'esteindra jamais" (Méd. p.103). Sponde
en décrit les effets comme d'un feu qui s'empare de
lui:

> "Ceste langue de feu que tu me donnes, consume
> tout, je suis tout embrazé de ton zèle, et mes
> propos ne seront désormais que feu" (p.163).

Il inscrit son oeuvre religieuse sous un exergue
révélateur: "A la mienne volonté que tout le peuple
du Seigneur fust Prophète" (p.93).

Néanmoins, de cette théorie de la fureur, Sponde
tire une expérience personnelle de la présence sacrée
dans l'écriture.

Ce n'est pas une extase prophétique, un délire

au cours duquel sa parole serait investie par la
parole de l'Autre (47): la fureur qui l'anime lui
donne le ressort nécessaire, le désir et non le
contenu. Le feu soutient ses propos, en est le moteur
(il a été allumé par Dieu), mais c'est la force
interne de leur création qui est inspirée, et non le
résultat extérieur de leur expression. L'élan de la
parole est en contact diffus, dans les profondeurs de
sa naissance, avec la volonté divine dont la
puissance lui donne vie. En cela, l'idéal prophétique
n'est pas celui d'une parole habitée, mais bien d'une
parole accompagnée.

2) Parler au-devant du Silence

Cette parole est doublement accompagnée: elle est
parole avec le lecteur, et parole avec Dieu.

En effet la voix puissante qui appelle les brebis
égarées ou endormies les entraîne peu à peu dans un
chant de communion. Il ne s'agit pas seulement de
convertir, mais de rejoindre la parole de Dieu, et de
prier avec la muette parole sacrée. C'est
l'itinéraire inscrit dans la structure profonde des
Méditations.

Nous avons déjà vu combien l'orateur s'efforçait
d'amener pas à pas au moyen de raisonnements
philosophiques son auditeur à découvrir de lui-même
le verset du Psaume, et à le comprendre en
l'intériorisant. En fait il tend à ce que les deux
voix coïncident: la sienne (doublée de celle du
lecteur) et le chant du Psaume. Après avoir montré à
l'homme "des abysmes" sous ses pas, et l'avoir plongé
dans la frayeur, il renverse son discours, sans
transition, pour découvrir la douceur de la
Miséricorde (p.179); il joue non seulement sur
l'émotion de l'autre, mais sur le renversement des
émotions, de la terreur à la reconnaissance infinie,
à la faveur duquel fait irruption la présence de la
Grâce ineffable, enfin "prise" dans le souffle de la

phrase:
   "Il t'espouvante, mais c'est pour te raffermir
   quand tu auras tremblé, pour essuyer tes larmes
   quand tu auras gémi, pour te consoler quand tu
   auras esté désolé" (p.179).
Tout le discours de conversion et sa rhétorique de la
terreur est mis en perspective: les termes sont
présentés dans l'ordre inverse, la douceur avant la
souffrance, indiquant qu'il fallait lire le
discours précédant selon la visée d'amour dont il
témoignait de façon implicite. La parole de persuasion
cache, en creux, le signe de l'amour divin, elle est
quelque part en relation avec une poésie de l'Etre,
de l'épiphanie de la Grâce et de la foi, qui ne
demande qu'à apparaître. Cette parole poétique se
veut un tremplin pour le surgissement de
l'incommunicable, de l'indicible (l'émotion de la
peur renvoyant à l'émotion de l'Amour).

   Et justement, cet indicible dont l'entrevision est
l'origine du "plaisir du texte" selon Barthes, et ne
peut qu'être deviné comme sous-jacent à un texte
conforme, --sans jamais apparaître par définition--,
ici apparaît. Cet indicible dont le texte attend
l'épiphanie se dit dans un texte sacré, visible,
réel, formulé: Dieu parle! La citation du Psaume
correspond à la réalisation de la poésie, à la
saisie de l'insaisissable. La parole impossible,
réalisée, dépasse alors le degré poétique pour
rejoindre le sacré. Certes, la parole sacrée n'est
pas de celles qui se donnent clairement à la
conscience logique: elle seule a le pouvoir de se
dire sans réintégrer le discours sage: c'est une
parole qui est, qui existe à notre perception
sensible et spirituelle, et dont la révélation
n'altère en rien sa puissance d'être absolu.

   Qui plus est, cette parole n'est pas rapportée,
surgie là, totale et étrangère à un discours qui n'en
serait que le support étonné. Elle est accompagnée de
ce discours, et à son tour l'accompagne. Elle est
parole avec:

"Escoute donc, car voicy, l'Eternel articule ses
plainctes avec toy. Escoute, car luy-mesme parle.
Voilà sa voix, dont je t'ay tantost menacé,
    Escoute, mon peuple, et je parleray, Israël,
et tu me seras à tesmoing: Je suis Dieu, ton Dieu"
(p.180).

Le premier verbe,"escoute", est un moyen de mettre en
scène la citation, ce qui répond à une fonction
théologique importante: réaccorder le monde à la
réalité spirituelle, les mettre en condition
d'approche, les réajuster alors qu'un abîme les
sépare. Mais on s'aperçoit qu'il est parallèle à
celui du verset. Dieu reprend le même appel:
"Escoute...et je parleray".

Ce n'est pas de la paraphrase biblique, c'est
l'aboutissement d'un long cheminement jusqu'à la
coïncidence et au parallélisme. De la même façon,
lorsque l'orant incorpore à son texte des phrases ou
des images bibliques, elles ne sont pas des
références; il ne leur fait pas place, mais les
réinvestit, et leur redonne vie. Il s'en nourrit, et
parce qu'il ne s'efface pas en elles, il les charge
d'une valeur émotive personnelle. Car la parole
sacrée est une parole vivante, qui doit se
développer, produire une prière à l'intérieur de
laquelle la vie humaine et l'Etre divin
s'accompagnent mutuellement (voir par exemple le
parallélisme entre Jacob et l'orant dans un passage
où les deux imaginaires se confondent dans l'image de
l'échelle de la foi, p.210).

La parole avec le silence dense de la communication
se transforme: elle devient chant de louange. Le
devoir-parler appelle un devoir-louer. Le sacrifice
qui plaît à Dieu, c'est la joie du chant de louange,
c'est-à dire non pas le don d'un produit humain, mais
de ce qui déjà témoigne du lien entre l'homme et
Dieu. En effet, cette louange et cette joie sont un
cadeau de Dieu, qui demande que l'homme le rejoigne
par une sorte d'écho d'amour:

"Tu veux donc certes Sacrifice , mais un Sacrifice

(...) qui soit tien et non pas des hommes. Les
hommes sacrifieront, mais ce ne sera rien du leur,
car tu leur donnes la matière. Et quoy? Louange.
Tes oeuvres, tes biens, ta grandeur, ta puissance,
finalement tes indicibles perfections sont le
subject de ta louange. Tu nous redemandes donc ce
qui est à toy. Il te faut louër, pour te faire un
Sacrifice agréable" (p.192).

On ne peut dire l'indicible, parler le silence, que
dans une parole accompagnée:

"Ouvre, di-je, mes lèvres, mais ouvre plustost les
tiennes, et parle à moy: mais ouvre mes oreilles à
fin que je t'escoute: et ouvre encore mes lèvres
et j'anonceray ta louange..." (p.193-94).

Car il est une autre dimension de cette parole
religieuse en suspens. Certes elle est en attente,
toujours en deçà d'un silence plus intense qu'elle,
mais peut-être est-elle aussi d'une certaine façon en
communication de l'intérieur avec ce silence.

Pour Sponde, la méditation est plus qu'une
étape préparatoire en vue d'une contemplation,
qui la dépasserait. Elle est le soutien tendu de
cette contemplation. Méditer, nous l'avons vu,
c'est maintenir par un effort intellectuel un état de
lucidité intérieure qui donne vie et densité à la
vision (48). La parole méditationnelle tend vers
la densité et la concentration verbale: elle
tend à la limite, à la puissance absolue d'un seul
mot, qui est comme le résultat ultime du
perfectionnement de la communication totale. Il
s'agit donc de donner à ce mot toute la force
possible du sens. Se taire en Dieu ("mon ame, tay-toy
en Dieu", p.220), c'est approfondir une parole
tautologique:

"...dy tousjours, mais avec ardeur, avec zèle,
avec foy,

(citation du verset)

Tu l'as desjà dict: mais ne t'ennuye point de bien
dire, à fin que Dieu ne s'ennuye point de te bien

faire. Et je te diray encore plus que tu n'as
dict. Ces propos que tu as desjà prononcez sont si
véritables, que quand tu y as appliqué ta bouche,
tu as compris tout ce qui appartient à ta
délivrance. Je dy tout, et n'exclus rien de ceste
généralité. Suffist que tu croyes comme tu
parles..." (p.220-21).

Tout le discours se concentre dans ce ressassement
qui maintient la communication. La parole de la
méditation est comme débordée par la puissance de
sens, que quelques mots, en fait, suffiraient à
évoquer:

"Mon Dieu, je ne trouve pas assez de parolles pour
tant de matière, je restrain en quatre mots ce que
je discours sans fin à part moy-mesme, il n'en
failloit encore qu'un pour ton unité. Tu es mon
Dieu, c'est tout ce que j'en debvoy dire..."
(p.223).

Ailleurs on retrouve le même désir d'une parole de
cri, qui soit forte du silence sacré, pour laquelle
l'abondance soit équivalente à la puissance de la
concentration, parole enfin où le cri exprime le
silence:

"Si je rumine ton Essence, c'est un abysme des
abysmes où je m'enfondre, et quand je puis
respirer de ce travail, je ne respire
qu'estonnement, et le dernier travail engloutit le
premier. Un seul mot sort de ma bouche, et l'air
en retentist, et ne cesse de crier en mon
ravissement, Dieu est grand" (p.133).

Ce paradoxe n'en est pas un. En effet, le discours
"sans fin" est une nécessaire mise en scène de la
découverte de la signification du mot total et
unique: en cela, il assume la dimension temporelle de
l'intellection. D'autre part, le mot une fois trouvé
n'est pas oublié pour laisser la place à une extase
mystique, à une fusion hors langage: le ressassement
est aussi constitutif de la signification épanouie,
—ou plutôt à ne cesser de faire s'épanouir. Les deux
démarches, préparation et jouissance de la

communication, ont un point commun: la temporalité du discours.

Certes il ne s'agit pas d'un discours "littéraire", ni d'un témoignage (confessionnel) scrupuleusement enregistré, mais d'une parole offerte, perpétuellement en avant d'elle-même. Elle est au-devant d'un silence à venir, qu'elle ne peut rencontrer qu'en se perpétuant, en se développant en discours parlé. En effet, la parole méditationnelle de Sponde est prononcée, orale. L'organisation du système dialogique permet de faire surgir un auditeur; et transforme le lecteur en témoin (ou acteur) d'une discussion. Cette oralité efface le caractère figé du discours, son éternité artificielle. La parole avance, ne vit que dans l'instant, toujours au bout d'elle-même, là où elle côtoie le silence.

Car un silence donné au départ serait néant. Un silence obtenu à la fin d'une préparation ne serait dense qu'au moment de son surgissement, qui ensuite aboutirait à une fusion anéantissante.

La parole de Sponde poursuit le contact avec ce silence. De même que la liberté n'existe pas sans un minimum de contraintes qui lui permettent de s'exercer, et que l'oiseau éprouve l'ivresse du vol grâce à la résistance de l'air (Jaspers), de même, le silence de la communion intense ne peut se rencontrer que tout contre une parole qui le crée en avant d'elle-même, et que ce silence à venir attire, informe et soutient.

L'orateur maintient dans la durée ce contact dangereux, menacé, mais brûlant, avec le silence sacré. Il sait utiliser les pauses dans son discours, discours fragmenté et pourtant continu , où le morcellement des questions-réponses est porté par une période sous-jacente. La voix est indissociable du silence de la respiration, du souffle qui l'interrompt, et en même temps la nourrit, lui donne vie. Si la gloire de Dieu est indicible (Sponde ne cesse de s'avouer indigne de son projet), la parole, toute imparfaite qu'elle est, frôle cet indicible, le

touche en avant de sa temporalité, grâce à cette
imperfection même qui rend nécessaire l'étalement
dans le temps.

Loin de mépriser cette parole au profit d'une
fusion qui la consumerait, Sponde cultive le contact,
rendu possible par la différence entre la communication verbale (humaine), et la communion absolue indicible (divine). C'est une parole pénétrée de silence,
parcourue de ce souffle créateur dont elle a pour
seule fonction et seule valeur de favoriser la
présence. Pourquoi la parole plutôt que le silence,
demandions-nous? Parce que la parole repousse sans
cesse son propre silence, et touche sans cesse le
silence vivant et brillant de la transcendance. Du
coup, cette parole est revalorisée dans son
imperfection: elle n'a plus honte d'un statut de
"préparation", car elle fait corps déjà, à elle
seule, avec ce à quoi elle prépare. Elle se sait lieu
de contact, en son présent extrême, et s'accepte
comme lieu d'exercice. Si la parole parlée est tout
entière présent de contact, et se manifeste surtout
dans la prose , la parole écrite (les poèmes) assure
la constance du discours relationnel,. dont le désir
sinon serait variable, et la tension intermittente.
Sponde distingue l'écriture de la parole vive. Dans
un sonnet d'amour, il se plaint de l'absence de
l'aimée, qui l'oblige à écrire alors qu'il voudrait
avoir une relation réelle:

> "Escrire est peu: c'est plus de parler et de voir,
> De ces deux oeuvres l'une est morte et l'autre
> > vive.
> Quelque beau trait d'amour que nostre main
> > escrive,
> Ce sont tesmoins muets..." (st.VI, p.54).

Mais à la fin, il se reprend: que l'écriture, dit-
il, soit le relai qui permette de triompher du temps
de la séparation par la constance dont elle
témoigne; sans ces aides imparfaites que sont les
mots écrits, le temps serait victorieux de l'Amour:

"Escrivons, attendant de plus fermes (constants)
plaisirs,
Et si le temps domine encor sur nos désirs,
Faisons que sur le temps la constance domine".
L'écriture est le garant de la continuité d'un
discours (amoureux) et de sa constance, menacées par
le temps destructeur ("L'Amour mourroit de faim et
cherroit en ruine"). On peut cependant donner à ce
sonnet une portée plus vaste, et considérer qu'il
s'applique à toute l'écriture de Sponde, même
religieuse, d'autant qu'il commence par "Mon Dieu.."
(49).

L'oeuvre poétique correspond à une acceptation
de l'écriture, et se situe en fait à un stade plus
avancé de cette expérience de la communication du
silence: il s'agit de parler au delà de
l'écriture-exercice. Le discours peut continuer, à la
limite même du jeu, tenant à distance les références
culturelles littéraires sur lesquelles il s'appuie,
parce qu'il s'est donné à lui-même la valeur absolue
d'être le lieu d'une attente et d'une rencontre avec
la transcendance.
Ainsi, la parole reproduit le cours de la
conscience (la conscience "commune" du locuteur comme
locuteur intérieur). Elle va au-devant de Dieu (de la
parole sacrée), par tous ses moyens: rationnels,
dramatiques, rhétoriques. Lorsque l'irrationnel l'a
pénétrée, et qu'elle est parcourue en profondeur de
toutes les citations et allusions bibliques, de
toutes les résonances de significations religieuses,
elle rejoint la source de sa création: elle est
animée par une force interne, où elle communie avec
l'Etre (le Verbe) en expansion. Elle ne peut alors
que __manifester__ dans le débordement cette joie
irradiante qui la porte et la transporte:
"Voylà, vostre conscience est vostre autel, et la
louange de Dieu le sacrifice. Mais ceste louange,
n'est pas une vague et importune confusion de
parolles, c'est une âme qui est vivement embrazée

de la gloire de Dieu, qui l'embrasse, qui
l'estreint, qui la chérit, et en pense encore plus
qu'il n'en sçauroit dire: un coeur qui se voüe
entièrement à Dieu, qui n'en recognoist point
d'autre, qui confesse que toutes les richesses
qu'il possède, Dieu les luy a baillées, que son
secours et son recours est en Dieu..." (p.193).
Sponde prend bien garde d'opposer à sa prière
méditationnelle une effusion ("confusion de
parolles"), qui se dissiperait aussitôt, et ne
sonnerait pas juste ("importune"). Sa parole est une
parole d'amour, offerte encore au delà de l'amour. La
communion de l'étreinte continue à s'épanouir, le
langage, au fur et à mesure de son écoulement, retrouve
les sources d'un flot nouveau qu'il parvient à peine
à contenir ("en pense encore plus qu'il n'en sçauroit
dire"). Le serment d'amour et de foi est sans cesse
relancé: "un coeur qui se voüe (...), qui n'en
recognoist (...), qui confesse que toutes les
richesses (...), que son secours et son recours est en
Dieu". La succession des propositions est la
traduction syntaxique de la libération prolongée d'un
feu intérieur, qui engendre la parole de louange
chantante ("son secours et son recours"), dans son
union avec la transcendance intérieure. Le discours
de Sponde ne souhaite pas se fondre dans le silence,
mais s'épuiser et se renouveler dans le contact avec
ce silence. Son écriture, même oratoire, maintient la
contiguïté d'une parole et d'un silence en création
réciproque, en création partagée.

La rhétorique des Méditations définit une poétique
de la parole religieuse. Nous avons analysé ici une
dimension particulière du langage religieux, qui vaut
pour la prose comme pour la poésie. Chez de nombreux
auteurs protestants, le lien entre la parole et le
silence sacré est convulsif, rempli de hiatus, de
décrochements. Chez Sponde, il est continu et serein:
il est sa cohérence intérieure. C'est bien ce rapport

profond qu'il fallait considérer, afin de mieux discerner la signification de formes superficielles apparemment semblables. Le langage en effet a trois dimensions: la dimension discursive et les formes rhétoriques; la dimension paradigmatique où se mémorise et se crée un imaginaire signifiant (imagé et/ou conceptuel); et une dimension relationnelle, qui perce l'objet esthétique autarcique et l'anime de l'extérieur, dans l'épaisseur d'un silence attentif. Le Silence relationnel redéfinit chaque acte de parole: silence du locuteur avec le lecteur, silence du locuteur et du lecteur avec la troisième présence, Dieu. Les failles déterminantes ne sont pas celles du langage mais du silence, qui assure (ou non) la cohésion de l'ensemble, et qui donne "l'accent stylistique" particulier de chaque création littéraire (quelle sorte de faille? quelle sorte de contact?) (50). La parole de Sponde sermonnaire ou poétique n'est pas "inspirée", ni habitée, ni lancée à la quête de quelque chose qui lui "manquerait"; elle se sait "touchée" de l'intérieur par une présence constante qui la soutient, et qui la fait avancer toujours plus loin, mot contre silence.

CHAPITRE 4

POESIE SUR LA MORT :
"... COMME UN PORT A LA FIN
DE L'ORAGE "

La poésie religieuse de Sponde offre aux mêmes thèmes et aux mêmes notions que les Méditations, auxquelles elle est liée, une forme à la fois plus et moins figée. Elle contraint, par la fixité formelle, à une simplification conceptuelle, et à un morcellement de la parole. Mais les unités ainsi limitées sont à chaque fois dynamiques, dans la mesure où elles font apparaître le mouvement fondamental de l'écriture et de la pensée de Sponde: le passage du mondain au spirituel, l'évolution intérieure d'une conscience exemplaire. Chaque poème est un tremplin de conversion.

D'autre part, la stylisation des notions épure la représentation, et permet davantage la "circulation" conceptuelle et thématique dans ce qui est un même espace poétique. Mais les Méditations nourrissent de l'intérieur ces représentations, et la parole sermonnaire point souvent. Le ralentissement poétique oblige à une concentration introspective, un approfondissement de l'essentiel, et à une accélération du rythme de la conversion.

Les Stances de la mort, publiées à la suite des Méditations, sont elles-mêmes comme l'ouverture mmusicale des "Sonnets sur le même sujet". En effet, elles contiennent le dessein général de la pensée de Sponde dans son mouvement, que les sonnets reprendront à leur dimension. Mario Richter voit dans les douze sonnets les douze strophes d'un seul "poemetto", et tous les commentateurs ont remarqué la profonde unité de cette oeuvre. Mais ils ont cherché un ordre linéaire dans leur composition (1). Or il nous semble que les Stances donnent la clé des Sonnets, qui, déjà esquissés ici et là, correspondent à une fragmentation: fragmentation formelle, soutenue par une trame spirituelle unique. Chacun exploite tel aspect particulier de l'itinéraire, mais est aussi comme un miroir reflétant le même cheminement profond. La forme poétique des "stances" est elle-même fondée sur le principe d'une unité lyrique fragmentée par des pauses entre chaque couplet (d'où le nom "stanza") (2). Il s'agit d'une forme poétique nouvelle, venue d'Italie au XVIe siècle et mise en vogue par Desportes; elle concerna d'abord les sujets amoureux (Jacques de Constans écrivit des Stances en 1567-68, D'Aubigné en 1572), puis elle passa à la littérature religieuse (3).

Les Stances et les Sonnets sont inséparables, c'est pourquoi nous allons souvent renvoyer des unes aux autres, à la recherche de cette pensée fondamentale qui les sous-tend.

Dans cette poésie, la Mort est le signe et l'appel de la conversion. Elle est un "signifiant" métaphysique et correspond à la spiritualité rendue perceptible à l'humanité: le lieu paradoxal où les "ordres" hétérogènes sont en contact instantané. Nulle complaisance macabre, nul arrachement tragique. La mort est le port enfin trouvé, qui installe la paix et l'espoir au coeur du Chrétien isolé.

L'itinéraire de la conversion est aussi celui du détachement. L'itinéraire du détachement est celui de la vraie vie.

*
* *

I. LES STANCES

Les Stances donnent à lire dans leur structure non seulement un itinéraire personnel, mais le mimodrame d'un itinéraire spirituel, vivant et dramatisé. Elles révèlent aussi une vision personnelle de la condition humaine, une étonnante vision de cauchemar, et pourtant elles sont habitées par un rêve de l'autre monde, aux "plus vives lumières", qui paradoxalement fait que ce poème de la mort cache, comme un secret, l'élan d'espoir et de Joie le plus fort de l'oeuvre de Sponde.

*

A. Itinéraire

1) Un itinéraire spirituel

Un monologue ouvre et clôt le poème, dessinant un cheminement intérieur. Le "je" des quatre premières strophes renvoie à l'auteur, qui donne une précision biographique: "mes tendres années"... (str.2), et semble faire part d'une expérience personnelle:
"J'ay veu comme le Monde embrasse ses délices,
Et je n'embrasse rien au monde que supplices..."
(str.3).
A la fin, le monologue s'épanouit en prière (str.23-24):
"Mais dispose, mon Dieu, ma tremblante impuissance
(...) Si tu veux que je vive encore, je le veux".
L'espace ainsi ouvert laisse apparaître l'évolution d'une conscience, seule face à Dieu, déroulant ses interrogations sur la vie et la mort, et manifestant sa foi et son amour de Dieu, dans le sacrifice total. Cette évolution, elle-même exemplaire, prend modèle sur la prière du Christ au mont des Oliviers: cette prière (prière par excellence), permet

une "conversion", correspond à un moment de faiblesse humaine où l'angoisse de la mort, que ressent le Christ dans son humanité, est surmontée par la foi et l'acceptation de la volonté divine. A "ta volonté et non la mienne", fait écho "Si tu veux que je vive encore, je le veux" de Sponde. Cependant ici, l'itinéraire est plus complexe, car la peur de la mort et son acceptation n'est qu'une illustration des luttes de la Chair (partie mondaine de l'homme) contre l'Esprit, insérée dans l'itinéraire inverse qui, lui, s'ouvre d'emblée sur le dégoût de la vie, et s'achève sur l'acceptation de la vie et non de la mort. Mais la signification est identique: il s'agit de se dépouiller de soi (de sa volonté de vivre ou de ne plus vivre en ce monde), et de se soumettre entièrement à la volonté de Dieu (que nous devions mourir ou même vivre).

Car il s'agit d'un itinéraire de prière, mais aussi d'une initiation, au cours de laquelle les valeurs sont inversées: la vie est la vraie mort, et la mort la vraie vie:

"Car ce ne m'est que mal que la vie imparfaicte
Qui languist sur la terre, et qui vivroit aux
                                        Cieux" (str.23).

La présence de cette vraie vie à l'horizon obscurcit tout ici-bas, et donne une vision du monde en négatif, parce que le poète a été amené à voir une autre réalité. Dans le schéma narratif mythologique du héros à la conquête de soi-même, la succession des combats (des aventures), et des errances sont des épreuves au cours desquelles il se découvre autre, et accède à la vérité. A la fin des Stances, il y a eu une double évolution: le "héros" ou l'initié a surmonté les combats de la chair et de l'esprit par l'appel de la mort; et il a surmonté son désir même de la mort (et son dégoût initial de la vie), par l'acceptation de la vie. La vie est un mal, mais un mal béni puisqu'il achemine l'homme vers Dieu. Le parcours initiatique a réussi: le héros a découvert une surréalité; il a vaincu ses deux ennemis (peur de la mort, peur de la vie); et il est devenu autre. Sa seconde naissance (intérieure), se produit dans l'acceptation de la vie ("appren moy de bien vivre"), déjà annoncée comme un idéal (dépouiller le vieil homme et laisser monter la nouvelle sève):

"Toy, mouëlle d'un festu, perce à travers l'écorce, Et, vivant, fay mourir l'escorce et le festu", (str.16).

Cependant, cet itinéraire personnel ne se présente pas sous la forme d'un récit ou d'un monologue suivi: le monologue laisse la place au drame, ou plutôt au mimodrame.

2) Mimodrame d'un itinéraire spirituel

Pour en saisir la véritable originalité il faut se reporter à la mentalité de l'époque. Alors que le drame est la représentation d' une action extérieure (même symbolique), le mimodrame est une façon d'exprimer aux autres les tensions intérieures, et de les résoudre. Il s'apparenterait au "psychodrame" collectif, mais tandis que celui-ci se veut médical, sérieux, thérapeutique, le mimodrame du XVIe siècle résout les conflits dans l'esthétique. Prenons un exemple contemporain. Henri III était parti pour Saint-Germain avec une troupe d'intimes, sous un prétexte de santé, laissant la reine Louise de Lorraine à Blois. Elle organisa, le 19 Fév. 1581, une sorte de ballet, qui comportait deux parties: ses suivantes déguisées mimaient d'abord le deuil, puis reparaissaient élégamment vêtues, et dansant joyeusement. Cette mascarade signifiait que la reine avait décidé de renoncer à son chagrin d'épouse délaissée (4). L'extériorisation des mouvements psychiques était donc familière aux gens du XVIe siècle, et indissociable d'une forme socialisée. Cet exemple, étonnant pour nous, devrait permettre d'apprécier à une plus juste valeur la tendance

naturelle à la dramatisation que nous rencontrons
dans la pensée et la sensibilité de Sponde, même si
elle se manifeste dans un poème religieux. Marie-
Madeleine Fragonard observe justement que dans la
seconde moitié du siècle, et malgré une insistance
sur la recherche personnelle et l'individualisation
de la piété, "...la poésie religieuse devient une
institution, une pratique sociale consacrée, voire un
exercice de groupe" (5).

En effet, l'itinéraire intérieur se transforme en
psychomachie. L'espace psychique préalablement ouvert
devient l'espace d'un affrontement entre des
personnages distincts. Mais les personnifications,
parfois très fugitives, ne sont pas des allégories
comme au moyen âge: elles servent simplement à saisir
les mouvements de l'âme. C'est une tendance naturelle
de la pensée et de la sensibilité de Sponde, qu'on
trouve dès le début comme instrument du monologue
lui-même dramatisé:

"Mes yeux, ne lancez plus vostre pointe esblouye"
(v.1).

Les forces en présences sont les Cieux, contre le
Monde. Le Moi, théâtre du combat se range du côté des
Cieux et reproduit le conflit à sa mesure: l'Esprit,
(ou la marque du Créateur en lui, repérable à son
désir d'infini), contre la Chair (ou la partie de
lui-même qui est inscrite dans le monde, et qui
comprend à la fois le corps, l'intelligence et
l'imagination) (6). Ce combat intérieur est aussitôt
extériorisé par la création d'un élément objectivé,
dissocié du sujet:

"Mais je sens <u>dedans moy quelque chose</u> qui gronde"
(v.25).

Le poète décrit alors une véritable guerre, parle de
"partis", appelle l'aide de Dieu (str.6 et 7); et
emploie un langage militaire:

"Ne crain point, mon Esprit, d'entrer en ceste
Lice,
Car la chair ne <u>combat</u> ta puissante justice
Que d'un <u>bouclier</u> de verre et d'un bras de roseau:

Dieu t'armera de fer pour piler ce beau verre,
Pour casser ce roseau; et la fin de la guerre
Sera pour toy la vie, et pour elle un Tombeau"
(str.10).

Ce combat prend par là une dimension épique. L'ambivalence d'une parole qui tend à la fois vers
l'intérieur et l'extérieur oblige à une lecture
superposée d'un parcours initiatique et de sa version
extériorisée, qu'est le parcours "en acte" du héros
épique. Le poète prend ainsi possession du drame, le
domine, en adoptant le point de vue des dieux qui
dirigent les combats, et supprime l'épaisseur psychologique du personnage considéré uniquement comme rôle.
Il rejette le tragique du drame intérieur dans
l'épique, par délégation des rôles: le "je" devient
"tu". L'Esprit est le héros délégué, il renvoie à
tout le personnage (pas seulement aux forces
spirituelles), en tant que celui-ci est tout entier
absorbé dans sa fonction de combattant contre la
chair. La Chair n'est plus alors une partie de lui,
mais la figure de la Nécessité extérieure: le texte
oppose "mon Esprit" (toi), à "La chair" (elle).
   Pourtant le combat intérieur extériorisé est bientôt
réintériorisé, lorsque le narrateur ne décrit plus à
son champion les actions dont il est spectateur
("J'ai bien veu sauteler les bouillons de ton zèle"
str.14), mais qu'il réouvre l'espace du monologue
intérieur:
   "Que cerches-tu...?" (str.15).
Le héros délégué de la distanciation épique a échoué,
ayant fait preuve de faiblesse, mais la parole épique
prend la relève. Le poète réinvestit son texte,
dépassant le surcroît de "représentation". En effet
l'epos est parole d'action; non seulement elle
raconte une action, mais elle est action à elle
seule: l'exhortation au combat devient une façon de
lutter. On s'aperçoit en effet que la lutte n'est pas
de l'ordre du sensible (de l'esprit contre la
sensualité en particulier), mais de l'ordre du

discours et des arguments. Le véritable combat est
une logomachie. La Chair elle-même essaie de séduire
l'Esprit par un discours, elle est raisonneuse. Du
vers 40 à 48, le poème incorpore à son texte le
discours de la Chair, par un mélange stylistiquement
hybride du discours indirect et indirect libre.
L'assertion du vers 42 et la question perfide "Hé!
Deffairois-tu donc ce que tes mains ont faict?"
(v.48), qui semble clore un syllogisme ("si c'est ta
main qui façonna le Monde...") sont des phrases de
l'autre, que Sponde tient à distance par une ironie
méprisante. Il en marque la fin et s'en sépare par le
présentatif rétroactif "voylà":
     "Voylà comme l'effort de la charnelle ruse
De son bien pour son mal ouvertement abuse".
Ainsi, la "charnelle ruse" (7) n'est pas la
sensualité mais la tentation du scepticisme, l'effort
de la raison pervertie qui sème le doute, et pourrait
conduire à un matérialisme sans espoir, à une vie
déçue à l'avance qui a renoncé à la spiritualité. Les
Méditations décrivent aussi les effets de cette
chair, "desloyale, soupçonneuse, meffiante à
merveilles" (p.223), qui se contente d'un
matérialisme tranquille et fermé et rejette la foi
dans le domaine de l'idéalisme et de l'utopie. Sponde
lui prête alors un discours direct:
     "Il luy manque toujours quelque chose, et quelque
     plénitude que je luy propose en toy, je ne la
     sçauroy contenter, si je ne luy en dresse l'estat
     et les articles, encore m'accuse-t-elle de
     négligence, de crédulité. Ces propos de Dieu sont
     beaux, dit-elle, mais si faut-il mettre la main à
     la besogne. Il faut que j'advouë que sa raison a
     de l'apparence; mais aussi, Seigneur, je cognoy où
     elle m'attire" (p.224).
Les étapes du combat,--inséré on le rapelle dans un
monologue--, sont les suivantes: définition des
forces en présence (str.5-6); faiblesse de l'homme,
due à l'intelligence de la chair (str.7-8) et à la
faiblesse de l'esprit (str.11 à 14), pourtant soutenu

par une parole guerrière (str.9-10); mais la force du discours contre la charnelle ruse finit par triompher en démasquant les illusions (str.15 à 18), et en appelant l'au-delà (str.19 à 22).

Les Stances présentent donc un itinéraire spirituel qui prend la forme d'un mimodrame, au cours duquel le poète devient lui-même à la fois héros et initié, tout en se donnant comme conscience "collective", en résonance avec les autres consciences:

"O la plaisante mort qui nous pousse à la Vie..."
(v.109).

*

B) Cauchemar et mélancolie

1) A Rebours

Le combat à lui seul engage une vision de la condition humaine, qui est commune à de nombreux Protestants (pour Du Plessis-Mornay la vie est une guerre...). Dans le monde, toutes les valeurs sont inversées, tout est perverti.

Sponde prend d'emblée le point de vue à partir duquel le monde est un négatif. Il se tient sur la crête, sur le seuil d'où il voit l'envers des choses, sans pouvoir encore bien distinguer l'au-delà: position instable certes, mais qui lui permet d'avoir une image paradoxale de l'homme et du monde. Par rapport à la lumière de la vérité, la lumière du monde devient ténèbres:

"Sillez-vous, couvrez-vous de ténèbres, mes yeux
(...) sortant de la nuict vous n'en verrez que
mieux" (str.1).
Le monde, par l'intermédiaire de la chair, transforme le bien en mal, intervertit les valeurs. La chair prétend que tout doit être ramené à elle, c'est-à-dire que l'ouvrage est la fin absolue du Créateur: le

jeu de miroir entre le monde et Dieu (puisque l'homme a été fait à Son image), finit par inverser les rapports. La symétrie, source d'illusion et d'inversion, est reproduite dans le vers par l'inversion de l'ordre des termes, qui permet le rapprochement des mots "Beauté", et va être l'occasion de l'assimilation abusive:

"Et puis si c'est ta main qui façonna le Monde,
Dont la riche Beauté, à ta Beauté responde,
La chair croit que le Tout pour elle fust
                                    parfaict" (str.8).

Que le monde soit une grande illusion, les verbes le prouvent (semble, croit, se vante d'estre,...), ainsi que les images du verre et du roseau. Mais contrairement aux poètes baroques pour qui le monde par définition est un théâtre, Sponde rapporte cette vision du monde à la logique de sa pensée religieuse. Car le point de référence, qui manque au monde existe, mais le monde s'en prive de lui-même, en ne regardant que soi. Dès lors, cet égocentrisme métaphysique (dont l'égoïsme de la chair est un équivalent), subjective tout, réduit tout au jugement, et donc entache tout de relativité et d'arbitraire.

Le monde est ainsi pure surface d'apparences, et ne renvoie que très imparfaitement à un autre univers où les valeurs apparaîtront en positif (selon la pensée platonicienne):

"Ces Amours, ces Plaisirs, (terrestres)....
Sont bien d'autres plaisirs, amours d'autre Nature.
Ce que tu vois ici n'en est pas la peinture,
Ne fust-ce rien sinon pour ce que tu le vois",
(str.21).

Les apparences ne sont rien d'autre qu'apparences, ne concernent que l'oeil. Dans le sonnet VI, Sponde reproduit en raccourci la structure des Stances, en développant ce dernier souhait à l'intérieur d'une prétérition qui permet à Dieu d'entendre le discours du Juste (attendu en vain):

"Mais quoy? Je n'entens point quelqu'un de vous
                                    qui die:

Je me veux despestrer de ces facheux destours,
Il faut que je revole à ces plus beaux séjours
(...) Beaux séjours, loin de l'oeil, prez de
                    l'entendement..." (p.258).

A l'opposé du monde des Idées, dont la réminiscence
le hante, le monde est le règne de la chair, l'envers
de la vérité.

Cette illusion aurait pu être le lieu d'un
plaisir, même coupable; pour Sponde, l'universelle
inversion se retourne contre elle (comme appartenant
au mal), et change non seulement la vérité en
illusion, le bien en mal, mais encore le plaisir en
enfer.

2) Vivre en Enfer

Il semble exister un Destin qui pèse sur l'homme
et lui fait manquer ses desseins. Saint Paul dit "Je
fais tout le mal que je ne veux pas et je ne fais pas
tout le bien que je veux", comme si une sorte d'échec
était lié à notre condition. L'Esprit veut se sauver,
mais il fait le contraire de ce qu'il faudrait:
    "Voire, de te garder un désir te chatouille,
    Mais cuidant te garder, mon Esprit, tu te perds"
    (str.11).
Ce qu'il désire le fait souffrir; le plaisir est pour
lui douleur:
    "C'est bien plus, car tu crains ce que plus tu
                                            desires,
    Ton Espérance mesme a pour toy des martyres,
    Et bref tu vois ton Bien, mais tu suis le rebours"
    (str.13).
Cette contradiction ne concerne pas ici le pécheur
qui se fourvoie, mais est un trait de la condition
humaine en général, qui comprend les élus; ceux qui
ont vu leur "Bien", espèrent en la vie éternelle: eux
aussi vont à rebours. L'homme suit le chemin inverse
moins par attrait irrésistible que par une fatalité

subie, qui fait de sa vie un cauchemar: nous vivons
en Enfer. Dans le second poème sur la Cène, Sponde
décrit l'origine de cet enfer en des termes
équivalents. La douceur du Paradis nous fut enlevée
et les Anges nous chassèrent; la terre se
métamorphosa en un lieu d'horreur:
"Vous souvient-il comment et leur fer et leurs
                                      flammes
Peignoient d'horreur voz fronts, peignoit
                       d'aigreur voz Ames?
Vous souvient-il qu'en fin pour voz tristes
                             guerdons,
La Terre ne poussoit que de pointus chardons?
Que le venin duquel vous laschastes la bonde
Empoisonna l'odeur des biens de tout le Monde?"
(p.246, v.145-50).
On trouve la même image des épines pour évoquer
l'anti-conversion du monde après le Péché, dans la
Méd. sur le Ps. XIV: "La Terre se herrissa d'espines,
le Ciel se rouilla, le Feu vomist de flottantes
fumées, les Fleuves s'enflèrent jusqu'aux nues, et se
crevèrent jusqu'aux abysmes, les Airs s'amassèrent en
orages et s'esclatèrent en foudres" (p.98). Le
Paradis s'est transformé en Enfer.
    Dans les Stances de la Mort, les questions des
strophes 15 et 16 montrent que ce sort est vécu comme
une condamnation. Par une dernière perversion, c'est
l'homme qui est le bourreau de soi-même (cf. st. V:
"Bourreaux desnaturez de vostre propre vie"). Elles
prennent d'ailleurs la forme d'une plainte:
"Hélas! Que cerches-tu dans ces relants abysmes
(...) Quelles plaine en l'Enfer de ces pointus
                       encombres?..." (str.15-16).
L'homme se contraint à sa destruction, sans l'avoir
voulue:
"...ta clarté, du vent de Dieu mesme allumée,
Ne pousse que les flots d'une espaisse fumée,
Et contrainct à la mort son immortalité?".
Il cherche la lumière et ne parvient qu'à redoubler
les ténèbres, à les noircir sans fin (v.86). Or cet

image symbolique, qui comporte trois éléments (la nuit, les flots, la souffrance), se développe en véritable tableau. On y voit se tisser le réseau de l'imaginaire. Chaque élément semble générer de lui-même une série d'images qui, en se mêlant, créent une vision cohérente de plus en plus organisée, jusqu'à l'expression systématique des correspondances par la technique des vers rapportés. L'abîme infernal du début donne la trame:"l'Enfer de ces pointus encombres", la "prison" et la torture ("geine", str.18), en opposition à la plaine. L'obscurité se poursuit par "la nuict de ces affreuses ombres", en opposition au "beau jour". Et les "flots", appellent l'image marine du "doux largue au destroict de tant de vents battu", qui traverse l'évocation du temps qui coule (où la représentation héraclitéenne se prête à l'imaginaire spondien) (str.16). Les sensations restent présentes et mêlées dans cette vision angoissante de l'enfer, alors même que la série d'oppositions symétriques renforce l'idée de la perversion universelle, et accentue l'absurdité des conduites paradoxales de l'homme dans le monde.

La structure des vers rapportés est elle-même inversée:
"Tu seras lors au Calme, au beau jour, à la plaine"
          (cf.v.93)   (cf.v.92)   (cf.v.91)
(str.18). Ce procédé nécessite une lecture verticale plus qu'horizontale. Pourtant le dernier vers unit les représentations si soigneusement différenciées, et révéle l'angoisse existentielle qui sous-tend la dimension métaphysique de la vision de l'Enfer: les coups (battent), l'obscurité (noircist), et la douleur de l'étau de la torture (pressent), convergent pour assaillir la "raison" (qui signifie ici toute la vie intérieure de l'homme). C'est une description précise de l'angoisse. L'Enfer, c'est l'homme (pour lui-même), tant qu'il contribue à son enfermement dans un système de valeurs clos sur le monde. Le corps n'est qu'une preuve de plus de cet auto-enfermement, un cas particulier de cette condition

générale:
"Ton Mal, c'est ta prison, et ta prison encore
Ce corps dont le soucy nuict et jour te dévore"
(str.18).
La perversion de l'enfermement est celle qui consiste
à prendre le moyen pour la fin, à se retourner sur
soi au lieu de tendre au but hors de soi. Cette
angoisse existentielle conduit à un dégoût de la vie.

3) "Je m'ennuye de vivre"

Le taedium vitae est le prix de l'illusion
dissipée et de la Révélation. Les images qui rendent
compte de l'illusion qui se prend à son piège de
réflexion, sont celles de la pourriture, de l'auto-
infection:
"Ce Monde qui croupist ainsi dedans soy-mesme
N'esloigne poinct jamais son coeur de ce qu'il
ayme,
Et ne peut rien aymer que sa déformité.
Mon esprit, au contraire, hors du monde
m'emporte..."(str.4).
L'autre forme, plus insidieuse, de l'enfermement est
l'éternel retour de la faiblesse de l'esprit: les
élans sont toujours déçus (v.72-73 et 82-84; à
rapprocher du sonnet VIII), l'âme se laisse toujours
endormir dans la lourdeur de la chair molle (str.12;
sonnet X). Cette retombée provoque une lassitude, une
mélancolie.
A la Renaissance, la mélancolie passe pour un état
pathologique, correspondant médicalement à un afflux
de bile noire, qui peut conduire à la folie. Marsile
Ficin, dans le De Triplici vita (1501, traduit en
1581) donne des remèdes contre les troubles
psychiques graves auxquels sont exposés les
"studieux" au tempérament mélancolique; cependant cet
état peut aussi donner lieu à des révélations (en
relation avec la "fureur"). Chez Sponde, la

mélancolie prend certes une forme violente: "Je
m'ennuye de vivre" a un sens très fort, et renvoie au
"martyre" de la vie (8); ainsi qu'aux "durs ennuis de
ma longue souffrance" (str.24). Le tableau de l'enfer
et de l'angoisse est aussi à mettre au compte de
cette mélancolie atrabilaire. Cependant, le désir
d'un ailleurs, et le malaise lancinant exprimé par le
rythme de certains vers paraissent avoir des accents
"modernes":

"Je m'ennuÿe de vívre, et mes téndres annéés,
Gemissánt sous le faíx de bien peú de journéés,
Me troúvent au miliéu de ma coúrse cassé" (str.2).
Le désespoir est suggéré par la retombée sur le mot
"cassé", après l'attente imposée par la dissociation
de l'attribut et de l'objet. De plus, le lecteur est
obligé de marquer un silence après l'accentuation, à
cause des "e" muets ("me trouv(ent)" et "ma
cour(se)"). Malgré sa jeunesse, le poète est dégoûté
de l'avenir, seul contre le monde.

En fait, cette mélancolie, directement liée à un
sentiment religieux, est à rapprocher de l'acedia
monastique: sorte d'abattement ou d'état
neurasthénique qui se manifestait chez certains
moines, dont le dégoût de la vie se traduisait par
une profonde indifférence à tout. L'acedia a été
condamnée comme dangereuse par l'Eglise; réhabilitée
par un courant de la Renaissance comme un signe
d'élection, elle a été combattue par les Jésuites
(9). Les strophes 2 et 3 des Stances révèlent une
véritable incapacité de vivre. Sponde n'est que
spectateur d'un monde auquel il ne participe pas:

"J'ay veu comme le Monde embrasse ses délices,
Et je n'embrasse rien au Monde que supplices,
Ses gays Printemps me sont de funestes hyvers,
Le gracieux Zéphir de son repos me semble
Un Aquilon de peine..." (str.3).
Le printemps est lié dans l'imaginaire à l'amour; et
pour le poète, l'inversion des valeurs aboutit à
l'inversion des expériences. C'est ici l'un des rares
passages où Sponde parle des délices et des joies du

monde, où il entrevoit la paix du monde comme un bonheur dont il est exclu, lui, condamné à un monde de rigueur ("me semble Un Aquilon de peine").

Sponde utilise ici le procédé médiéval du poème bâti sur des antithèses, et la thématique amoureuse habituelle, à des fins religieuses. Jacques de Constans, dans Les Constantes Amours (écrites en 1568-69), manifeste son désespoir amoureux par le souhait de la mort:

"Amoureux forcené, plein d'espoir et de rage,
Quand pourray-je jouir d'une éternelle nuict?
Quand avecque la mort finiray-je mon aage,
Eschapé de l'enfer où l'amour me conduit?".

Les tourments de l'amour (ou du monde) relèvent d'une même écriture du désespoir. Mais chez Constans, c'est le renoncement qui conduit à un violent dégoût de la vie, et à une mélancolie atrabilaire:

"Là jamais le printemps prez de moy ne revienne,
Verdissant pour jaunir les fruicts durant l'esté,
Mais en lieu de zephyrs, que la bise s'y tienne,
Y faisant un hyver qui ne soit limité.
Car je ne veux plus voir tant de couleurs
                                         diverses,
Annonces du plaisir de quelque vain espoir,
Mais pour les seuls tesmoings de mes dures
                                         traverses,
Je veux choisir la mort, la nuict, l'hyver, le
                                         noir" (10).

Chez Sponde le mouvement est inverse: le poète a déjà renoncé à la vie, et le texte commence directement par un rejet du monde, les yeux fermés. Sa mélancolie est celle d'une attente trop longue, d'une lassitude qu'on trouve aussi dans les Méditations:

"Je suis las, Seigneur. Crie, frappe, enseigne,
guéri toy-mesme, Seigneur; car je suis las, et
tout me vient à rebours avec ces natures rebourses
et desnaturées" (p.163).

C'est à la fois la plainte du prophète, impuissant à se faire conprendre et à susciter les conversions, et la confidence d'une homme qui a compris son incapacité de vivre seulement avec le Monde:

> "Puis-je m'opposer tout seul à tout un Monde? Car
> de consentir à ce Monde, Seigneur, je ne le puis"
> (p.163).

Il sent qu'il vit sans vivre, parce que sa vraie vie
est ailleurs, auprès de Celui qu'il aime. Ce n'est
pas le dégoût de la vie qui le pousse hors du monde,
mais le goût de la vie absolue et de l'amour total,
loin de toutes les décadences (qui sont la véritable
mort):

> "Car, hélas! Seigneur, et je le dy sans feintise,
> et tu vois mon coeur, je m'ennuye là où tu n'es
> point. Je m'ennuye de vivre, là où la vie n'est
> point mais la mort (ta vie, Seigneur, mais la mort
> du Monde), où je crain de mourir moy-mesme, mourir
> avec le Monde, estouffer en ses puanteurs, si tu
> ne n'emportes là où est la vie, là où est le baume
> de l'intégrité, là où je ne puisse jamais ni
> mourir, ni corrompre" (p.162).

C'est un feu créateur qui lui permet de franchir la
porte de la mort avec joie et impatience: "Cette
langue de feu que tu me donnes, consume tout..."
(p.163), elle brûle aussi celui qui l'a reçue, en
même temps qu'elle l'anime et le vivifie.

Chez Sponde, la lassitude et la tristesse sont dé-
passées par un espoir plus grand que tout; elles
entrent dans un système de valeurs où l'acedia n'est
qu'une étape obligée, et non un état qui perdure. La
mélancolie correspond à un moment de crise où le
poète se détourne du monde et le renie, parce qu'il a
lu tout de suite le sens derrière les signes
trompeurs: "O que nous avons donc de desseins bien
divers!" (v.18). La rigueur de son projet, et
l'optique qu'il a choisie, l'empêchent de regretter
longtemps ces "plaisirs" du monde, qu'il a immédiatement démasqués comme discours de la chair.

La mélancolie est guérie non par une fuite dans
l'idéal, mais par la force de "plus vives lumières"
dont il a eu l'expérience et qui, là-bas, l'attirent.

*

C) "De plus vives lumières"

1) "Hors du monde"

Dès le début Sponde annonce la révélation de cette invisible lumière comme le but qui oriente tout son itinéraire. Il se tient sur le seuil instable au dessus du hiatus Monde / Ciel qui correspond au point de vue de la mort (lieu de passage), et aspire à l'irruption dans cet "autre" monde qui le fascine. Ce rêve de franchir le seuil de l'au-delà hante sa poésie. Le désir en est plus fort que la peur, car la vie est l'enfer, et la souffrance de la mort est la voie d'accès au vrai repos:

"Ravissez-moi du creux de ces manoirs horribles,
Fondez-moy ceste chair et rompez-moy ces os:
Il faut passer vers vous à travers mon martire,
Mon martyre en mourant: car hélas! Je désire
Commencer au travail et finir au repos" (str.22).

Le poète appelle ce franchissement comme une délivrance dont il est impatient et qu'il imagine sous la forme d'une fracture, d'une renaissance douloureuse et violente:

"Il faut rompre, il faut rompre enfin ceste
                                    prison" (v.105).

Il est entraîné par une passion totale, un "zèle", un "feu" ("L'Esprit qui n'est que feu de ses désirs m'enflamme", v.28), que l'eau du monde n'éteint pas et qui le libère du repliement mélancolique. Faisant suite à la monotonie rythmique, le lyrisme enthousiaste bouscule la phrase, fait entendre son souffle dynamique:

"Ce vivre est une Mer où le bruyant orage
Nous menace à tous coups d'un asseuré naufrage:

Faisons,   faisons naufrage,   et   jettons-nous au
                                    Port" (v.114).
Cette belle image sera reprise dans le sonnet IX.
Après le voyage en l'enfer de la vie instable, la
découverte du Port laisse présager un calme
délectable.

2) Les "délices invisibles"

Certes, le poète ne peut pas voir ces délices,
pourtant il peut les appréhender: d'abord de
l'intérieur, par la force du désir qu'ils donnent à
celui qui les a entr'aperçus. Ensuite par comparaison
avec le monde connu qui, si le moyen ne devient pas
la fin, retrouve sa valeur de signe. Le monde a des
plaisirs justement pour nous donner le goût d'autres
plaisirs, qui sont l'indice d'un au-delà (qui, sinon,
nous demeurerait invisible et indicible).
Qu'est-ce qui caractérise cet au-delà lumineux?
D'abord la beauté: "ces plus beaux séjours", "Beaux
séjours" (st VI); "leur Beauté" (str.4).   Cette
beauté, sans autre précision, prend la valeur d'un
superlatif, et se confond avec l'amour:
"... le dessus du Ciel est bien plus estimable
En de plaisans amours, et d'aymables plaisirs"
(str.20).
L'association et le croisement des deux notions crée
une tautologie dont il est impossible de percer le
secret: amour (aimable) et beauté (plaisir) se
rejoignent dans le mot "délices".
Pourtant cet invisible finit par se donner sous la
forme d'une intuition de l'harmonie angélique:
"...les troupes des Anges
Caressent du grand Dieu les merveilles estranges
Aux accords rapportez de leurs diverses voix"
(str.21).
Cette harmonie suppose l'union dans la caresse, mais
aussi et surtout, elle est polyphonique, c'est-à-dire

complexe, et laisse la possibilité de la diversité:
"Aux accords rapportez de leurs diverses voix". Il ne
s'agit pas du rêve d'un univers correspondant à une
unité retrouvée, insipide, à un refuge qui ne
vaudrait que par la référence abstraite qu'il
fournit; c'est un univers organisé, complexe qui
s'ébauche aux yeux du spectateur de l'invisible. Il
laisse même supposer des mouvements de surprise, tout
une vie de la conscience qui s'étonne, découvrant
"les merveilles estranges". Chacun garde sa
spécificité, sa "voix" propre, et cette "différence"
laisse possible l'admiration contemplative, l'émerveillement éternel devant l'Autre. Les Stances renvoient
donc l'image d'un monde à venir qui est inscrit sous
le signe du dynamisme et non du statisme, de la
singularité et non de la fusion, de la surprise et
non de l'uniformité, du plaisir enfin, et non de la
justice. Il est remarquable en effet que le poète ne
parle pas de châtiment ou de compensation, mais
seulement de délices et d'harmonie: ceci s'explique
parce que toute la rigueur, selon lui, est dans cette
vie, et tout le "plaisir" (celui qui n'est pas
transformé en souffrance ici-bas), est dans l'au-
delà.

Ainsi, ce texte contient un espoir à la fois
indicible, incommunicable, mais qu'on sent
étonnamment précis.

3) La vie comme Attente

Pourtant, par un coup de théâtre final, Sponde
renonce à son rêve d'Au-delà, et accepte de prolonger
le supplice. S'agit-il d'un retour en arrière? Il
demande à Dieu: veux-tu me retirer ce bien entrevu,
alors que la vie m'est un mal?

"Et quoy? M'envies-tu mon bien que je souhaite?
Car ce ne m'est que mal que la vie imparfaite,
Qui languit sur la terre et qui vivroit aux Cieux"

(str.23).
Les __Méditations__ disaient aussi combien il est
difficile de renoncer au bonheur, quand on en a eu la
révélation:
  "O Dieu, tu m'as donné ta cognoissance, hé!
  Pourquoy abandonnes-tu ce que tu donnes? Tu me
  présentes mon bien, je me présente pour le
  recevoir, et voylà tu me caches ce bien, et je ne
  te voy plus auprès de moy" (p.162).
Mais Sponde se reprend aussitôt. La découverte des
délices invisibles et de la vraie vie, même ailleurs,
a tout changé dès cette vie: ce qui était souffrance
plate, déceptions en série, a pris un sens, est devenu
la souffrance d'une union en attente:
  "Non ce ne m'est que mal, mais mal plein
                                        d'espérance,
  Qu'après les durs ennuis de ma longue souffrance,
  Tu m'estendras la main, mon Dieu, pour me guérir".
Il faut avoir connu cette initiation purificatrice
pour mériter la main de Dieu. La divergence Monde
(vie terrestre) / Mort (vie éternelle) est résorbée
dans le parallélisme retrouvé au dernier vers:
  "Appren-moy de bien vivre, afin de bien mourir".
La foi unifie les oppositions (vie, mort), permet aux
antithèses de se joindre (souffrance, espoir), en
inscrivant dans un même __sens__ tous ces renversements.
Elle permet au monde de retrouver une positivité, de
__dire__ l'envers auquel son rebours correspond, d'être
le porteur de signes. Ce n'est pas une sagesse
régressive à une sorte de mélancolie acceptée; c'est
au contraire une sagesse qui a su mettre en
perspective le monde et l'Au-delà de façon à trouver
un lien au-dessus de l'abîme qui sépare l'homme de
Dieu. Le Chrétien ne peut sentir de tristesse ni de
mélancolie que dans un mouvement dialectique interne
à un concept unique et à un même sentiment: la Vie au
delà de la vie, le bonheur au delà de la douleur.
  Or, il n'y a pas de coupure au milieu de ce
mouvement. C'est un mouvement qui se déploie moins
dans la temporalité, d'un moment à un autre, que dans

le présent, d'un ordre à un autre. C'est dès ce moment-ci que l'homme vit en relation avec l'Au-delà, c'est dès sa souffrance qu'il goûte le bonheur promis. Car le "mal" de la séparation porte déjà l'empreinte de la joie. Le "pas encore" inscrit déjà l'"après" à l'intérieur de l'"avant": "après les durs ennuis" d'un mal déjà rempli d'espoir ("mal plein d'espérance"), est immédiatement transformé en "Mais tandis que":

"Mais tandis que je couve une si belle envie
Puis qu'un Bien est le bout, et le but de ma vie,
Appren-moy de bien vivre, afin de bien mourir".

En effet, l'Au-delà vit déjà en nous par le désir si fort ("une si belle envie"), dont la beauté prouve qu'elle appartient à l'autre monde. Elle est comme un pacte, signe de réconciliation et d'union offert à l'homme. Dans les Méditations, Sponde fondait sa force intérieure sur la parcelle d'Esprit divin laissé en lui, ici, il fonde son espoir sur la parcelle de désir (d'amour de Dieu), qui brûle dans son être comme un feu de joie. L'homme doit "couver" ce désir, le protéger en lui, berger de la foi vivante.

Ainsi, à l'indifférence universelle qu'engendre l'acedia, répond la paix chrétienne d'une attente tranquille. Le dernier vers des Stances fait écho au texte de Saint Paul:

"Frères, aucun d'entre nous ne vit pour soi-même, et aucun ne meurt pour soi-même: si nous vivons, nous vivons pour le Seigneur; si nous mourons, nous mourons pour le Seigneur. Dans notre vie comme dans notre mort, nous appartenons au Seigneur. Car, si le Christ a connu la mort, puis la vie, c'est pour devenir le Seigneur et des morts et des vivants",

(Lettre aux Romains, 14, 7-9).

La vie et la mort (le mondain et le spirituel), sont en cohérence à l'intérieur d'un même mouvement d'amour, de don de soi, et de création. Car entre les moments de souffrance et de joie, il y a une vie qui se crée (la vie spirituelle), il y a l'être en gestation que nous portons, et que nous offrons. Certes, la vie comme attente est difficile, mais elle est soutenue par la parole divine: "Appren-moy", et la relation qu'elle établit entre Dieu et l'homme. La parole poétique se donne aussi comme miroir de conscience en attente, où le lecteur peut voir, dans le déroulement des pensées et des sentiments exprimés, le mouvement même de l'action de la foi en l'homme: cet acte de foi est accompli par une conscience exemplaire, mais il est aussi (à travers le texte) un espace temporel de rencontre possible, où Dieu vient appeler les hommes.

Ainsi, les Stances présentent un itinéraire à reparcourir, ce qui révèle la valeur de leur écriture. Elles ne servent pas à exorciser un drame intérieur pour s'en libérer, mais tracent le trajet à suivre, fixent le cap à garder. On comprend mieux la distanciation d'une dramatisation qui extériorise les combats intérieurs: ceux-ci sont déjà dépassés. Le regard du "mélancolique" sur le monde ("J'ay veu comme le Monde..."), correspond à la mise à distance qu'entretient un homme qui peut seulement se tenir sur le seuil, sur le tranchant de la vie et de la mort, avec la paix et le recul que jour après jour lui apprend la vertu de l'"espérance". Un homme confiant dans la main qui l'attend, et à demi-aveuglé par cette entrevision sublime. C'est dans ce nouveau regard que se nouent les relations entre l'homme et Dieu, entre l'insensibilité de la vie, et le feu de la spiritualité.

*
* *

II. LES SONNETS

*

A) Orientation interne, agencement extérieur

Les Sonnets constituent des variations formelles
de la même pensée et du même itinéraire fondamental
que définissent les Stances. Chacun en est un micro-
cosme, tout en privilégiant un moment du parcours.
Cette régularité structurelle interne libère la
structure externe d'ensemble: si les Sonnets sont
annoncés dans certaines strophes des Stances, l'ordre
de leur "apparition" n'est pas celui de leur
agencement ultérieur. Voici les correspondances les
plus apparentes:

```
        Stances                    Sonnets
    strophe.2....................st.II
    str.3....................  st.VII
    str.12..............  st.X v.73-74
                      st.VIII v.112-14
                              st.IX
    v.115-17...........  st.XII, v.127
                         st.XI (v.14)
    str.21-22.................  st.VI
```

L'ordre dans un recueil de sonnets au XVIe siècle
obéit rarement à une progression linéaire. D'une
part, la mise en miroir de deux quatrains et deux
tercets constitue une unité close, une totalité
poétique donnant accès à chaque fois à l'essence de
la poésie tout entière. D'autre part, la Renaissance
maniériste française avait une conception pluraliste
de l'"ordre", moins linéaire que microtopique. On
peut vouloir isoler des "groupes" (thématiques,
formels, ou même esthétiques --c'est-à-dire liés à un
niveau plus profond par la création d'un même rapport
entre sens et signe--), qui constituent des unités
autonomes, mais qui sont perméables entre eux. C'est
pourquoi le repérage d'"emboîtement" des "parties"

n'est jamais tout à fait juste: à cause du dynamisme
disponible de cette pénétration multiple.
L'organisation extérieure du recueil n'est pas
soumise à une exigence de progression. Il ne nous
semble donc pas qu'il y ait une coupure entre les
sonnets VI et VII, comme le dit M. Richter (10), ni la
progression d'une "argumentation" (11). Aucun poème ne
reste en suspens; chacun renvoie à la totalité du
même parcours de détachement de la vie mondaine
illusoire, vers l'Au-delà, et s'achève sur l'attente
de cette substitution libératrice qu'opèrera la mort.
Cependant, le sonnet se veut plus percutant, plus
provoquant: le mondain verra apparaître avec horreur
la mort comme un obstacle inévitable qui ruine sa
vie; le Chrétien y verra un "fanal" à l'entrée du
port (st.IX).

En effet, si les Sonnets sont un miroir de
concentration des Stances, leur visée est plus
polémique: le poète retrouve les accents de la parole
sermonnaire des Méditations, car il veut avertir
l'homme endormi dans les illusions du monde ou de son
divertissement, en lui rappelant sans cesse la mort.
En dehors des correspondances entre les étapes plus
ou moins développées d'une même initiation ou
conversion dessinée, qui traversent horizontalement
chaque poème, on peut alors tenter de distinguer les
plus repérables des "groupes perméables", dont nous
parlions, en guettant les différentes inflexions de
voix qui entraînent le lecteur dans ce voyage au bout
de sa condition humaine.
Mais d'abord, l'organisation externe. Il faut
isoler le sonnet d'ouverture, où le poète montre que
ce qui nous fait refuser la pensée de la mort prouve
notre désir d'infini, et nous rattache ainsi
profondément à l'autre monde. Nous retrouvons une
utilisation "psychologique" de la preuve ontologique.
Sponde excuse la tendance au divertissement, puisque
celui-ci est encore un signe de l'exigence d'absolu
et d'éternité au coeur de l'homme:

"Mortels, chacun accuse, et j'excuse le tort
Qu'on forge en vostre oubly. Un oubly d'une mort
Vous montre un souvenir d'une éternelle vie"
(st.I).
Le platonisme (comme ailleurs le stoïcisme) est ici
étroitement lié au christianisme. Sponde repousse dès
le début tout macabre dans l'idée de la mort:
"Est-ce que vostre vie adorant ses douceurs
Déteste des pensers de la mort les horreurs,
Et ne puisse envier une contraire envie?"
(premier tercet).
Le sentiment d'horreur doit faire place au désir
("envie"), non de la mort, mais de l'"éternelle vie".
Mario Richter a bien montré que pour les Evangélistes
comme Marot, par exemple, (suivant la pensée de Saint
Paul qui inspire les Réformés, et imprègne l'oeuvre
de Sponde (12)), la mort ne doit pas être l'occasion
de représentations horribles, parce qu'elle marque au
contraire le début de la vraie vie spirituelle (13).
Seul le premier quatrain du sonnet XI évoque des
réalités repoussantes:
"Et quel bien de la Mort? Où la vermine ronge
Tous ces nerfs, tous ces os? Où l'Ame se départ
De cest orde charogne, et se tient à l'écart..."
Mais la mort, ici montrée dans sa réalité terrestre,
et synonyme de corruption, est plutôt emblématique de
la dimension corporelle de la vie humaine, mondaine,
dont le poète regrette qu'elle ne soit pas un
"sentier raccourcy"(v.13) vers la vie "au Ciel".

Le sonnet XII est placé à la fin, non qu'il constitue le terme d'une évolution, mais pour des raisons,
croyons-nous, purement "décoratives". Il est en effet
l'expression la plus formellement achevée, la plus
visiblement cohérente d'une pensée dialectique de la
mort, alors qu'en fait, du point de vue du sens, il
correspond dans l'itinéraire de référence à
l'intégration de la séduction du monde comme une
concession aussitôt dépassée par l'attrait de l'autre
vie; étape que nous lisions dans les Stances, déjà

sous la forme des vers rapportés:
"Je sçay bien, mon Esprit, que cest air, et ceste
onde,
Ceste terre, et ce Feu, ce Ciel qui ceint le Monde,
Enfle, abysme, retient, brusle, estreint tes
désirs:
Tu vois je ne sçay quoy de plaisant et d'aymable,
Mais le dessus du Ciel est bien plus
estimable..." (strophe 20).
Les trois premières strophes du sonnet XII sont
l'explicitation et l'amplification formelle de ce
passage (dont la substance et les images parcourent
également le sonnet VII), tandis que le dernier
tercet correspond à l'image finale de la main tendue
de Dieu, présente dans la strophe finale des Stances
(v.141). C'est l'exploit technique qui, nous semble-
t-il, a guidé le choix de la place de ce sonnet. En
effet, les vers rapportés, qui imposent le modèle
d'une lecture croisée (verticale et horizontale, par
rencontre puis attente des membres qui se
correspondent), font apparaître le texte comme trame
solide, et donnent l'image de la cohérence du monde
(14). L'espace textuel abolit la discursivité: il n'y
a pas de déperdition car chaque membre est
structurellement indispensable à la série, et à
l'enchaînement figé de ce qui est devenu, plus qu'une
parole, un objet verbal.

En dehors de cet encadrement, on peut repérer trois
groupes de poèmes. Le plus largement représenté est
celui des sonnets polémiques (sermonnaires) où Sponde
se moque des inconscients qui amassent sur terre et
non aux cieux: st.III, IV, V, VIII, IX. Puis viennent
des poèmes qui s'apparentent au premier groupe, mais
ont quitté l'agressivité du convertisseur pour la
patience du pédagogue qui enseigne une prière à
répéter encore: le "Je" y est un modèle, représentant
anonyme du conflit qu'il veut faire surgir puis
résoudre dans le coeur de l'Infidèle: st.VII, X, XII.
Enfin, on peut mettre à part des poèmes aux accents

"mélancoliques" (au sens que nous avons indiqué à propos des Stances), qui témoignent d'une certaine indifférence de la vie, proche de l'_acedia_ (st.II, VI, XI).

Sans entreprendre un commentaire détaillé de ces sonnets, qui ont d'ailleurs donné lieu à de nombreuses études, nous voudrions affiner l'analyse du _regard_ qui a choisi le point d'optique de la mort, et dans lequel se crée une cohérence intérieure: un regard qui perce les masques; et qui passe au travers des choses, parce qu'il a vu les lumières d'un autre monde.

*

B) La vivacité du regard qui perce les masques

Nous prendrons pour fil conducteur un poème où ces deux regards se succèdent, le sonnet IX.

Les trois premières strophes dénoncent le jeu des masques, par une série de questions pressantes qui décrivent l'attitude des insensés. Le dernier tercet apporte comme en réponse l'exemple du Juste, et participe ainsi au même mouvement.

D'emblée, les questions mettent le lecteur en situation, animent et font surgir une véritable scène:

"Qui sont, qui sont ceux-là, dont le coeur
                                                    idolâtre,
Se jette aux pieds du Monde, et flatte ses
                                                    honneurs?
Et qui sont ces valets, et qui sont ces Seigneurs?
Et ces Ames d'Ebène, et ces Faces d'Albastre?".
Les démonstratifs font défiler, comme les montrant du doigt, des personnages précis.

Ces questions sont posées par un naïf, brusquement transporté à la cour, et qui s'étonne de tout: c'est un procédé satirique connu (_Les Tragiques_, "Princes", v.1121 à 1174...), qui permet de remettre en question les conduites les plus habituelles de la vie, en en montrant l'absurdité. Ce faux "candide", comme s'il s'éveillait dans un monde inconnu, où toutes les conventions apparaissent comme telles, ne saisit pas la signification de ce qu'il voit: son regard ne perçoit que les gestes. La scène demande une double lecture. Symbolique, elle accuse les hommes d'idolâtrie pour les valeurs mondaines, les "honneurs" du Monde (richesse, puissance, plaisirs...); mais la signification n'occulte pas la dramatisation, car la scène emblématique de l'Infidèle aux pieds du monde est aussi une scène quotidienne de la vie de cour:

"Et qui sont ces valets, et qui sont ces Seigneurs?".

Cette question terrible ruine le système des relations sociales, non pas dans un but politique (encore que soit suggérée la possibilité d'une interversion), mais à un niveau plus fondamental, en révélant combien ce système est fermé sur lui-même. La société de cour, symbole de la société entière, est une figure privilégiée de l'enfermement du monde.

Mais là n'est pas le principal. Sponde sépare les éléments, qui pourtant fonctionnent l'un par rapport à l'autre (domination-servitude), par la coordination "et", comme s'il voyait les membres épars d'un monde éclaté. La discontinuité des questions reproduit le principe d'incohérence du Monde (du monde social, qui se donne pourtant comme un système organisé). Dans cette scène, les valets sont valets tout seuls, et pas forcément du seigneur voisin: le regard va à l'un, puis à l'autre. Cette utilisation d'un "et disjonctif", contribue à créer un effet d'absurde, en substituant à la liaison l'arbitraire adjonction, c'est-à-dire en rompant les liens du signe au sens, comme le montre encore:

"Et ces Ames d'Ebène, et ces Faces d'Albastre".

Non seulement il y a opposition, mais il y a rupture, hiatus insupportable, entre l'être et le paraître, puisque les "et", ainsi que le pluriel, décalent l'opposition. C'est une situation grotesque par la

deception de l'attente (celle de l'adéquation de la
vérité et de l'apparence), et tragique par
l'inadéquation essentielle qui est révélée: plus que
les valeurs, ce sont les structures mêmes qui portent
ces valeurs et permettent de les penser (sinon de les
vivre), qui ont été perverties. La seule question qui
revient est d'ailleurs celle de l'identité: qui sont
ces gens qui, définis par des périphrases désignant
des gestes ponctuels, sont perpétuellement sans
visage, des "masques desguisez"? Ils ont dispersé
leur être.

Cette dispersion de l'être dans le monde
est le sujet du sonnet VII (le "je" y est
représentatif de la condition humaine). Alors que
l'homme aspire à un autre ordre, et s'applique à
vivre sur un autre plan, respirer un autre air,
transformer toute sensation du concret au subjectif
(premier quatrain), son effort retombe toujours et il
est entraîné vers la matérialité sensible (second
quatrain). Le martyre qui consiste à être obligé de
vivre en ce monde, rejoint le martyre d'être séparé
de la vraie vie (v.4 et v.7). L'homme vit écartelé:
"A la fin je me trouve en un estrange esmoy,
(..................................)
Voilà comme la vie à l'abandon s'espard,
Chaque part de ce Monde en emporte sa part,
Et la moindre à la fin est celle de nous mesmes".
Le Monde fait éclater l'être. Ce sonnet montre la
vanité de l'homme en tant qu'il appartient au monde.
Tel quel, il pourrait passer pour "baroque"; mais
replacé selon la visée de conversion qui anime le
contexte, il se donne comme un "avant" intenable, qui
appelle le détachement: il ne faut pas accorder de
valeur à une vie mondaine vouée à la destruction.
Dans le sonnet IX, les "masques desguisez" qui se
sont voués au Monde en sont réduits à multiplier les
déguisements, et à faire de leur vie une mascarade,
qui sous des allures de fête cache un grand vide: la
"troupe folastre" se distrait:
"Ces masques desguisez, dont la troupe folastre,

> S'amuse à caresser je ne sçay quel donneur
> De fumée de Court, et ces entrepreneurs
> De vaincre encor le Ciel qu'ils ne peuvent
> > combattre?".

Le rythme de ce quatrain imite celui d'une danse: fondé sur des enjambements qui décalent les unités sémantiques, et créent une rupture au milieu de chaque vers, comme un manque au coeur des danseurs "baroques".

Certes, il y a des esprits forts qui entreprennent de vaincre le Ciel et s'aveuglent d'orgueil. Ceux qui amassent dans le monde sont assimilés aux Géants dont la révolte fut terrassée. On peut en suivre l'image d'un sonnet à l'autre (sonnets I, v.3; III, v.9-14; IV, v.8; V, v.5; VII, v.6-7; VIII, v.5-8; IX, v.7-8; X, v.4; XI, v.7-8). Remarquons au passage qu'elle se situe presque toujours à la même place dans le sonnet, parce qu'elle correspond à la même étape (faire peur) de l'itinéraire, en y prennant plus ou moins d'importance.

Mais le sonnet IX dénonce plutôt l'attitude du divertissement: comme les "louvoyeurs" qui varient de direction pour aller à l'encontre du vent, les hommes se dispersent, parce qu'ils tournent le dos à la vérité. Ils se trompent de maître, et prennent le moyen pour la fin. Là encore, la perte du point de référence vient de ce qu'ils lui ont substitué un système autonome et stérile:

> "Dont l'estoille est leur Bien, le vent leur
> > Fantasie?".

Ils réduisent le singulier de l'absolu ("l'estoille", "le vent"), à la mesure de leur subjectivité égoïste (suggérée par les possessifs), et privent leur vie du sens.

Ces hommes pourtant, miroirs de la condition humaine en général, peuvent toujours être convertis, s'ils ne s'entêtent pas; s'ils ont le courage de regarder le fanal qui les guide.

Le Juste reprend la même métaphore de la condition

humaine: "Je vogue en même mer". Il est sujet aux
mêmes périls ("et craindroy de périr"), mais si les
autres sont dans la nuit, lui a vu la lumière. Le
ton a changé, et le regard.

*

C) Le regard qui a vu les lumières d'un autre monde

Le fanal est un feu allumé la nuit à l'entrée des
ports. Sa vue apaise le traverseur des tempêtes: le
rythme des deux derniers vers du sonnet IX est lent
et régulier. La lourdeur syntaxique du v.13 impose
un ralentissement (d'autant plus sensible après la
fougue des questions):
    "Si ce n'est que je sçay que ceste mesme vie
    N'est rien que le fanal qui me guide au mourir".
La régularité rythmique (3/3/4/2; 2/4/3/3), se double
d'ailleurs d'un écho de sonorités internes (è/è/è/i;
ien,al,i,i): ces effets combinés donnent une tonalité
particulière à cette fin de strophe. On peut y
reconnaître le rythme intime d'une mélancolie propre
à Sponde, qu'on avait relevé dans les strophes 2 et 3
des Stances (où se trouve déjà l'image du port à la
fin de l'orage, v.11): celui du spectateur détaché
d'un monde où il vit sans vivre. Cette voix blanche
et ce regard transparent, qui font basculer le tempo
dans une temporalité intérieure, nous les
rencontrons, ou bien tout au long d'un poème (st.
II), ou bien brusquement, au dernier vers d'un
sonnet, en guise de pointe:
    "Ce n'en est pas pourtant le sentier raccourcy,
    Mais quoy? Nous n'avons plus ny d'Hénoch, ni
                        d'Elie" (stXI).
Le suspens de la question et la symétrie "ny d'.., ni
d'..." obligent aussi à un ralentissement.
    Le sonnet II a une grande unité. L'avertissement:
        "Mais si faut-il mourir",

devient conclusion (la forme du sonnet interfère avec celle du rondeau), et clôt ainsi sur soi une parole parfaite. Dès l'entrée, le poème crée une rupture dans le cours de la vie, inverse le regard par rapport à un "avant" de la phrase qu'il ne mentionne même pas. Car si pour Sartre "La vie humaine commence de l'autre côté du désespoir", pour Sponde, elle commence de l'autre côté d'une prise de conscience de la mort. Il n'est plus temps, il faut regarder la vérité, et ne pas lui substituer un imaginaire satisfaisant pour notre orgueil insensé ("...la vie orgueilleuse, Qui brave de la mort, sentira ses fureurs"). Plus on prétend combattre la mort (la braver), plus elle semble rigoureuse. Il faut donc l'accepter, et voir la vie en ce monde comme une parenthèse qui se referme.

L'accumulation des images typiques de la vanité universelle, où chaque élément dépouille sa belle apparence et retourne à la mort (ce qu'un seul exemple aurait pu illustrer), vaut surtout pour le rythme que la monotonie de l'énumération (renvoyant à la déception du monde et à l'incohérence des vécus divers), impose:

"Les Soleils hâleront ces journalières fleurs,
Et le temps crèvera ceste ampoulle venteuse.
  Ce beau flambeau qui lance une flamme fumeuse,
Sur le verd de la cire esteindra ses ardeurs,
L'huyle de ce Tableau ternira ses couleurs,
Et les flots se rompront à la rive escumeuse".

Car, sous un certain regard, tout est équivalent. On peut allonger la liste, c'est le même schéma qui revient, des élans qui retombent et qu'il faut supporter avec patience, comme la vie. Le poète ne cherche pas à convaincre ici: il fait participer le lecteur à une parole de détachement du monde, une voix d'au delà du silence, d'au delà d'un contact initial avec la mort.

Le premier tercet est construit sur le même principe de succession d'exemples symboliques: les éclairs passent, le tonnerre aussi, et ces

manifestations de puissance seront résolues dans
l'éclatement de l'orage. Mais ces exemples sont liés
dans une vision qui vaut par elle-même, pour
l'atmosphère qu'elle prolonge, et où s'absorbe le
regard fasciné d'un contemplateur étranger:
    "J'ay veu ces clairs esclairs passer devant mes
                                                    yeux,
    Et le tonnerre encor qui gronde dans les Cieux,
    Où d'une ou d'autre part esclattera l'orage".
C'est la contemplation à la fois intense et neutre,
d'un spectateur détaché: l'orage est une menace qui
reste en suspens quasi-indifférent dans ce paysage
intérieur: "d'une ou d'autre part". Cet homme n'est
pas totalement aveugle, ni sourd, ni vraiment
indifférent à l'avenir, et pourtant il n'est déjà
plus de ce monde. Sur le seuil qu'il a choisi, son
présent gronde encore, son regard se pose encore sur
le monde, dans une sorte de demi-anesthésie, dans la
demi-paix de l'attente.
    En effet, d'une certaine façon, il a rejoint l'har-
monie universelle. Les exemples du second tercet
s'ajoutent apparemment à la liste des autres: la
neige fond, les torrents tarissent, et les lions
perdent leur rage. Mais là où Sponde voyait rupture
et décadence ("Le temps crèvera ceste ampoulle
venteuse"), il voit maintenant une continuité et un
apaisement. La neige engendre les torrents: la mort
correspond à une nouvelle vie. C'est le même tableau
qui se précise et fait défiler les saisons, de
l'hiver (l'orage, la neige) au printemps (les
torrents), et à l'été (tarissent). La dernière image
des lions rugissants puis sans rage ne renvoie pas
non plus à la mort, car dans sa "démonstration" il ne
servirait à rien de prouver la mort par la mort elle-
même, mais à la paix (toute violence ou révolte
dissipée). Car à celui qui a compris la mort, et qui
vit détaché de ce qu'elle lui arrachera, le temps qui
passe est comme un baume consolateur qui le
"réconcilie" avec elle. C'est le sens de la reprise
finale du premier hémistiche. Comme dans les Stances,

le dégoût de la vie s'est transformé en acceptation: la vie rapproche de la renaissance, et ce qui correspondait à l'avertissement brusque du Destin ("Mais si faut-il mourir")—retentissant sourdement tout le long du poème--, est maintenant vécu comme un destin accompagné (15). Les images, même composées en tableau, ne déclenchent pas une contemplation esthétique, mais une "contemplation détachée", qui néantise immédiatement tout le sensible, dont la fonction est seulement d'indiquer la vanité du monde. De la même façon que dans la parole sermonnaire les images violentes se détruisent au profit du sens qu'elles désignent, les images de la mélancolie résorbent tout plaisir esthétique. Elles égalisent le sens et le signe, en opérant une réduction universelle de la signification, puisqu'elles sont à la fois les signifiants multiples et équivalents d'un signifié unique: le monde (la vie mondaine); qui s'efface lui-même pour dire le signifié ultime: le Néant (sa mort). L'image se dématérialise pour servir un sens qui révèle l'absence de signification du monde sensible. Le point d'appui du monde, ne serait-ce qu'en tant que spectacle (poétique et existentiel), se donne encore comme lieu dérobé. C'est donc une anti-contemplation, où le contemplé se nie, et où le contemplateur insensible et immobile, regarde en transparence la mort comme un fanal ultime.

L'idée de la mort est en effet un repère qui indique constamment la présence d'une autre vie, comme le fanal marque l'entrée du port. Le sonnet IX s'achève sur le mot "mourir", qui a la valeur d'un signe, d'une borne et non d'une fin en lui-même (ceux qui croient cela s'en di-vertissent). Mais plus encore, il s'achève sur le mouvement de glissement du navire qui a vu son cap, et file tout droit vers cette "vive lumière" qui lui a, pour jamais, brûlé le regard.

La poésie sur la mort ne parle pas de la mort mais de la vie. Elle dit que c'est la vie sur cette terre qui est un martyre, une route remplie d'écueils, de déceptions et d'obstacles. La Mort ne fait pas obstacle à notre route: elle est l'accueil du naufragé. La peur et la révolte angoissée sont à ceux qui se condamnent eux-mêmes à vivre en enfer, à ne voir que le monde et ses illusions ("le monde s'aveugle", st.VI, v.13). Quoi que fassent les hommes, ils vont au rebours en ce monde perverti. La Mort se rappelle à eux constamment, pourtant, et les Sonnets répètent la mise en scène de cette présence inévitable, malgré les fuites du divertissement. Pour certains, les sonnets auront des accents sermonnaires, pour d'autres, ils seront autant de jalons d'espoir posés sur une route trop longue. La Mort est alors le signe de la libération et de la Vie. Elle est un seuil qui attend d'être franchi et dépassé, et à partir duquel tout le rebours s'inversera, du séjour des enfers aux délices invisibles. Le spectre de la mort cache, sur son autre versant, l'entrée dans la vraie vie, dans une communauté harmonieuse, où tout est métamorphosé. La contemplation passive du mélancolique fera place à une contemplation active et continue (symbolisée par le chant polyphonique des Anges). Des Stances aux Sonnets, c'est le même itinéraire de détachement du monde et d'attente qui est esquissé, comme autant d'élans ouverts, qui accroissent le désir de Dieu au coeur de l'homme ("Beaux séjours, loin de l'oeil, vous estes mon désir", st.V).

La seule question que posent donc ces poèmes sur la mort est: comment supporter l'attente? Ou encore: quelle modalité existentielle reste possible dans cette attente? Or, la réponse se trouve déjà au centre de l'attente. Là encore, il n'y a pas de coupure entre un avant et un après la mort, parce que le monde est plein de signes de l'Au-delà, et que l'attente est aussi une avancée vers l'union promise. La conversion n'est pas étalée dans le temps, elle a son espace intérieur permanent. A la structure linéaire ascensionnelle déployée dans les Stances et recommencée dans les Sonnets, succède d'ailleurs un retour à la vie; mais ce retour est transfiguré. Désormais, tout itinéraire n'est que la représentation d'un voyage perpétuellement déjà là, dans un ailleurs perçu par transparence, à travers les signes du monde. Le spectateur de la vie porte en lui un double regard: un regard qui dépasse les images pour lire leurs significations, qui dépasse le présent pour lire l'avenir, qui dépasse la vie pour commencer à vivre. Le détachement (du monde) devient un lien (avec la Vie), sans que l'être soit écartelé, mais dans la douceur d'un désir créateur qui lui assure, dans cette vie d'attente, une cohérence en acte.

CHAPITRE 5

LES AMOURS AU MIROIR
DE L'ECRITURE

Les Amours entrent dans la même expérience de recherche intérieure d'élévation vers l'absolu que celle
des Poèmes chrétiens. Mais en même temps, leur
écriture prend place dans un univers culturel mondain
aux codes particulièrement prégnants en cette fin de
siècle.

Les oeuvres poétiques de Sponde dans leur ensemble,
sont plus proches du style de la cour de France, que
du courant baroque qui apparaissait à la même
époque. On a d'ailleurs dit que cette poésie amoureuse
était métaphysique, abstraite, ou fondée sur des jeux
d'esprit. A la cour d'Henri III, on avait préféré à la
grandeur et la puissance de Ronsard, les plaisirs plus
légers d'un langage en fête. On raffinait sur les
images et les constructions intellectuelles artificielles des néo-pétrarquistes. Le grand poète y était
Philippe Desportes, qui passe aujourd'hui pour le
représentant d'un "pétrarquisme blanc" (1), d'une
poésie sur le langage, souvent auto-parodique. Mais
cette poésie culturelle et sociale n'est pas dénuée de
vie ni de profondeur, et c'est cette imbrication complexe des dimensions spirituelle et érotique, ludique
et grave, qu'il faudrait essayer de ressaisir.

Après avoir trop cherché une "sincérité" ou un

sentiment personnel derrière les topoi qui constituent
la texture poétique de la Renaissance, la critique
tend maintenant à lire l'intertextualité comme un jeu.
Cette esthétique de la réminiscence, fondée sur les
écarts entre les textes (par rapport aux textes de
référence ou entre les textes rassemblés), a de quoi
surprendre notre mentalité. On croit en comprendre le
plaisir dans l'apparition d'une force subversive qui
surgit dans les failles ou les non-dits. Mais ainsi,
de la même façon que la critique du début du siècle
lisait sous la convention des topoi la sincérité et
l'originalité du sentiment, la critique formelle lit
derrière ces mêmes topoi mis en ostentation et en
abyme, une secrète originalité des puissances de
revendications: revendications collectives, contre le
carcan de l'ordre social; ou individuelles, contre les
interdits moraux, --les conventions littéraires
permettant, dans leurs fissures, de laisser
"s'exprimer" l'inconscient, l'indicible, et l'obscur.

Or, le phénomène de l'intertextualité est plus
complexe qu'un système de collages ludique et pervers.
Car chaque fois qu'il y a citation ou référence, il
n'y a ni tout à fait adhésion (imitation), ni tout à
fait parodie (exclusion). Cette mise à distance est un
jeu subtil et sérieux, qui se moque avec la citation,
renvoie à une autorité sans la contester, en créant
librement à partir d'elle. Au XVIe siècle, la parodie
garde ce avec quoi elle joue; elle n'est pas aussi
décapante et satirique qu'on l'entendrait aujourd'hui:
chaque sonnet d'amour réouvre son espace poétique
(culturel), et y organise un système de relations,
peut-être plus humaines...

On peut distinguer divers "groupes" de poèmes, selon
les diverses inspirations dont ils relèvent: néoplatonicienne, religieuse, humaniste (ceux qu'Alan
Boase appelle les "sonnets romains"); ou selon les
thèmes, qui semblent cependant converger vers celui,
prépondérant, de la constance (2).

Car cette poésie amoureuse est aussi une quête

métaphysique, et paraît directement tournée vers l'Essence: "Les poèmes d'amour sont déjà une poésie de méditation, cette poésie du déroulement et de l'enroulement de la parole qui trouve, dans les brisures et les envols de ses rythmes, sa justification", écrit Alan Boase (3).

Pourtant, nous y verrons aussi les jeux littéraires d'une "écriture de l'écriture", pleine d'ironie (4), qui tend à se renier elle-même, et annonce d'ailleurs sa propre mort. Comment comprendre cette écriture apparemment multiple, où les écarts se creusent entre un langage profane, et l'exigence spirituelle qui apparaît en transparence?

Par rapport aux autres recueils, les Amours de Sponde permettent d'apprécier avec une relative simplicité la problématique de l'actualisation d'une écriture surcodée. Mais ils présentent une solution toute particulière, à cause de leur implication religieuse, à l'écartèlement, ainsi systématisé entre l'artifice littéraire et la tension spirituelle. Ils sont, à la fois compliqués et transparents, littéraires et religieux. C'est le point où se crée cette cohérence signifiante que nous devons faire apparaître, focalisation originelle à laquelle renvoient les paroles miroitantes du monde.

*
* *

I. L'AMOUR TRANSPARENT

A) L'amour spirituel

Que signifie le mot "amour" dans les Amours? Nulle part, il n'y a de description de la femme aimée, ni d'anecdotes qui inscriraient le sentiment dans le réel, comme on en trouverait dans les canzonieri de la Renaissance (chez Ronsard par exemple).

L'amour y est, non pas le sentiment amoureux, mais

un exercice de la vie spirituelle tout entière. Il est
d'ailleurs l'occasion d'une ascèse et d'une
purification. L'amant, comme l'or, s'affine à
l'expérience du brasier:
> "Et d'autant plus avant au feu vous me mettez,
> Plus l'or de mon amour à durer s'accoustume"
> (st.XXV).

Par cette épreuve, il acquiert l'élévation bien-
heureuse du "martyre" avec toute l'ambiguïté impliquée
dans ce mot, entre la torture de la souffrance et
le bonheur surhumain du sacrifice:
> "Pour moi j'aimerais mieux mourir en vos martyres,
> Que vivre au plus grand heur qui puisse estre pensé".

Le plus grand bonheur ici-bas n'est rien par rapport
au bonheur transcendant que l'amoureux éprouve dans
les douleurs de l'absence (absence matérielle de
l'éloignement, ou absence en creux de la non-
réciprocité). Car le poète trouve dans son amour même
la justification de son être au monde, et il ne cesse
d'approfondir et d'intensifier la pureté de son
sentiment. Il oppose ainsi la constance qui le
valorise à la légèreté des autres amours:
> "Non je ne cache point une flamme si belle,
> Je veux, je veux avoir tout le monde à tesmoin,
> Et ceux qui sont plus près et ceux qui sont plus
> loin:
> Dites, est-il au monde un amant plus fidelle?
> (...) je ne puis rougir d'aimer si dignement,
> Et plus mon bel amour tous leurs amours surmonte:
> Il me le faut encor aimer plus constamment"
> (st.XXI).

"Mon bel amour" est moins la femme aimée (objet de
cristallisation amoureuse), que le centre vivant de
l'être, sa modalité existentielle. La joie de l'amant
et sa fierté viennent du sentiment de la force de la
fidélité et de la constance, par laquelle il "prend
soin" d'une "flamme si belle". Le Chrétien des Stances
de la mort fondait son espoir sur "une si belle
envie". C'est ce désir purifié et entretenu qui
définit l'être vivant l'attente (de l'amour, de Dieu).

La constance est moins une qualité surajoutée qu'une appréhension de la transcendance au quotidien. Elle correspond d'ailleurs à une révélation et une conversion:

"Tous mes propos jadis ne vous faisoient instance
Que de l'ardent amour dont j'estois embrazé:
Mais depuis que vostre oeil sur moy s'est appaisé
Je ne vous puis parler rien que de ma constance"
(st.IX).

L'amour ardent (terrestre), a rencontré la réciprocité (dans le regard de l'autre), et a été transfiguré: le feu qui embrase ne consume plus (tercet 1 du st IX, et tercets du st XV), ne détruit plus; mais, ne s'éteignant pas, il change d'essence et de définition. Il ancre l'éternité dans la temporalité inconstante, et est en relation avec la vérité:

"Si l'amour n'est point feint il aura le courage
De ne changer non plus que fait la vérité"
(st XXIII).

Le mot et la notion de "constance" sont riches d'un héritage littéraire amoureux et religieux particulèrement à la cour de Navarre. Jacques de Constans écrit ses Constantes Amours en 1568 (5). Mais dès 1550, le mot connaissait une grande vogue, due à l'union de deux courants réformé et néostoïcien; il était employé principalement pour signifier la vertu des convertis, puis il passa dans le registre amoureux. Eugénie Droz en donne la définition: "Constance signifie ici fermeté et persévérance de l'âme, densité dans les sentiments plus que durée..." (6), et elle cite le Dictionnaire de Théologie catholique: "la constance est la vertu qui donne à l'âme la continuité dans le bien, malgré les difficultés provenant de l'extérieur", et la persévérance est "la vertu qui donne à l'âme la continuité dans le bien, malgré les difficultés provenant de la durée elle-même de l'effort exigé". Cette distinction est dépassée par la valeur ontologique que prend le mot "constance" dans les Amours de Sponde, devenu synonyme de la foi elle-

même. Constans lie directement l'amour humain à
l'amour divin, d'où celui-là prend "vive racine". Ce
noeud indéfectible fait l'unité de son être, et sa
force, contre les orages du monde:
>"Lorsque le Ciel armé d'une main foudroyante
>Esbranle l'univers, à sa voix effroyante,
>Les seuls chastes lauriers demeurent asseurez.
>Et quand le monde entier tremble de sa ruine
>Ma foy a dans les cieux prins si vive racine,
>Qu'elle s'asseure lors que tous sont estonnez".

L'imaginaire de cette strophe évoque celui des
Méditations de Sponde. Pour Constans aussi, l'amour
affirme dans les épreuves la puissance de la vérité:
>"Mais quand le verd laurier changeroit de feuillage
>Quand les cieux despitez le battroyent de l'orage,
>Ou qu'il seroit mangé d'un prophète menteur,
>Mon amitié pourtant ne sera tousjours qu'une
>Sans craindre les assaux du ciel ny de fortune,
>Et jamais rien de faux n'entrera dans mon coeur"
>(7).

C'est le _même si_ ("quand") qui soutient l'être, devenu
le point d'unité de la foi et de l'amour. L'angoisse
et la peine sont d'ailleurs des châtiments du manque
de foi. Sponde évoque le futur de la souffrance
amoureuse comme _repos_, gagné par la constance:
>"L'amour est de la peine et non point du repos,
>Mais ceste peine en fin est du repos suyvie,
> Si son esprit constant la deffend du trespas.
>Mais qui meurt en la peine il ne merite pas
> Que le repos jamais luy redonne la vie" (st.XIX).

Celui qui doute, et qui meurt en la peine, ne mérite
pas la naissance au vrai bonheur, la paix parfaite de
la nouvelle vie. On le voit, il s'agit ici d'un thème
tout différent de celui de la "constance" opposée à
l'"inconstance" (sujet d'éloges elle-même), dans la
poésie baroque.

L'idéal platonicien, selon lequel l'amour terrestre
n'est que le signe d'un Amour céleste et le début
d'une ascension, s'accorde parfaitement avec

l'exigence religieuse. Les poètes néo-pétrarquistes exploitent à plaisir les images de l'envol de l'âme (st.VII), et de la mort métaphorique de l'amant transporté aux cieux. Sponde dit aussi que son amour est "tout céleste" (st.III). Cette différence de nature est liée à un certain effort d'attention, et à la volonté constante de viser un but élevé. Comme pour la méditation, l'extase de l'élévation n'est pas fulgurante, donnée, mais sa qualité provient de la force (humaine) du désir d'absolu. Sponde emprunte d'abord l'image de l'amour qui guide l'amant aux cieux, puis il corrige: c'est son oeil qui s'est fixé vers le haut, et c'est lui qui exalte son amour ("ce grand ciel d'Amour où mon oeil est bandé", st.III). Le platonisme permet l'expansion d'un imaginaire cosmique.

L'itinéraire paraît donc transparent, de l'amour à la foi. Certains sonnets auraient pu appartenir à un recueil de poèmes religieux (st.XVI, XVII, XVIII,...), d'autres contiennent de longues digressions sur le thème de la vanité du monde, et ont des accents sermonnaires:
"Ceste brave Carthage, un des honneurs du monde
(...) Après avoir dompté presque la terre et l'onde,
Et porté dans le ciel tout l'orgueil de son sein,
Esprouva mais trop tard, qu'un superbe dessein
Fondé dessus le vent, il faut en fin qu'il fonde"
(st.XV; cf.XXII).
Les Amours sont en relations quasi-constantes avec les oeuvres religieuses. Nous indiquons ici les plus apparentes:

Amours..................Oeuvres religieuses
                        (Stances = Stances de la mort)

st.II...................................st.IV
st.IV....................st.VI, et Stances,
                                str.20 à 24
st.VI (tercets)............Stances, v.142-44
st.X (quatrains)...........Méditations, p.223

On trouve dans les Amours les mêmes images et les mêmes valeurs, transposées dans un autre langage, que celles des poèmes religieux. Le "fanal", qui guide le navire à son Salut, est devenu "l'estoile du Nort" (st.XXII). Les "plus vives lumières", auxquelles aspire le poète ébloui, y sont la "plus vive force" d'un Soleil, auprès de qui tout est ténèbres. Dans la littérature religieuse, le soleil désigne Dieu, ou le Christ, comme centre irradiant de toute la vie spirituelle ("le soleil de grâce", "soleil de justice", dit d'Aubigné) (8), et sa vision occulte le monde (nous avions déjà trouvé cette image dans les Méditations de Sponde, p.132-33).

Le sonnet XXIV des Amours reproduit le parcours initiatique que nous avions relevé dans les Stances de la mort, avec une densité extrême. Nous donnons un tableau de ces correspondances, vers par vers:

'Mon Soleil, qui brillez de vos yeux dans mes yeux,
Et pour trop de clarté leur ostez la lumière,
Je ne voy rien que vous, et mon ame est si fière
Qu'elle ne daigne plus aimer que dans les cieux.

Tout autre amour me semble un enfer furieux,
Plein d'horreur et de mort, dont m'enfuyant arrière
J'en laisse franchement plus franche la carriere
A ceux qui font plus mal et pensent faire mieux.

Le plaisir, volontiers, est de l'amour l'amorce,
Mais outre encor je sens quelque plus vive force
Qui me feroit aimer malgré moy ce Soleil:

Ceste force est en vous dont la beauté puissante,
La beauté sans pareille, encor qu'elle s'absente,
A tué cest amant, cest amant sans pareil".

Au prix de la lumière céleste irradiante que l'amant
voit briller dans les yeux aimés, et dont son âme ne
parvient plus à se détacher, les autres amours (de la
vie humaine) apparaissent comme "un enfer furieux".
Néanmoins, l'amour humain est quand même un signe
("l'amorce") d'un autre amour, amour d'une autre
nature (divine), dont la force mystérieuse l'attire.
Mais alors que les Stances de la mort s'achevaient sur
un retour à la vie, le sonnet d'amour finit sur la
mort mystique de l'amant qui correspond à sa
"renaissance"(9), ou encore à sa conversion. L'amant
est devenu autre ("sans pareil"), sans équivalent dans
les valeurs mondaines, puisqu'il a franchi le seuil de
la révélation à un autre ordre. Car la beauté ou la
puissance de la femme aimée n'est pas non plus de ce
monde: sa force est "sans pareille", sans comparaison
possible avec la beauté visible, et son pouvoir
initiatique surnaturel est encore efficace dans
l'absence (même si "elle s'absente"), prouvant par là
qu'il dépasse le sensible ("oultre encore"). C'est le
partage de la lumière divine ("de vos yeux dans mes

yeux") qui crée le charme exclusif ("je ne voy rien
que vous") d'une relation amoureuse où l'être naît à
la vraie vie. Le dernier vers évoque cette conversion:
cet amant est mort, cet amant est maintenant sans
pareil. L'amour donne la modalité d'une vie d'attente,
bouleversée par la Révélation: l'éblouissement qui
rend aveugle pour le monde rend aussi voyant pour
l'invisible. L'amour se vit dans un croisement sans
fin des regards, dans la contemplation éternelle et
puissante du soleil divin qu'ils se renvoient l'un à
l'autre.

Cette image provient aussi des expériences
mystiques (10), qui, parallèlement à l'éblouissement
total et paralysant, parlent parfois du regard de
l'aigle (du Juste), capable de soutenir la vision du
soleil, par opposition à l'aveuglement qui châtie les
méchants. Ces méchants, dit d'Aubigné: "qui, des
mesmes rayons desquels les aiglons enfans du ciel
seront illuminez, eux ne recevront que tenebres et
esblouyssement" (11). Sponde représente de cette façon
le lien de fascination unique et irremplaçable du
couple amoureux:

"Vous seule de moy seul pouvez estre servie
Comme un Soleil de l'Aigle estre bien regardé"
(Stances amoureuses, v.39-40, p.285).
Même s'il s'agit d'une relation purement
contemplative (la dame étant inaccessible dans la
littérature néopétrarquiste), la fixité de la relation
suppose une fusion des êtres "reconnus", et une
plénitude à portée de regard. Les Amours et les poèmes
chrétiens attendent la renaissance intérieure de
l'homme converti à la vraie vie, quelle qu'en soit
l'amorce (amour humain, amour divin, amour de Dieu à
travers l'amour humain), puisque tout est signe, et
que les signes sont transparents.

Les Stances semblent d'ailleurs donner la clé d'un
recueil amoureux:

"Mon esprit, au contraire, hors du monde m'emporte,
Et me faict approcher des Cieux en telle sorte

Que j'en fay désormais l'amour à leur Beauté"
(str.4).
Le poète ne regarde pas les beautés du monde, mais
leur oppose celle, toute intérieure, des "beaux
séjours, loin de l'oeil" (st.VI sur la mort): "En vain
mille beautez à mes yeux se présentent", dit-il, les
rigueurs de l'absence ne lui font pas renier "le bien-
heureux séjour où loge (son) repos"(st.IV)(12). Ainsi,
le regard qui a vu les beautés de l'autre monde, qui
continue d'en ressentir l'absence et d'en couver
l'envie avec patience (ici, avec constance), avait
accepté de suivre la volonté de Dieu, et de se poser à
nouveau sur cette terre. Les Amours sont la forme
mondaine de la spiritualité, et en contiennent la
structure ascensionnelle.
    L'amour aussi est un fanal.

B) La "conversion" amoureuse

    Mais alors que la mort met l'homme directement en
rapport avec la dimension métaphysique, l'amour est
une façon de vivre cette surréalité à un niveau plus
mondain, et donc plus moral.
    Les sonnets "héroïques" présentent des conduites
exemplaires : les héros de l'antiquité, ou bien
renvoient, par contraste, de l'orgueil à
l'humilité (st.II), ou bien dessinent déjà l'idéal du
sacrifice (st.XX). Au platonisme spirituel correspond
le stoïcisme moral. L'image de la conversion prend
alors un tour plus théâtral. Le vainqueur est déjà sur
le char de la victoire; il s'en détourne, et troque
ces honneurs mondains contre la grandeur révélée de la
soumission totale:
"Encor que j'ay de quoy m'enorgueillir comme eux,
Que mes lauriers ne soyent de leurs lauriers, honteux
Je les condamne tous et ne les puis deffendre:
    Ma belle, c'est vers toy que tournent mes espris,
Ces tirans-là faisoyent leur triomphe de prendre,
Et je triompheray de ce que /par ce que/ tu m'as
                                        pris"(st.II).

De la même façon, Horace conquiert son salut dans le
renoncement brusque à la vie, au delà du désespoir:
"Après un long combat, ce brave qu'on renomme
Vaincu non de valeur mais d'un grand nombre, il
rompt
De sa main le passage, et s'eslance d'un bond
Dans le Tybre, se sauve, et sauve tout en somme"
(st.XX).
Le héros antique devient un anti-héros, celui qu'on
renommait "brave" obéit à une éthique supérieure à
celle qui faisait sa gloire, son geste mime sa
renaissance à un autre système de valeurs. Ainsi,
quelle que soit sa forme d'expression, du platonisme
galant à la dramatisation héroïque, l'effet visé est
toujours celui d'un décrochement d'un "ordre" à un
"ordre" supérieur, c'est à-dire la manifestation de la
Révélation.

Pourtant, il est difficile de vivre, en ce monde,
une spiritualité transparente.

*
* *

II. L'AMOUR MASQUÉ OU LE REFLET DU BASILIC

A) L'amour comédie

On n'écrit pas de l'amour, en dehors des codes de
l'écriture amoureuse. Le sonnet demande, par exemple,
une pointe, fondée sur une construction métaphorique
lointaine dont on attend la chute avec un plaisir
tout intellectuel, ou fondée sur un oxymore:
"Moy de ne la voir point, et luy de l'avoir veüe"
"Le dernier désespoir sera son espérance",
(st.V et st.XX), etc.
L'amour y est un jeu, psychologique, social et
littéraire: le poème d'amour joue à être un poème
d'amour; il est hyperbolique par nature.
Le sonnet IX, qu'Alan Boase trouve "plat", nous

semble au contraire démasquer les jeux subtils de la
comédie amoureuse, avec ironie. C'est l'un des rares
cas où Sponde envisage une situation "amoureuse"
possible. La Belle fait la cruelle, et paraît douter
de la fidélité de l'amant. Mais celui-ci n'est pas
dupe, et entre dans son jeu:
"Si tant de maux passez ne m'ont acquis ce bien,
Que vous croyez au moins que je vous suis fidelle,
Ou si vous le croyez, qu'à la moindre querelle
Vous me faciez semblant de n'en plus croire rien".
Le poète a compris qu'elle feint de ne pas croire à sa
fidélité, et il le laisse entendre dans une hypothèse
révélatrice ("ou si vous le croyez"); il a compris
aussi qu'elle exagère ses attitudes
("moindre"/"rien"), dans une mise en scène qui lui
est destinée ("me faciez semblant"). Ronsard disait
le même plaisir complexe d'une relation amoureuse
offerte et refusée, dont le refus puéril même a des
charmes:
"Doux desdains douce amour d'artifice cachée,
Doux courroux enfantin, qui ne garde en son coeur,
Doux d'endurer passer un long temps en longueur,
Sans me voir, sans m'escrire, et faire la faschée"
(Sonnets pour Hélène, I, 45, éd. M. Smith, Droz 1970).
Les dédains sont "doux" parce qu'ils sont affectés, et
donc le signe d'une complicité acceptée, celle du jeu
amoureux conventionnel (social et pétrarquiste). En
effet si la coquette met ses sentiments en théâtre, le
poète lui répond en mettant le langage en théâtre, en
révélant le masque hyperbolique de l'amour:
"Belle pour qui je meurs, belle, pensez vous bien
Que je ne sente point cette injure cruelle?
Plus sanglante beaucoup que la peine éternelle,
Où malgré tout le monde encor je me retien.
Il est vray toutesfois, vos beautez infinies,
Quand je vivrois encor cent mille et mille vies,
Ne se pourroyent jamais servir si dignement".
Il inscrit son amour sous le signe du service,
médiéval au charme démodé.
Mais la pointe artificielle, sur le modèle d'une

conclusion stéréotypée des "argumentations" d'amour,
et reposant sur un jeu de mots (l'amour aime
imparfaitement), est dénoncée à l'avance:
 "Mais, croyez-le ou non, la preuve est toute faicte
Qu'au pris de moy, l'Amour aime imparfaictement".
Le discours amoureux est un assemblage de masques,
auxquels on croit sans croire. Le poète les multiplie.
Il rappelle d'ailleurs souvent la nature purement
verbale de cet amour écrit, et lui oppose la réalité
de la souffrance, non sans ironie:
 "J'ai beau flater de parole
Ce mal sourd comme la mort,
La medecine est trop mole
Et le mal beaucoup trop fort"
(Chanson, p.89, v.27-30);
 "Mais quoy? Je me travaille en vain,
J'augmente par ma doleance
De mes malheurs la violence,
Et mon remède plus certain
Ne despend plus que du silence"
(Chanson, p.86, v.46-50).
 Cette dénonciation du verbalisme s'accompagne d'un
désaveu. Le poète est toujours sur le point de dire
adieu à l'écriture. Dans l'Elégie, cette mort de
l'écriture est imminente; son approche est scandée (et
appelée), par le refrain:
 "Mourez, mes vers, mourez, puis que c'est vostre envie
Ce qui vous servira de mort, me servira de vie".
 Cette Elégie a pour sujet la création littéraire, et
donne un véritable modèle de lecture des Amours.

B) L'amour image

 Sa structure est révélatrice: l'Elégie met en miroir
des topoi littéraire, dont elle montre le néant, par
rapport à la signification réelle qu'ils devraient
représenter.
 Tout d'abord, le poète s'adresse à ses "vers"(v.1 à
58), et les fait surgir par prétérition, à distance,
avec toutes leurs hyperboles (de la douleur, de la

"mort" de l'amant...):
   "Vous n'entrebatez plus de souspirs vostre flanc,
   Et quoy, la mort vous tient?..."
Il rapporte leur discours: "Vous vivriez, dites
vous,..."(v.9), créant un effet de distanciation.
Alors que l'origine des vers est la "flamme" (la
vérité), ils ne parlent que "fumée", et le sentiment
se fige, se refroidit, dans l'artifice d'un langage
imposé (v.17 à 24). "Par trop de coustume" (v.33),
leur douceur disparaît. Ils servent alors seulement de
proie aux "beaux esprits" (les poètes courtisans), qui
les jugent de l'extérieur.
   Mais Sponde tendra un miroir à l'oeil malin de ces
courtisans, qu'il désigne sous le nom de "Basilics",
afin qu'ils soient, comme le serpent légendaire,
anéantis par leur propre reflet:
   "Que si des Basilics l'oeil malin vous offence
   Marchant parmi ces fleurs, j'en prendray la deffence,
   Et du miroir luisant de mon authorité
   J'esteindray tout soudain ceste malignité"(v.37-40).
Car l'illusion et le mal se détruisent eux-mêmes.
   Or, ce miroir tendu aux beaux esprits est, en fait,
l'Elégie elle-même, qui met en ostentation tous les
lieux communs de l'écriture amoureuse, pour qu'ils
s'auto-détruisent par l'image de leur propre vanité.
Elle fait surgir une dernière fois le discours
fallacieux et virtuose, comme le cygne chante au
moment de sa mort (v.49-52), ou comme un "dernier
feu":
   "Mourez, mourez au moins d'une mort qui soit digne
   De vostre belle vie, (...);
   Ce dernier feu, laissant vostre mourante bouche,
   Soit semblable au Soleil qui luit quand il se
                               couche" (v.49-54).
Sponde passe alors en revue tous les topoi de son
recueil de sonnets: l'élégie en donne d'ailleurs une
"image" (visuelle ou auditive), par l'introduction
d'un refrain, qui délimite des couplets (et
renvoie à la fragmentation des sonnets, comme le
faisaient les Stances sur la mort) (13).

Chaque couplet dénonce l'artifice de la métaphore ou de l'hyperbole, en faisant succéder la vraie lecture qu'il faudrait en faire, pour laisser apparaître à travers les images d'amour la vérité qui tue la poésie.

On voit ainsi défiler: le roc dans la tempête; l'or, "qui nous donne un si bel argument"; les héros romains; les flèches de l'amour et leurs blessures; le feu et la glace; la métamorphose de la nature opposée à la constance; l'absence et la présence. Seuls les sonnets romains sont présentés comme des exemples directs de la signification morale; toutes les autres comparaisons, montre Sponde, ont été subverties de leur signification, et ne renvoient qu'à leur forme. L'Elégie propose donc de relire la vie sous le topos (il a reçu les flèches de l'amour en héritage, mais il oppose son "amour si vivant", à "l'homme de vent", pour qui il pourrait passer, v.95-105). Elle laisse présager une autre écriture (vraie, transparente), derrière le discours amoureux que l'usage a dépourvu de sens.

Dans les deux dernières strophes, le poète ne renonce pourtant pas à son héritage littéraire imparfait, mais s'engage à continuer à chanter tout le temps de l'absence (ce qui équivaut, dans les Stances, à l'acceptation de cette vie terrestre, en attendant mieux). Il oppose deux attitudes: on peut, ou bien s'égarer dans l'amour terrestre, ou bien comprendre que l'amour est le signe d'un Amour supérieur. Le texte a posé des problèmes de compréhension (14): il nous faut en proposer une lecture littérale. L'amour y est comparé à un rosier. Nos amours (terrestres), qui craignent le déplaisir, l'échec, l'absence, et réclament la nourriture de la présence, sont privés de roses (d'épanouissement). Car ils se trompent de but. Ils ne reste d'eux que les épines (du rosier), qui nous sont cause de souffrance. Nourrissons donc ces épines, dit Sponde, d'une autre nourriture: celle de l'absence, qui leur apprendra la constance, et les mènera à la perfection. En effet:

"La présence fait naistre un amoureux effet,
L'absence le renforce et le rend plus parfait".
La dernière strophe est plus directement liée à la création poétique, puisqu'elle concerne le chant des Tourtereaux, symboles des amoureux. Or, il y a deux réactions à la douleur de l'éloignement. Certains chantent de cet amour (les poètes, "ces mignons d'Amour"), montrant que l'absence leur sert seulement à gagner le succès littéraire (v.158); et ils se fourvoient dans l'amour terrestre (ils n'aiment que des yeux, aveugles à la vérité). Les autres, dans la solitude, apprennent la véritable essence de l'amour, qui doit toucher "jusqu'au vif la pensée"; ils parviennent à faire éclore cet amour jusqu'au fruit (l'amour, d'abord comparé à un rosier, est comparé, dans cette strophe, à un arbre fruitier du "verger": deux images traditionnelles médiévales).
La fin de la parole littéraire marque alors la renaissance mystique ou l'entrée dans la vérité:
"Ce qui vous servira de mort me servira de vie".

III. UNE ECRITURE EN ATTENTE

A) "Aussi large qu'il est en nos esloignemens"

Là encore, la mort n'est qu'un espoir à l'horizon de l'écriture, que le poète définit comme en attente:
"Je fendray doncques l'air par mes gemissemens
Aussi large qu'il est en nos esloignemens".
Aussi longtemps que durera l'absence, ces vers seront des témoins, au milieu des "fleurs" de la rhétorique amoureuse (v.38), qui renverront aux Basilics leur lecture formelle, en attendant la lecture, en transparence, d'un regard fixé sur le sens, comme sur le "Phare" qui guide le navire dans la tempête:
"Lors qu'on vous poursuyvra je seray vostre Asile,

Et quand les vents battroyent vostre nef si fragile
Vous ne sçauriez vous perdre au Phare de mon feu".

C'est le même double regard des poèmes religieux
(sur le monde; sur le ciel), que requièrent les poèmes
d'amour. D'un bout à l'autre, l'oeuvre de Sponde est
une façon de vivre l'attente de l'Au-delà. Sa seule
valeur est, non en elle-même (muette en réalité, comme
les amours terrestres sont aveugles), mais dans la
constance dont elle fait l'apprentissage. Le sonnet VI
commence par renier l'écriture:

"Escrire est peu: c'est plus de parler et de voir,
De ces deux oeuvres l'une est morte et l'autre vive.
Quelque beau trait d'amour que nostre main escrive,
Ce sont tesmoins muets...".

Pourtant, l'écriture est la seule façon de vivre
(comme attente) la relation au bonheur futur, et de
surmonter la déchéance du temps qui est imposée à
notre condition humaine, grâce à la constance:

"Escrivons, attendant de plus fermes plaisirs,
Et si le temps domine encor sur nos desirs,
Faisons que sur le temps la constance domine".

A l'éternité du bonheur idéal ("fermes plaisirs")
correspond donc déjà la parcelle d'éternité vécue
au quotidien, que recrée à la mesure humaine la
constance.

Le sonnet XII fait l'éloge de la temporisation. Il
s'agit d'une véritable stratégie de la foi (amoureuse
ou religieuse). Malgré les "combats" traversés, les
épreuves mutilantes dont l'homme ne sort pas toujours
victorieux, il lui faut préserver intacte la brûlante
exigence d'une dimension transcendante de l'amour:

"Que si tant de combats te donnent cognoissance
Que tu n'es pas tousjours pour rompre leur effort,
Garde toy de tomber en un tel desconfort
Que ton amour jamais y perde son essence"(v.5-8).

Ainsi, Fabius, chef d'une armée inférieure en nombre,
ne décida pas orgueilleusement de livrer une bataille
glorieuse (mais désespérée) contre Hannibal: il

"Differa ses combats du jour au lendemain",
préférant la force de la patience, au jour le jour, à

une action d'éclat éphémère. En effet, Sponde est partisan d'une discipline intérieure stricte et volontariste, qui aurait pu sembler désincarnée, et conférer à sa poésie la tension superficielle de l'abstraction, mais dont l'exigence s'inscrit sur un fond d'expérience humaine, qui laisse supposer une souffrance vécue. Plus qu'une morale, c'est une véritable sagesse que livrent ces poèmes d'attente. Car le mouvement d'élévation s'achève sur un retour obligé au monde.

Loin d'être l'expression d'une sublimation, les sonnets d'amour sont en fait le retour du spectateur, encore halluciné de "plus vives" beautés (Elégie, v.25-28), et qui est forcé de continuer quand même le chemin en Enfer (le martyre de la vie). C'est cette traversée des enfers, dans l'itinéraire initiatique vers la vision d'un dieu, que décrivent les quatrains du sonnet V. Ce beau poème, interprété souvent de façon partielle à l'aide de quelques vers isolés, mérite une analyse plus complète.

B) La vision espérée (sonnet V)

D'emblée, la vie humaine est assimilée à un "martyre"; l'annonce de la mort impose une coupure (marquée par un temps de pause: "Je meurs, // et les soucis..."), par rapport à la vie, qui n'est que souffrance. Le lecteur est placé directement au coeur de cette souffrance de l'"absence" de l'aimée et plus généralement de l'objet de la quête intérieure, que le poète évoque comme une angoisse. Les quatrains sont bâtis sur des enjambements qui recréent une sorte de vertige et de malaise, au bercement de ce mouvement subi:

"Je meurs, et les soucis qui sortent du martyre
Que me donne l'absence, et les jours et les nuicts
Font tant, qu'à tous momens je ne sçay que je suis,
Si j'empire du tout ou bien si je respire."

Le rythme et la répétition ("et les jours et les

nuicts"), suggère la douleur lancinante que relance la
multiplicité des jours de séparation, dans leur vécu
concret. Les nuits sont les plus longues à ceux qui
souffrent. Cette précision fugitive enracine la
douleur dans le corps. Ce qui surprend, dans la poésie
de Sponde, c'est à la fois l'épaisseur vécue de la
spiritualité, et le retentissement métaphysique des
impressions apparemment concrètes. Le métaphysique ou
l'ontologique s'incarnent dans une profondeur
d'humanité qui ne les quitte jamais: l'écho d'une vie
réelle et physique de la conscience suit la réflexion
jusque dans les hauteurs les plus abstraites et
générales.

Ainsi, parallèlement à la description d'un malaise
sinon d'une maladie, ou d'une agonie imminente (v.4),
que renforcent les retours de sonorités sur les deux
quatrains, comme une obsession qui se prolonge (i, en,
men), il y a toute une conception révélée de leurs
causes métaphysiques.

En effet, quelle est la cause de ces "soucis" ou
"chagrins"? L'"absence" justifie-t-elle par elle-même
tous les pluriels de la souffrance ("les soucis", "les
jours", "à tous momens")? Leur véritable origine est
le temps, la durée, qui crée, nourrit la douleur, et
la rend multiple: l'être humain, dans la souffrance,
en raison de l'imperfection de sa nature temporelle,
disperse son unité essentielle, dans la mesure où la
douleur physique le rattache à la matérialité, et
risque de lui faire perdre son être:
"Font tant qu'à tous momens je ne sçay que je suis".
Il est autre à chaque instant, profondément altéré à
la fois dans sa dimension ontologique et dans son vécu
quotidien, et il est condamné à subir cette
altération, ce mal qui prolifère de lui-même:
"Un chagrin survenant mille chagrins m'attire".
De même que dans les Méditations, le mal s'auto-
détruit:
"Et me cuidant aider moy-mesme je me nuis".
L'homme vit dans l'universelle illusion du "cuider",
en tant qu'il se sent rattaché au monde. Dans les

Stances de la mort, Sponde disait à l'Esprit qui
regrettait la vie (v.65-66):
    "Voire, de te garder un désir te chatouille,
    Mais cuidant te garder, mon Esprit, tu te perds".
Cette erreur fait partie de la condition humaine, dans
laquelle tout est perverti. L'homme est prisonnier de
cet enfer, dont la traversée provoque une sorte
d'écoeurement qui va s'accentuant, puisqu'il se
manifeste dans sa réalité physiologique, et finit par
égarer son esprit, et ne laisser de lui que le sentir:
    "L'infini mouvement de mes roulans ennuis
    M'emporte, et je le sens, mais je ne le puis dire".

    C'est qu'il y a deux sortes de souffrances: le
malaise de la confusion se nourrit lui-même, se
prolonge, ne peut que nuire à l'esprit; en revanche,
la douleur aiguë du désir de l'au-delà, du souvenir
d'une rencontre décisive (d'une vision divine), sera
une voie de salut et de consolation.
    Les tercets développent une comparaison avec Actéon.
Le thème de la vision châtiée est abondamment représenté dans la littérature et l'iconographie de la
Renaissance. Mais on aurait tort de croire en révéler
la clé, à partir de la fausse "supériorité"
herméneutique de notre époque, qui aurait trouvé ce
que les hommes du XVIe siècle cachaient dans leur
inconscient, et transposaient à leur insu dans
l'art... Ce qui nous intéresse est plutôt de
comprendre leur démarche herméneutique (leur système
propre de dévoilement des significations), au niveau
de leur perception consciente.
    Car le mythe au XVIe siècle n'était ni décoratif,
ni seulement symbolique et univoque; sa signification
avait une grande plasticité, que les poètes
utilisaient comme telle. De plus, recourir au mythe
était une démarche qui avait toujours une répercussion
essentielle (touchant à un mystère essentiel). Ainsi,
la référence au mythe d'Actéon doit être décodée ici
par rapport au dessein général du poème et de
l'oeuvre, comme celui de la vision terrassante et

sublime d'un dieu, suivie d'une mort (et d'une renaissance) mystique.

Dans le premier tercet, le poète s'assimile à Actéon: l'éclat de son âme a été altéré, transformé, par la souffrance, au point que sa source de vie est devenue pour lui cause de torture; c'est sa propre âme qui le tue:

"Je suis cet Actéon de ses chiens deschiré !
Et l'esclat de mon ame est si bien altéré
Qu'elle, qui me devrait faire vivre, me tuë".

Le second tercet prolonge la comparaison ("deux deesses", "nostre sort", "mesme mort"): les deux deesses sont Diane et la bien-aimée, objet de l'amour suprême. Pourtant, le dernier vers introduit une opposition:

"Deux Deesses nous ont tramé tout nostre sort,
Mais pour divers sujets nous trouvons mesme mort,
Moy de ne la voir point, et luy de l'avoir veuë".

La pointe est, certes, un compliment hyperbolique assez banal (je meurs de ne pas vous voir), mais ici, elle prend une valeur nouvelle, et donne la signification du sonnet. La comparaison entre Actéon et le poète serait faussée s'il s'agissait seulement de la souffrance de l'absence amoureuse, car l'un meurt d'avoir vu, l'autre de ne pas voir.

Le véritable parallélisme vient de ce que tous deux ont vu ces "déesses". Mais Actéon est exemplaire, parce qu'il a eu le bonheur d'en mourir tout de suite, d'être ravi au ciel, comme les prophètes Enoch et Elie. Tandis que le poète doit continuer à subir le martyre de la vie, et la privation de ce bonheur entrevu. Ceci explique qu'il soit "deschiré": pour lui, le déchirement dure tout le temps de la vie ici-bas. Depuis que, tel Actéon, il a vu la beauté de la déesse --pour lui, de l'amour (divin)--, son âme a été définitivement "altérée", de même que son regard avait été brûlé par cette vision sublime. On retrouve la même image dans l'Elégie (15).

C'est une interprétation particulière de la réminiscence platonicienne (cf. st.IV): le souvenir de

l'au-delà (de notre vraie patrie), est en fait un
souvenir anticipé, dans l'optique chrétienne, et il
reste vivant en l'homme, engendrant à la fois la
tristesse du souvenir et l'espoir de la vie future.
Ainsi, cet espoir qui devrait être source de joie, le
"tue", parce qu'il le vit comme un souvenir, sur le
mode de l'absence, ici-bas, comme une attente
douloureuse à cause de la séparation et fascinée par
l'avenir.

L'amour, et la relation à l'aimée, ne sont qu'une
façon d'être au monde, et de vivre le conflit
existentiel de la condition humaine: hantée par le
souvenir-espoir d'un bonheur absolu, et condamnée à la
finitude temporelle dégradante.

Ce poème contient encore le désir d'intrusion dans
l'Au-delà, et rappelle les souffrances de cette vie
terrestre où vivre n'est pas vivre, où voir n'est pas
voir, mais attendre:

"Pour vivre au Ciel il faut mourir plustost ici:
Ce n'en est pas pourtant le sentier raccoucy,
Mais quoy? Nous n'avons plus ny d'Hénoch, ni
　　　　　　d'Elie" (st.XI sur la mort).

Ce "double regard" fondamental, qui fait le mode
d'existence de l'homme, sa vie au quotidien,
perpétuellement avec la Révélation intérieure, est
omniprésent. Certains sonnets en font même leur sujet,
comme le sonnet III:

"Qui seroit dans les cieux, et baisseroit sa veuë
Sur le large pourpris de ce sec élément (...)",
c'est-à-dire: celui qui regarde du ciel sur la terre,
ne voit qu'un point;

"Mais s'il contemple après ceste courtine bluë",
(le ciel), il voit l'infiniment grand,
l'incompréhensible.

"Ainsi de ce grand ciel, où l'amour m'a guidé,
De ce grand ciel d'Amour où mon oeil est bandé,
Si je relasche un peu la pointe aiguë au reste"
　　Au reste des amours, je voy sous une nuit
Du monde d'Epicure en atomes réduit,

Leur amour tout de terre et le mien tout celeste",
c'est-à-dire: je vois combien leurs amours terrestres
sont minuscules, et combien le mien est céleste.

Cette mobilité vertigineuse des points de vue
n'engendre pas la confusion mais confirme l'assurance
pour le poète de posséder un amour qui n'est pas de ce
monde, et une vraie vie bien au delà de cette terre.
Il a pris le point de vue du ciel pour garantie et
pour seule vérité.

Le poète contemple le monde à distance, déjà à demi
détaché (st.XIX...), comme le mélancolique du sonnet
II sur la mort, dont le sonnet final des Amours semble
être la continuation: après l'orage, le spectacle de
l'envol d'un oiseau ramène la paix dans son âme. La
tentation humaine de l'acedia est vaincue par
l'exemple amoureux de l'ascension spirituelle.

Ce poème marque un aboutissement dans l'expérience
intérieure de Sponde, qu'il convient d'analyser en
détail.

*
* *

C) La Paix promise ou
"le calme de mer" (sonnet XXVI)

Les quatrains décrivent au passé le bouleversement
d'un paysage (intérieur), tel un chaos où tous les
éléments se mêlent dans la tempête:
"Les vents grondoyent en l'air, les plus sombres
                                          nuages
Nous desroboyent le jour pesle mesle entassez,
Les abismes d'enfer estoyent au ciel poussez,
La mer s'enfloit de monts, et le monde d'orages".
Une sorte de révolte orgueilleuse pousse les éléments
à s'élever au ciel ("grondoyent en l'air", "pesle
mesle entassez", "au ciel poussez", "s'enfloit de
monts"): le désir d'ascension est mal compris, et se
traduit dans l'orgueil. L'entreprise des Titans, qui
amoncellent les montagnes pour conquérir le trône
céleste (st.III sur la mort), ou celle de la tour de
Babel, sont des symboles de l'élévation pervertie, et

qui n'aboutit qu'à la confusion (l'eau et la terre se croisent, v.4).

En même temps ce quatrain évoque la fin d'un monde: en effet, il correspond à la caducité des valeurs mondaines, et surtout à l'adieu au monde du poète, dans sa démarche initiatique. Cet adieu ne se fait pas dans la joie, mais la douleur, comme un exorcisme (ou un enfantement). Chaque fois, l'image de cette étape est celle de l'onde qui s'enfle, ou de la terre qui s'ébranle, dans une résistance menaçante et sourde (cf. st.XII sur la mort, et Stances, v.115-17).

Mais c'est une aspiration plus forte que ce malaise qui permet de réaliser l'élévation difficile, sinon impossible, ou obligatoirement pervertie en ce monde. C'est seulement par l'apparition d'un oiseau surnaturel que le poète peut réussir l'exorcisme intérieur, le détachement, et l'accès à la vérité sublime:

"Quand je vy qu'un oyseau delaissant nos rivages
S'envole au beau milieu de ses flots courroucez,
Y pose de son nid les festus ramassez
Et rapaise soudain ses escumeuses rages".

Cet envol, inscrit d'abord dans le paysage orageux, prend une valeur symbolique, exemplaire d'un mouvement de l'âme, mais aussi, il acquiert une dimension miraculeuse. Lui, simple oiseau, apaise la tempête. Il est chargé de significations. D'une part, il est le symbole de l'Esprit Saint; d'autre part, il ne peut manquer d'évoquer l'épisode où le Christ apaisa les flots tandis que les Apôtres avaient peur. Dès son apparition, il montre le détachement, comme condition de l'envol: "delaissant nos rivages S'envole".

Il ne s'agit pas pour Sponde de dessiner un idéal absolu, mais d'offrir une poésie humaine, qui soit toujours à la mesure de notre condition, et nous élève peu à peu au contact d'une exigence transcendante. En effet, le point de départ de tout itinéraire est toujours la condition commune ("nos rivages"), en tant que l'homme est prisonnier des valeurs mondaines, mais aussi, sur le rivage, comme sur le seuil, en attente du départ. Or l'homme a besoin de guides (l'oiseau, la métaphore du poète) qui restent à sa portée. L'oiseau est certes surnaturel, et la paix est une grâce ("rappaise soudain"), mais la dimension humaine et temporelle n'est pas absente. Entre les "flots courroucez" et les "escumeuses rages", --chiasme sur lequel se referme la tempête--, l'oiseau a bâti sa propre paix avec patience, fétu après fétu. Malgré le tumulte de l'orage, il a construit:

"Y pose de son nid les festus ramassez".

Cette lecture symbolique est imposée par la comparaison des tercets:

"L'amour m'en fit autant, et comme un Alcion,
L'autre jour se logea dedans ma passion
Et combla de bon-heur mon ame infortunée".

Cet oiseau était un Alcion (oiseau mythique, porteur de paix), et la tempête était la passion du poète. Sponde oppose ainsi l'amour surnaturel à la souffrance de l'amour terrestre, qui, lui, n'apporte qu'infortune et tourment. C'est une découverte intérieure que dit le poète, et on y sent un émerveillement, une surprise ("l'autre jour"), et il l'a ressentie comme une grâce, un don ("me donna la paix"). Il a découvert que l'amour n'est pas souffrance, passion, ascèse difficile, mais bonheur total. Son amour humain s'est tout entier métamorphosé en amour surnaturel, par une sublimation: il a franchi un seuil, a fait irruption à la paix absolue ("combla de bon-heur mon ame infortunée").

Les deux derniers vers précisent l'opposition du monde terrestre et de la surréalité intérieure:

"Mais le calme de mer n'est qu'une fois l'année,
Et celuy de mon ame y sera pour jamais".

Dans la mer (symbole de la vie mondaine), les tempêtes et le calme se succèdent, les cycles se répètent, car le monde a la valeur d'un signe pour l'homme: signe d'élévation et d'apaisement, ou signe de chaos si l'on ne s'en détache pas. Mais la révélation intérieure de la spiritualité (avec son exigence de détachement et de construction patiente), et de la force vive du bonheur dans la paix, marque un changement irréversible. Cette grâce ne le quittera plus: il s'est "converti", et est entré dans une nouvelle phase de sa vie. Son amour a changé d'essence, il a atteint l'absolu ("pour jamais").

Par rapport au dessein général des Amours, ce dernier sonnet présente un aboutissement réussi: celui du détachement, et de la connaissance, en ce monde, du bonheur spirituel. Certes, il s'agit d'un poème "exemplaire", et l'éternité du calme est aussi un souhait. Néanmoins, le fait que le poète ait accédé à cette sorte de paradis avant la mort, est une réussite dans l'itinéraire qu'il s'était fixé, et qui habite tous ses poèmes.

Le "double regard", source de mélancolie tant qu'il est attente, devient source de paix, à la lumière de la révélation.

Ainsi, la double lecture attendue (dont l'Elégie propose le modèle), est elle-même un parcours ascensionnel, qui n'est pas apparent dans la structure des sonnets, mais renvoyé à l'intérieur de la subjectivité du lecteur au double regard. En effet, si le langage n'est pas transparent, il est un lieu d'exercice de la transparence, comme les cris des Méditations étaient le lieu d'un contact avec le silence. Ces sonnets présentent donc deux niveaux de lecture superposés: on peut y lire la traduction littéraire néo-pétrarquiste du platonisme, et, en surimpression, au delà, une signification religieuse en attente. La première lecture ne disparaît pas à la seconde, mais en est le support. Chaque poème offre ainsi les deux versants (mondain et spirituel), d'une même expérience.

CONCLUSION

Cette étude nous a permis de découvrir une cohérence interne à l'oeuvre de Sponde, ainsi que d'ébaucher ce qui pourrait être une nouvelle catégorie critique, susceptible de compléter notre panorama de la vie culturelle à la fin du XVIe siècle. En effet, la cour de Navarre nous semble avoir été un lieu privilégié où se sont élaborées, croisées et différenciées, des micro-mentalités, promises à de plus vastes destinées. Jean de Sponde passait pour "baroque"; nous avons défini le <u>Navarrais</u> contre le Baroque et le Maniérisme.

Il ne s'agissait pas pour nous de participer à l'entreprise d'émiettement de ces grandes notions, qu'on n'utilise plus qu'avec précautions, et à propos desquelles les discussions apparaissent à l'avance oiseuses. Car, sous prétexte de vouloir respecter l'unicité des oeuvres, irréductibles à des catégories critiques trop conceptualisées, nous nous condamnerions à ne plus pouvoir même <u>lire</u> ces oeuvres. En effet, renier ces catégories serait méconnaître l'une des lois fondamentales du fonctionnement de la réception, qui est la nécessité de la périodisation historico-critique. A force de pulvériser notre horizon d'attente, ou de l'uniformiser, c'est-à-dire de l'empêcher de se constituer en paysage culturel organisé, à l'intérieur duquel seulement surgissent les oeuvres à notre perception critique, nous risquons de nous priver des outils exégétiques les plus indispensables, que sont ces structures de périodisation, qui, loin d'imposer des carcans artificiels à la réception, en sont les <u>a priori</u>. De même que les formes pures de l'intuition sensible, par lesquelles une connaissance des phénomènes est possible, sont l'espace et le temps, de même, on pourrait distinguer les formes a priori de notre réception des oeuvres, dans une herméneutique transcendantale qui rendrait compte de notre perception culturelle. Claude Faisant, dans une théorie de la réception critique, qui contient aussi une exploration des mécanismes de l'herméneutique, écrit que la réception fait intervenir un ensemble complexe de structures spécifiques:

"Ces structures, qui dessinent l'optique du récepteur, se manifestent essentiellement sous la forme de schémas perceptifs, plus ou moins enchevêtrés, mais où l'on peut discerner deux types fondamentaux: des schémas historiques, qui situent l'oeuvre dans un système de repères temporels; et des schémas critiques, qui en fixent le statut littéraire" (1).

Le paysage culturel de notre horizon d'attente n'a donc rien de subjectif, ni d'indéterminé; ce qui n'y trouve pas place s'évanouit de notre lecture, car "toutes les oeuvres du passé forment un ensemble symphonique dont toutes les parties sont interdépendantes" (2). La catégorie du Navarrais permet ainsi de mieux redéfinir celles du Baroque et du Maniérisme.

Si l'on s'en tient à des descriptions formelles ou thématiques, en effet, les flottements sont possibles. C'est que ces notions ne doivent plus concerner des formes, ni des structures, ni des thèmes; mais elles doivent définir un certain type de mentalité. C'est le sens des formes qu'il faut interroger, en remontant à cela même qui a permis leur éclosion et a orienté leur genèse. Ce sens fait partie intégrante d'une période de mentalité, dont nous devons chercher la spécificité (relativement aux périodes proches): c'est elle qui décide à la fois des éléments de "l'univers mental" d'un auteur (sa pensée, sa thématique, ses outils stylistiques...), et de la manière particulière de produire du sens avec ces éléments. Les textes rendent témoignage de l'herméneutique de leur "milieu" (quel que soit leur contenu), dans la visée d'écriture qui les motive, et où s'élaborent les structures de signifiance propres à la mentalité dont ils relèvent. C'est pourquoi nous n'avons pas écrit de "biographie" de Jean de Sponde, mais nous avons essayé d'éclairer les milieux qu'il a fréquentés; c'est pourquoi nous n'avons pas donné une approche exhaustive thématique et formelle de ses textes, mais nous avons directement cherché à les lire selon leur finalité signifiante et ses modalités de réalisation. Du coup, cette écriture, que la parole méditationnelle a servi à appréhender dans ses résonances métaphysiques profondes, peut aussi renvoyer à ce que nous avons appelé une "mentalité stylistique", elle-même représentative d'une micro-mentalité.

La cour de Navarre constitue un terrain d'étude particulièrement intéressant, car on y discerne assez clairement les apports de la cour de France, dans la culture et la foi (les Evangélistes s'y réfugiaient), et l'infléchissement que leur a fait subir une tradition locale (géographiquement limitée au Béarn et à l'influence espagnole); puis, la progression de la Réforme, et les relations des calvinistes de Genève avec les Huguenots navarrais. C'est au milieu de l'effervescence imposée par les débats théologiques et par les pressions politiques, que l'histoire des mentalités a vu se dessiner, s'affronter ou coexister, diverses tendances. Ces micro-mentalités sont repérables les unes par rapport aux autres, dans la différence de mise en perspective de l'ensemble des représentations et des valeurs qui s'opère dans chaque groupe culturel. Ce sont les mêmes notions dont il est question, et on trouve dans la plupart des discours le même vocabulaire et les mêmes procédés formels. Mais des décalages apparaissent, qui correspondent à différents systèmes de mise en signifiance, à différentes façons de penser, de sentir, et de croire. On s'aperçoit alors que des groupes se rapprochent par la mentalité dont ils relèvent, en dépit de leurs oppositions idéologiques (on l'a vu à propos des Huguenots navarrais: Sponde, La Noue..., et des Catholiques); d'autres divergent (calvinistes de Navarre ou de Genève). C'est la cohérence d'un système exégétique et axiologique de représentation qui définit une micro-mentalité. Tous les contenus culturels et épistémologiques sont orientés corrélativement les uns aux autres, en vue d'une lecture du sens, et d'une ligne de conduite (morale) de l'homme dans le monde. Chaque fois qu'une période de mentalité parvient à donner naissance à une production littéraire et artistique qui renvoie, dans son style et son contenu, à un système hiérachisé de de perception du monde, on a matière à analyse d'une catégorie critique (le Maniérisme, le Baroque, le Navarrais), et d'une herméneutique propre à cette catégorie. Il est évident que pour la période qui nous occupe, la sensibilité religieuse est déterminante. La dualité quasi-manichéenne: Monde (vie humaine) / Ciel (vie spirituelle), d'ailleurs susceptible de complexification, constitue le fondement de toute lecture de signification, depuis les réalités les plus simples (reliées ainsi toujours à une valeur spirituelle), jusqu'aux spéculations philosophiques et théologiques les plus abstraites (reliées toujours ainsi à un imaginaire concret).

Le "style navarrais", ainsi compris comme signe d'une mentalité propre, nous fait pénétrer d'un coup dans le noeud vital de croisement de tous les contenus épistémologiques et de leur organisation selon l'axe herméneutique qui les soutient. Il ne concerne pas seulement les discours religieux. Il serait intéressant d'étudier les cheminements précis de "contamination" de ce style dans les divers milieux où il a diffusé, et de voir les différentes expressions auxquelles il a donné naissance, c'est-à-dire, en fait, l'actualisation du travail secret de la vie culturelle, et l'évolution de la mentalité collective, en fonction de l'accent particulier que certains groupes lui ont imprimé. Nous avons commencé à l'analyser ici à travers l'oeuvre de Sponde.

Les Calvinistes de Genève nous semblent avoir été à l'origine de la "fêlure" ontologique qui hante les Baroque, précisément parce qu'ils ont été sensibles (leur production littéraire le révèle), au "hiatus" abyssal entre l'homme et Dieu. En dehors même de leur doctrine et de leur foi, cette sensibilité a installé un suspens d'angoisse au coeur de la nouvelle mentalité dont ils amorçaient ainsi le tournant. Paradoxalement, l'art baroque qui passe pour être l'art de la Contre Réforme, a été la récupération (et la transformation) esthétique de la "mentalité stylistique" des Réformés de Genève, qui, eux, condamnaient les manifestations artistiques... La mentalité navarraise correspond à l'acception de la Réforme calviniste en terrain évangélique et humaniste français. Nous avons vu combien le calvinisme a été implanté de force en Navarre. Le sentiment religieux de Sponde, et son image d'un Dieu de douceur, est à rapprocher de celui d'un Briçonnet. Cette communauté chrétienne de sensibilité spirituelle, en cohérence avec l'héritage catholique, repoussé puis retrouvé, explique les conversions.

Il conviendrait donc de distinguer parmi la poésie religieuse des Baroques "noirs", d'une part, ceux qui vivent la tragédie de la condition humaine en insistant sur la description de cette condition, comme si l'écriture à elle seule acquérait une valeur de revanche, et était pour l'homme l'occasion de reconquérir un statut, de réaffirmer sa condition, même inconstante (l'ostentation littéraire cachant alors un doute métaphysique); et d'autre part, ceux qui dénoncent la misère et la vanité de l'homme sans jamais perdre le point de référence auquel ils mesurent tout: Dieu déjà présent au fond d'eux. Chez eux, plus de sentiment de l'absurde, plus de vertige, ils ont trouvé leur point d'appui, la Vérité qui renvoie l'universelle illusion à son néant.

*

Ainsi, l'oeuvre de Sponde témoigne d'une grande cohérence. Les mêmes images qui soutiennent les mêmes notions parcourent tous ses textes, dont la cohérence peut se définir par le mouvement de conversion qui les anime, et qu'ils veulent provoquer.

Les Méditations mettent en scène la structure et l'image de la conversion violente, du basculement soudain que réclame l'incompatibilité de la vie mondaine et de la vie spirituelle: voir le monde, c'est ne pas voir Dieu, et inversement. Cette intransigeance vient du but visé par le prédicateur, qui est d'approfondir la cicatrice intérieure entre deux "ordres" complètement hétérogènes, afin de réveiller les consciences endormies dans le contentement illusoire de soi-même, dans la tiédeur, sinon dans la mauvaise foi.

L'écriture poétique est moins asservie à une fonction didactique sermonnaire, et peut offrir un modèle de prière plus complet et plus profond. La rhétorique du convertisseur suscite à tous les niveaux, le décrochement salutaire: les images appellent une signification symbolique, les antithèses supposent un troisième élément, innommé mais nécessaire, qui les réunit. Le mouvement dialectique interne à tout acte de pensée ou de parole est aussi une forme de conversion.

Mais l'écriture, elle aussi, entre dans l'itinéraire spirituel. Chaque texte attend une élévation, qu'il soit directement un modèle de prière (dans les Méditations), ou qu'il en soit l'exercice au quotidien, au spectacle de la mort ou de l'amour (dans les oeuvres poétiques). Chacun est aussi le témoignage de l'acceptation, toujours recommencée, de la vie terrestre, —et de l'écriture mondaine—, que traverse un spectateur aux yeux fixés sur l'Au-delà. L'incompatibilité des deux "visions" (monde/Dieu) se résout dans l'exercice d'un double regard: l'homme est lui-même le point (le seuil), où s'opère la jonction des deux réalités; il est le lieu de leur

accommodation, au prix d'un effort de lucidité, qui
lui permet de lire le sens sans mépriser le signe,
c'est-à-dire de comprendre et d'assumer les signes,
qui, de trompeurs, deviennent messagers.

Vivre cette double réalité dans la perspective
d'une vérité unique n'est pas léger à supporter. La
tentation est grande du dégoût profond, de l'acedia.
Cette "mélancolie" est le symptôme du détachement: non
pas du détachement du monde (dont les attraits sont
vite rejetés), mais des "plus vives lumières" de l'Au-
delà, que le spectateur garde en lui avec fascination.
Car le cheminement n'est pas purement ascensionnel: il
se heurte à l'obligation de vivre cette condition
humaine difficile, et donc de revenir à
l'apprentissage de la patience et de l'attente
("Appren-moy de bien vivre, afin de bien mourir").

Mais une nouvelle révélation, plus secrète et plus
profonde, récompense cet effort renouvelé: la
construction, jour après jour, d'une paix intérieure,
qui porte la présence, dans la temporalité humaine,
d'un germe du bonheur éternel, qui comble l'âme et
renforce sa certitude.

L'écriture est une façon de vivre l'attente, au
cours de laquelle les yeux de l'homme apprennent à
discerner le sens des signes, et la vérité au delà de
la réalité. L'écriture réelle appelle une écriture
vraie, que la première laisse deviner en transparence,
et attend cette progression ascensionnelle chez le
lecteur. La parole sermonnaire supporte le silence
sacré, et la poésie supporte la prière invisible.
Toute l'oeuvre répète comme un rite l'instant du
passage d'un plan à un autre, le mystère de ces sauts
qualitatifs de la pensée et des sentiments, qui, peu à
peu, ouvrent dans le coeur humain l'espace de la
transcendance. Le lecteur renoue avec "l'orateur
intérieur", auquel le discours spondien cède la place,
et prête sa voix.

Chaque acte de parole, ou d'écriture, dessine ainsi
l'espace intérieur d'une méditation soutenue, en
cheminement, et qui se sait accompagnée dans son

attente même. L'orateur ou le poète n'est pas celui
qui parle une parole sacrée (le prêtre ou le prophète)
mais qui parle une parole d'attente, --annonciatrice
d'une parole sacrée.

L'unité du double regard se crée dans le parcours
intérieur: elle est une unité vivante, sa cohérence
n'est pas statique ni abstraite, mais vécue comme une
renaissance renouvelée, source paisible de la Vie. La
cohérence ne se définit pas par une hiérarchie fermée
sur elle-même. Pour l'oeuvre de Sponde, elle est un
principe génétique, une création intérieure infinie
mais orientée: la parole humaine avance en se mêlant
au Silence sacré qui l'attend et la soutient. La
cohérence est intérieure, parce que c'est dans l'être
que l'homme est lié à Dieu.

NOTES

NOTES DE L'INTRODUCTION

1. Marcel Arland dans sa Préface aux Oeuvres poétiques de 1945, p.XII, parle d'une "âme ardente et faible", partagée entre l'amour profane et l'amour divin. Mario Richter parle de "crise", de "drame intérieur" ("Il processo spirituale e stilistico nella poesia di J. de S." Aevum XXXVI, 1962). C. Koerber voit dans les sonnets d'amour un conflit entre le doute et la foi (l'inconstance et la constance), ("Rôle de la constance dans les Sonnets d'Amour de Jean de S.", Modern Language Notes, LXXX, 1965). Henri Lafay écrit: "Sa vision de l'homme est celle d'un être divisé entre l'appel de l'absolu (...) et celui du monde (...), entre l'esprit et la chair", (La Poésie française du premier XVIIe siècle, Nizet 1975, p.334): il résume ici l'opinion générale de la critique.

2. Claude-Gilbert Dubois, Le Baroque, Larousse, 1973, p.11.

3. Avant-propos de J. de S., Oeuvres littéraires, Droz, p.VII.

4. La Poésie française et le maniérisme, T.L.F., Droz, 1971, p.45.

5. La Littérature de l'âge baroque, Corti, 1963, p.120.

6. Poésie et tradition biblique au XVIe siècle, Corti, 1969, p.445-52.

7. Etre et dire, La Baconnière, 1970, p.132-33.

8. Gisèle Mathieu-Castellani, "Un Sein maniériste", Maniérismes, R.L.C. N°3, Juill-Sept. 1982.

9. Voir Josiane Rieu, "L'Ecphrasis dans la poésie religieuse maniériste", Hommage à Cl. Digeon, Pub. des Annales de la Faculté des Lettres de Nice, Les Belles Lettres, 1987.

10. G. Mathieu, Les Thèmes amoureux de la poésie française: 1570-1600, Serv. de reprod. des Thèses. Univ. de Lille III, 1976.

11. G. Mathieu-Castellani, "Discours baroque, discours maniériste. Pygmalion et Narcisse", Questionnements du Baroque, Louvain, 1986, p.71. Voir aussi "Un Emblème sans devise. Etude du IXe sonnet sur la mort de S." L'Information Grammaticale N°31, Oct. 1986.

12. Jean Rousset, Anthologie de la poésie baroque française, A. Colin, 1961, Introd. p.6.

13. Marie-Madeleine Fragonard, dans La Pensée religieuse d'A. d'Aubigné et son expression, Lille, diff. Champion, 1986, essaie d'analyser le texte religieux comme champ de textualité, dans un souci d'objectivité: "Nous, lecteurs, n'avons pas de prise sur la foi de d'Aubigné; son texte et son action la postulent, mais ne la rendent pas pour autant accessible. Ne s'offre à nous que le champ de la textualité et de l'intertextualité", p.4. Néanmoins, son étude montre que les "oppositions" apparentes entre le vécu insaisissable d'une foi et son expression se résolvent dans un même acte d'écriture: "Si la recherche des liens qui se tissent alors entre la pensée religieuse et son expression peut trouver un aboutissement, c'est en montrant leur interdépendance, et surtout leur finalité commune dans l'oeuvre d'A. d'Aubigné: dire l'homme, c'est dire Dieu, mais surtout, se dire", p.942. Il serait en effet artificiel de séparer l'écriture de la foi du sentiment religieux. Plus que la pensée religieuse, les textes littéraires révèlent directement le sentiment religieux, et la sensibilité particulière d'une expérience vécue de la foi, comme nous le verrons. M-M. Fragonard opte, quant à elle, pour une explication psychanalytique du phénomène de la foi).

*
* *

NOTES DU CHAPITRE 1.

1. Alan Boase pense que les Amours sont antérieurs aux oeuvres chrétiennes, mais ses raisons sont assez subjectives (voir, Oeuvres litt., Introd. p.10). Robert Mélançon, croit qu'ils sont postérieurs: voir "La Fin du pétrarquisme en France", L'Automne de la Renaissance, Colloque intern. d'études humanistes (Tours), Vrin, 1981, p.261. Nous sommes tentés de le croire aussi, c'est pourquoi nous avons placé leur étude après celle des poèmes religieux avec lesquels ils entretiennent de nombreux rapports. De toutes façons, les oeuvres religieuses ont été écrites par Sponde vers trente ans, ce qui ne laisse pas de grande distance entre elles et ce qui est censé être une oeuvre de jeunesse.

2. Toutes nos références au texte de Sponde renvoient à l'édition d'Alan Boase: Jean de Sponde, Oeuvres littéraires, T.L.F., Droz 1978. De plus, notre présent chapitre exploite son ouvrage: Vie de J. de Sponde, Droz, 1977, auquel nous renvoyons pour plus de précisions.

3. Nous renvoyons pour toutes ces questions, à Augustin Renaudet, Humanisme et Renaissance, Droz, 1958.

4. Cit. Ibid. p.152.

5. Cit. in Albert-Marie Schmidt, Jean Calvin et la tradition calvinienne, Le Seuil, 1957, p.64-65.

6. Op. cit. p.124.

7. Ibid. p.128.

8. Cit. in Armand Garnier, Agrippa d'Aubigné et le parti protestant, Paris, 1928, p.119-20.

9. Cit. in Le Béarn sous Jeanne d'Albret, Exposition de la Bibliothèque Municipale de Pau, 1983, p.IX.

10. Cit. in Boase, Vie..., p.46-47.

11. Voir Peter Bietenholz, "Le coeur contre l'esprit. Comparaison entre les exilés français et italiens à Bâle pendant la seconde moitié du XVIe

siècle", Colloque L'Amiral de Coligny et son temps, Paris, 1974.

12. Boase, Vie..., p.23.

13. Ibid. p.29.

14. Ibid.

15. Claude Faisant, "Le sens religieux de l'Hercule Chrestien", Autour des Hymnes de Ronsard, Etudes rassemblées par M. Lazard, Champion, 1984; "Gemmologie et imaginaire: les Pierres précieuses de Rémy Belleau", L'invention au XVIe siècle, sous la direction de Cl-G. Dubois, L.A.P.R.I.L., Bordeaux, 1987; "L'herméneutique du sens caché dans les discours préfaciels de Ronsard", communication faite au séminaire des Universités romandes: Prologues et pièces liminaires des grandes oeuvres de la Renaissance, Neuchâtel (23-24 Mai 1987), à paraître in Versants, 1988.

16. Art poëtique françois, éd. Laumonnier, S.T.F.M. Nizet, 1949, XIV, p.5.

17. Ibid. p.4.

18. Ibid. p.5, puis p.6.

19. La Sepmaine, éd. Yvonne Bellenger, S.T.F.M., Nizet, 1981, t.II, Appendice II, p.346-347.

20. Ibid. p.353.

21. Cit. in Boase, Vie... p.21.

22. Ibid. p.40.

23. Cit. Ibid., p.40-41.

24. Voir Josiane Rieu, "Le sublime continu chez Du Bartas", Du Bartas. Poésie et encyclopédisme, Coll. Intern. de Pau (7-9 mai 1986), La Manufacture, 1988.

25. Boase, Vie..., p.42, 43, 44.

26. Cit. in O. Fatio, Méthode et théologie. Lambert Daneau et les débuts de la scolastique réformée, T.H.R., Droz, 1976, p.35.

27. Voir Fernand Desonnay, "Le Milieu de Nérac et l'inspiration baroque d'A. d'Aubigné", Actes des journées internationales du Baroque de Montauban, Toulouse, 1965. Sa citation de Marguerite (p.110), est extraite des Lettres touchant quelques poincts de diverses sciences, éd. Reaume, 1873, t.I, p.441.

28. Jacques Castelnau, La Reine Margot, Payot 1981, p.140.

29. Jean-Pierre Babelon, Henri IV, Fayard, 1982.

30. Nanay Lyman Roelker, Jeanne d'Albret, reine de Navarre, 1979.

31. Henri de Navarre avait été gardé à Paris après la Saint-Barthélemy (dont son mariage avait été l'occasion), et il avait été obligé d'abjurer le calvinisme sous la contrainte, le 26 Septembre 1572. Il dut demander à La Rochelle d'accueillir un nouveau gouverneur (Biron), nommé par Charles IX. La ville refusa, et en Janvier 1573, Henri de Valois, le duc d'Alençon et Henri de Navarre partirent assiéger La Rochelle. Henri de Valois (futur Henri III) fut appelé pour le trône de Pologne. Le duc d'Alençon et Henri de Navarre ne pensèrent qu'à s'enfuir. A la mort de Charles IX, la surveillance du roi de Navarre fut moins attentive, et il put s'échapper, le 3 Février 1576. Certains se demandent si ce n'était pas plutôt une manoeuvre de Catherine de Médicis, qui sentait le pouvoir royal menacé par les Guise, et se ménageait par là une future alliance possible. A son retour de captivité, Henri de Navarre abjura le catholicisme à La Rochelle, et sa soeur Catherine en fit autant.

32. Jacqueline Boucher, Société et mentalités autour de Henri III, Champion, 1981, chapitre V.

33. Cit. Ibid. p.630.

34. Cit. in A. Garnier, op. cit. p.244.

35. Fosseuse était Françoise de Montmorency, fille du baron de Fosseux, épouse du baron de Cinq-Mars. Lors de sa grossesse (d'Henri de Navarre), elle devint déagréable avec Marguerite, qui pourtant l'aida à accoucher sans en retirer plus d'estime. Voir Mémoires de Marguerite de Valois, pub. par Ludovic Lalanne, Bibliothèque Elzévirienne, Paris, 1858, p.174-78.

36. Ibid. p.161.

37. Ibid. p.158-59.

38. Cit. in A. Garnier, op. cit. p.300.

39. Ibid. p.274-75.

40. Voir Raymond Ritter, La Soeur de Henri IV,

Catherine de Bourbon, 1559–1604, Touzot, Paris, 1985.

41. Eugénie Droz, Jacques de Constans, Droz, 1962.

42. Voir R. Ritter, op. cit. p.14–15.

43. Voir Le Béarn sous Jeanne d'Albret, 4e Centenaire de la publication des Psaumes de La Salette, Exposition de la Bibliothèque Municipale de Pau, 1983, d'où nous prenons toutes ces informations.

44. Tule, Arnaud de Bernard. Mais E. Nègre dit qu'il avait été imprimé à Pau (voir ouvrage cité ci-dessus).

45. La Sepmaine, éd. cit., p.XXII.

46. Mais là encore nous verrons que Sponde transforme ce genre didactique en genre littéraire à vocation universelle (voir Chapitre 3).

47. Cit. par E. Droz, op. cit., p.50.

48. Ibid. p.54.

49. "Poésie et musique: le contrepoint des formes à la fin du XVIe siècle", Arts du spectacle et histoire des idées, Recueil offert en hommage à Jean Jacquot, Tours, 1984, p.214, et p.215.

50. "The Méditations of J. de S.: a book for the time", B. H. R., XXVIII, 1966.

51. Boase, Vie de..., p.81–82.

52. Ibid p.75.

53. De L'Estoile, Journal pour le règne de Henri IV, Gallimard, 1948, p.293

54. Ibid. p.294.

55. Palma Cayet rapporte:"Quand ce vint à parler de la réalité du sacrement de l'autel, il leur dit:'Je n'en suis point en doute, car je l'ai toujours cru'", cité en note dans De L'Estoile, p.683.

56. Selon Mézeray ou Richelieu, propos rapportés in Frédéric Godefroy, Histoire de la littérature française du XVIe siècle, Paris, 1878, p.340–41.

57. Boase, Vie... p.87–88.

58. Oeuvres litt. p.341.

59. Ibid. p.344;

60. Cit. in Godefroy, p.145.

61. Cit. in Boase, Vie... p.89.

62. François de La Noue, Discours politiques et

militaires, éd. F. E. Sutcliffe, T.L.F., Droz, 1967, p.XX.

63.Livret de l'enregistrement des Octonaires de la vanité du monde de Paschal de l'Estocart, par l'ensemble Clément Jannequin, Harmonia Mundi, Radio France HM1110, p.3.

64. Oeuvres litt. p.348.

*
* *

NOTES DU CHAPITRE 2.

1. Théodore de Bèze, Chrestiennes Méditations, éd. Mario Richter, T.L.F., Droz, 1964, p.53, p.60, et p.74.

2. Citations de Calvin in A-M. Schmidt, Jean Calvin et la tradition calvinienne, Le Seuil, 1957, p.125, et p.140.

3. Ibid. p.33-35.

4. Du Plessis-Mornay, Discours et Meditations chrestiennes, Saumur, 1609, p.9.

5. Selon Calvin, nous sommes trop enclins à nous enorgueillir des qualités que Dieu a mises en nous "De là vient que nous nous élevons en une vaine et folle confiance de la chair, laquelle, puis après, nous incite à nous enorgueillir contre Dieu, comme si notre propre faculté nous suffisait sans Sa grâce", cité in Schmidt, p.113.

6. Antoine de La Roche Chandieu, Octonaires de la vanité du monde, op. cit., p.14.

7. Nous y reviendrons à propos des Stances.

8. Cf. A. D'Aubigné, Méditation sur le Ps.LXXIII, Oeuvres, éd. de Henri Weber, Jacques Bailbé et Marguerite Soulié, Bibliothèque de la Pléiade, Gallimard, 1969, p.531: "..la terre n'est qu'un poinct à qui peut comprendre l'estenduë du firmament: ainsi il n'y a rien au monde qui se puisse justement appeler malheur, qui soit à craindre, à plaindre, et qu'on

doive abhorrer, à qui peut avoir les sentiments des
félicités du monde à venir...". Chez d'Aubigné, il
s'agit d'une illustration de plus du thème de la
vanité du monde; alors que chez Sponde, c'est un
véritable développement pascalien qui suit, visant à
prouver la supériorité absolue de l'homme en ce que
son esprit le rattache à Dieu.

9. Voir aussi la fin de "Jugement".

10. Voir Marie-Madeleine Fragonard, p.861-62.

11. Voir Robert Klein, La Forme et l'intelligible,
Coll. Tel, Gallimard, 1970, "L'imagination comme
vêtement de l'âme chez Marsile Ficin et Giordano
Bruno".

12. Cit. in Klein, p.75.

13. Ibid. p.76.

14. Cit. Ibid. p.68.

15. Ibid. p.69.

16. Sponde emploie souvent les métaphores de la
lumière et du soleil dans un sens spirituel, et fait
allusion à l'échelle de Jacob, comme "Eschelle de ma
foy" (p.210).

17. Cit. in A.-M. Schmidt, p.113.

18. Méditation sur le Ps. LXXXVIII, éd. citée,
p.542-43,

19. Sponde n'est pas un cas isolé. Il faudrait
étudier avec précision chaque auteur de la cour de
Navarre, pour voir apparaître les distinctions entre
les Baroques et les Navarrais. Nous pensons par ex.
que Constant, et La Noue relèvent de la mentalité
navarraise, tandis que Bèze, Du Plessis et d'Aubigné
relèvent de la mentalité baroque.

*
* *

NOTES DU CHAPITRE 3

1. Voir l'article "méditation" du Dictionnaire de

spiritualité, citation de Saint Augustin, p.909.

2. Pour toute cette partie nous avons largement utilisé l'éclairant article de Marguerite Soulié, "L'utilisation de la Bible dans les Méditations de Sponde", Mélanges à la mémoire de V-L. Saulnier, Droz 1984.

3. Voir M. Richter, Introduction aux Chrest. Méd. de Bèze, éd. citée, p.19.

4. Voici les quatre autres espèces de confession : 1) publique; 2) privée; 4) à son pasteur; 5) la réconciliation avec celui qu'on a offensé. Voir encore la précieuse introduction de Mario Richter aux Chrestiennes méditations de Théodore de Bèze, Droz, 1964; citation p.16, puis p.18.

5. M. Soulié, art. cit. p.297.

6. Bossuet, Sermons, Larousse, 1975, p.85.

7. Saint-Augustin, Confessions, Ed. P. Horay, Coll. Points, 1982, Livre XI, p.307.

8. Certes, ces "preuves" ne sont pas présentées comme telles, mais apparaissent à la faveur d'une mise en condition du lecteur par la technique persuasive du prédicateur.

9. Marie-Madeleine Fragonard et Yvette Quenot, "La structure des Méditations sur les Psaumes de J. de S.", L'Information littéraire, XXXIX, N°2, Fév. 1987.

10. Paul Zumthor, Essai de poétique médiévale, Le Seuil 1972, p.48 à 51. Langue, texte, énigme, Le Seuil 1975, p.93 à 107. La réduction progressive de la rhétorique à une technique du style se voit remise en question par les polémiques religieuses autour de l'exégèse sacrée, et la rhétorique retrouve une résonance métaphysique et religieuse archaïque, par delà tout problème d'art.

11. Voir M. Jeanneret, Poésie et tradition..., p.167.

12. Du Bartas, La Sepmaine, éd. citée, p.353 (voir le premier chapitre).

13. Claude Faisant, "L'Instance du lecteur à travers l'oeuvre de Ronsard", Actes du Colloque Ronsard, (Tours-Paris 9-14 Sept. 1985), Droz, 1988,

p.35.

14. Voir p.105 "comme jergonnent tes escholes"; "La vertu, diras-tu, en la poussière de tes Escholes" p.199. Il s'agit des pharisiens trop zélés. Il les appelle "ces Sophistes", p.212; "ces hypocrites", p.176; "ces Pharisiens", p.162; "ces Docteurs", p.198; et il les apostrophe enfin: "Imposteurs exécrables", p.198...

15. La dialectique était d'ailleurs considérée comme utile à la foi par Mélanchton, Bèze, et Daneau (voir chapitre 1).

16. Tout discours vise à agir sur le lecteur, mais ici, les mécanismes de cette parole active sont particulièrement clairs.

17. G. Mathieu-Castellani, "Discours baroque..."; et à propos de l'auto-séduction, "Figures de la séduction dans les Essais" Rhétorique de Montaigne, Actes réunis par Frank Lestringant, Champion, 1985. La très fine analyse de la séduction rhétorique exercée sur l'allocutaire par Montaigne (p.161-63), peut largement valoir pour les discours sermonnaires de cette époque. Mais si chez Montaigne l'écriture a une fonction toute particulière, son projet restant unique dans l'histoire de la littérature, et si l'"oralité" y est problématique, ne serait-ce que parce que la visée des Essais est ré-flexive, tournée vers l'intériorité (et que le dialogue se conduit de soi à soi, ou de soi à un lecteur spéculaire idéal, ou à l'autre soi qu'est La Boétie), il en va autrement de la visée sermonnaire des textes religieux (non sur le plan purement formel, mais dans la structure même de l'acte de parole qui est ouverte ––ou non––, à une instance transcendante supérieure).

18. Voir l'introduction de Michel Jeanneret, aux Métamorphoses spirituelles, Corti, 1972.

19. Introduction aux Chrest. Méd., p.32; voir aussi Henri Weber, La Création poétique au XVIe siècle, Nizet, 1955, Chap.IX, 2.

20. Voir les Stances de la mort, strophe 15 à 18; "Bourreaux desnaturez de vostre propre vie" (st V); et

sonnet VII.

21. La connaissance et l'utilisation de l'inconscient n'est pas une invention moderne. Il est intéressant de remarquer que ce sont les questions
religieuses et les pratiques des missionnaires
convertisseurs, qui ont mis à l'honneur l'étude de la
"psychologie". Nous employons abusivement le mot de
"psychanalyse", parce qu'il résume une démarche:
considérer qu'on refoule le plus important, sans
parvenir à le masquer totalement, et que la guérison
vient de l'aveu. Cf. encore: "Confesse...", p.181.

22. On trouve non des "vers" bien sûr, mais des
unités rythmiques régulières. Par ex.: "Certes dès
lors Dieu se passoit de sacrifices (12 syllabes), mais
il ne se passoit pas de l'obéissance (12 syllabes)"
(p.188-89); "Ceste dernière ordonnance (7 syll.)
n'abolit point la première (7), car elle est le
fondement (7) de la dernière (4). Elle ne la rompra
point (7), car c'est son lien (4)" (p.189), etc.

23. Nous renvoyons pour toutes ces questions à
l'ouvrage de Marc Fumaroli, L'Age de l'éloquence, Droz,
1980.

24. Cf. Juste-Lipse.

25. Paul Manucce traduit le Traité du Sublime de
Longin en 1555.

26. op. cit., p.168.

27. Cit. in M. Jeanneret, Poésie et tradition...,
p.169; cit. de Du Plessis-Mornay p.168.

28. Ibid. p.166.

29. Ibid. p.177.

30. Gérard Defaux, "Rhétorique, silence et liberté
dans l'oeuvre de Clément Marot" B. H. R., N°2, 1984.

31. Jeanneret, op. cit., p.168.

32. Ibid. p.170.

33. "L'honnesteté dans la pensée théologique et
morale de Calvin", La Catégorie de l'honneste dans la
culture du XVIe siècle, Actes du Coll. Intern. de
Sommières, R.H.R. Univ. de Saint-Etienne, 1985.

34. Cit. Ibid. p.133.

35. Cit. in Jeanneret, Poésie et tradition...,

p.169, note 10.

36. Voir O. Fatio, Méthode et théologie..., chapitre III.

37. A propos de L'Abraham sacrifiant de Bèze, éd. K. Cameron, K-M. Hall, F. Higman, Droz, 1967, p.35.

38. Introd. aux Chrest. Méd. p.22.

39. Cit. Ibid. p.31.

40. Sponde condamne cependant, bien sûr, la parole qui proteste, orgueilleuse ou chagrine: "Le silence est bien séant à ceux à qui le langage ne sert que d'ennuy (...). Mon Ame, n'estrive point, ne conteste point en vain" (p.220).

41. Introd. aux Métamorphoses spirituelles, p.32.

42. Voir Henri Weber, La Création poétique au XVIe siècle en France, Nizet, 1955, p.35.

43. Voir l'article de Michel Dassonville "Eléments pour une définition de l'hymne ronsardien", Autour des Hymnes de Ronsard, ét. rassemblées p. Madeleine Lazard, Champion, 1984, surtout p.18 à 23.

44. Sponde, Homeri quae extant omnia ... cum latina versione (...) et commentariis (...), Io. Spondani Aureliae Allobrogum M.D.C.V.I. Cet ouvrage est expliqué par L. Schoell, "Un humaniste français oublié: Jean de Sponde", Revue du XVIe siècle, XII, 1925.

45. Cit. in Jeanneret, op. cit., p.181-82.

46. Cit. in Boase, Vie... p.25.

47. Voir André Tournon, "De la sagesse des autres à la folie de l'Autre", La Farcissure, intertextualités au XVIe siècle, in Littérature, N°55, Oct. 1984.

48. Voir chapitre 2.

49. Sur les rapports étroits entre l'écriture religieuse et celle des Amours, voir dernier chapitre.

50. C'est ce qui nous a permis de proposer un critère de séparation entre le Baroque et le Navarrais.

*
* *

NOTES DU CHAPITRE 4.

1. Mario Richter, "Lettura dei sonnets sur la mort di J. de S.", B.H.R. XXX, 1968. J-C. Carron, "J. de S. Et quel bien de la mort?" French Studies XXXI, N°2, Avril 1977. Les commentateurs ont préféré expliquer les sonnets, qui pourtant à notre avis, sont très fortement liés aux Stances. Signalons le pénétrant article d'A. Pizzorusso, "Les Stances de la mort di J. de S.", Studi in onore de Carlo Pellegrini, Torino, 1963.

2. La forme utilisée par Sponde est la plus répandue: le sizain d'alexandrin. Il y a 24 strophes, le double des sonnets.

3. Voir E. Droz, op. cit., p.52.

4. Voir la riche et précieuse thèse de Jacqueline Boucher, Société et mentalités autour de Henri III, Reprod. thèses de l'Univ. de Lille (diff. Champion) 1981, t.III, p.1153-54.

5. M. M. Fragonard, op. cit. p.986.

6. Voir Méd. p.131-32, où Sponde met du côté du monde le corps ("chose qui est, qui se voit"), l'intelligence ("qui se juge"), et l'imagination, qui ne parvient pas à compenser le désir d'infini qui est en l'homme et le rattache directement à Dieu.

7. Voir A. Pizzorusso, art. cit.

8. Voir st.VII; poème sur la Cène, p.242 v.17; et st.V, tercet 2.

9. Voir M. Fumaroli, op. cit., p.127-130.

10. Ed. E. Droz, p.65.

11. Pour M. Richter, "Lettura...", la seconde "partie" ainsi repérée est beaucoup plus lyrique et personnelle, puisque le poète dit "je". Nous ne voyons pas le lyrisme du st.VIII ou du st.IX, et inversement, le st.II dit "je".

12. Jean-Claude Carron, art. cit., cherche une argumentation (témoignant d'un drame intérieur): il

établit des rapports deux à deux entre les poèmes; mais la spécificité de ces rapports nous semble mince: la métaphore de l'élévation orgueilleuse suivie d'une chute, par ex., ne concerne pas seulement les poèmes III et VIII, mais est un moment du même itinéraire recommencé chaque fois, et qu'on peut rencontrer plus ou moins développé dans tous les poèmes, et plus directement dans le st.IV (le v.8 reprenant le dernier tercet du st.III).

13. Voir R. Griffin, "The presence of St Paul in the religious work of J. de S.", B.H.R. XXVII, 1965.

14. "L'Evangelismo di Cl. Marot. Lettura della Déploration de Fl. Robertet", B.H.R. XXXV 1973, p.255.

15. Voir sur le st.XII, "Sponde: poétique du sonnet rapporté", Littératures N°15, Automne 1986, p.41. G. Mathieu-Castellani analyse avec minutie cette technique, opposant à la fin, à l'éclatement Jodellien, la "coalescence des contraires" de Sponde. où, malgré la présence d'un désordre latent, elle voit une certaine cohérence: "Néanmoins, le monde qui se donne à saisir dans les sonnets de Sponde tend vers la cohérence", même s'il s'agit de ce qu'elle appelle une "unité problématique".

16. Les sonnets sur la mort sont empreints de stoïcisme. Pensons au précepte: "Ducunt volentem fata nolentem trahunt"; et à propos du st.V, "Et moytié de la vie est moytié du décez", "Quicquid aetatis retro est, mors tenet" (Sénèque).

*
* *

NOTES DU CHAPITRE 5

1. Voir G. Mathieu, Les Thèmes...

2. Voir Alan Boase, Oeuvres.., p.10; et C. Koerber, "Le Rôle de la constance dans les sonnets d'Amour de J. de S." Modern Language Notes, N°80, 1965.

3. Introd. aux Oeuvres, p.15.
4. Voir Robert Mélançon, art. cit.
5. Voir E. Droz, éd. citée, p.32 à 34.
6. Ibid. p.33.
7. Ibid. p.81-82.
8. D'Aubigné, Méd. sur le Ps.84, p.503 et p.518-19.
Voir M. -M. Fragonard, op. cit. p.879-98. Pour T. de
Bèze, l'homme ne peut voir le soleil divin à cause de
ses péchés: "Soleil, di-je, duquel je ne suis digne de
voir la clarté, mes yeux justement punis ne te peuvent
plus voir..." (Chrest. Méd., éd. citée, p.56).
9. Alan Boase a bien senti le mouvement final, qui
lui a fait corriger "A tué" en "Attire"; mais il faut
conserver "A tué", sinon, il n'y a plus la pointe
attendue; et surtout, la vision de ce soleil
correspond à la "mort" de l'initié.
10. Voir M.-M. Fragonard, op. cit., p.908.
11. Méd. sur le Ps. 84, p.519.
12. Le sens du quatrain est difficile. Nous
proposons: les rigueurs de l'absence (...) changent
aussi peu mon âme, que mon discours et mes désirs
(secrets) ne se dédisent; c'est-à-dire: l'absence ne
change, ni mon âme, ni mon désir de l'au-delà.
13. On ne peut distinguer des strophes dans une
élégie, car la strophe se définit par un système de
rimes. Il ne peut donc pas y avoir de strophe avant
l'introduction du couplet, qui, lui, délimite alors
des unités de rimes. A propos des rapports entre
l'Elégie et la poésie religieuse, voir G.A. Brunelli,
"J. de S. tra manierismo e barocco", Manierismo e
letteratura, a cura di Daniela Dalla Valle, Torino,
1986, p.502-03.
14. Le texte a posé des problèmes de compréhension
littérale. Nous proposons de lire "nourrissons les
espines" (v.146), en accord avec le premier Recueil,
et non "des" épines (Recueil de 1604 et Académie), ni
"nourrissons-les d'espines" (selon la correction de
Boase).
15. Elégie, v.25-28. Les vers de l'écriture
amoureuse, craignent la vérité qui aveugle tout ce

qu'elle touche:
"Est-ce que vous craignez que vostre tendre veue
Se rebouche si bien contre la pointe aigue
Des rayons du Soleil, qu'à l'espreuve du jour
On ne vous juge point de vrais enfans d'Amour?".

*
* *

NOTES DE LA CONCLUSION

1. Claude Faisant, "La Résurrection de la Pléiade. Contribution à l'étude de la réception critique", *Etudes Seiziémistes*, offertes à V-L. Saulnier, Droz, 1980, p.262.
2. *Ibid.* p.267.

BIBLIOGRAPHIE

I. TEXTES

A) OEUVRES DE JEAN DE SPONDE

a) Oeuvres publiées de son vivant.

—Adriani Turnebi Adversariorum, tomi III, Basileae, per Thomam Guarinum, 1581.

—Aristotelis / Politicorum / Libri octo / ex / Dion. Lambini et P. Victorii / interpretationib. puriss. / graeco latini / Theodor. Zvingeri Argumentis atque Scholiis / Tabulis quinetiam in tres priores libros illu- / strati: Victorii Commentariis / perpetuis declarati / Pythagoreorum veterum Fragmenta / Politica, a Io. Spondano conversa / et emendata / Index rerum et verborum pleniss. / Marque d'imprimeur / Cum gratia et privilegio Caes. Majest. ad decennium / Basileae / Eusebii Episcopi Opera / et impensa / MDXXCII. In-fo., 623pp.

Les Pythagoreorum Fragmenta Cantero et Spondano intepretibus se trouvent encore dans: Thesaurus philosophiae moralis, Lugduni, apud Joannem Tornaesium, 1589, 8°.

—Aristote / lis Organum / Graeco-latinum, novis- / sime conversum et emendatum, nec- / non Annotationculis marginali- / bus utilissimis illustra- / tum: / Studio et opera / Johannis Spondani / Accessit Rerum ac verborum praecipue / memorabilium accuratus / Index / Cum Caes. Maiest. et Regis Galliarum / Gratia et privilegio ad an- / nos VI. Basileae, Ex officina / Oporiana, 1583. (titre en grec).

—Homeri / quae extant / omnia / Ilias, Odyssea, Batrachomyo / machia, Hymni, Poematia / aliquot / cum

latina versione omnium quae circumfe-   /   runtur,
emendatis aliquot locis jam / castigatiore /
perpetuis item justisque in Iliada simul et Odysseam
/ Io. Spondani Mauleonensis / Commentariis. / Pindari
etiam Thebani Epitome Iliados latinis / versib (us)
et Daretis Phrygii de Bello Trojano / libri, a Corn.
Nepote eleganter latino / versi carmine. / Indices
Homeri textus et Commentariorum / locupletissimi /
Marque du libraire / Cum gratia et privilegio Caes.
Majest. ad decennium / Basileae. / Eusebii Episcopii
Opera / ac impensa. / MDXXCIII / Fo. le partie: 449
pp. et index, 2e partie: 380 pp. et index. L'ouvrage
est dédié à Henri de Navarre.
L'ouvrage a été réimprimé deux fois en 1606.
(Même titre), Per Sebastianum Henricpetri, 1606. Un
vol. in-fo.
(Même titre) Aureliae Allobrogum Sumptibus Caldorinae
Societatis, 1606. Un vol. in-fo., deux parties en un
vol.

—Meditations sur les Pseaumes XIV ou LIII, XLVIII,
L, et LII, avec un Essay de quelques Poëmes
chrestiens, s.l., 1588 (La Rochelle), 8°, 408pp.

—Advertissement / Au Roy, ou / sont deduictes / les
Raisons d'Estat, / pour lesquelles il ne luy / est
pas bien seant de changer / de Religion. 1589, La
Rochelle. Publié in Memoires de la ligue, t.V,
Amsterdam, Arsktée et Merkus, 1768.

—Recueil / des Remon- /strances faites en / la cour
de Parlement / de Paris aux ouvertures / des
Plaidoiries/ Par feu M. Iacques / Faye, Seigneur
Despeisses, Conseiller / du Roy en ses Conseils
d'Estat / et Privé, lors Advocat du / dit Seigneur,
et de- / puis President en / ladite Cour. (Marque
d'imprimeur). A La Rochelle / Par Hierosme Haultin /
1591 / Avec privilège du Roy. (In-4°, V-119pp.)
Achevé d'imprimer le 31e jour de janvier 1591. Epitre
dédicatoire signée J. de Sponde, lieutenant général à

La Rochelle, à Messieurs de Gillot et de S. Fuscian /
Conseillers du Roy en sa cour de / Parlement de
Paris, establie / de present à Tours.
Autres éditions: Même titre... Plus adjousté à la fin
les remonstrances du Seigneur de Pybrac... La
Rochelle, Hierosme Haultin, 1592 (in-8°, XIII-
318pp.).
Idem Toulouse, P. Jagourt, 1594;
Idem Lyon, B. Rigaud, 1598, 2 parties en un volume,
in-8°.;
Idem Paris, N. Lescuyer, 1600.

—Hesiodi Ascraei / Opera et Dies / I. Spondanus
Rupellanae provinciae / Praefectus recensuit, et
commen- / tariis illustravit. / (Marque) Rupellae, /
Apud Hieronymum Haultinum. / 1592. / In-16. 227pp.
(titre en grec).

—Declaration des principaux motifs qui induisent le
Sieur de Sponde à s'unir à l'Eglise catholique,
Melun, 1594, in-18. Cette édition est restée
introuvable. Declaration / des principaux / motifs
qui indui- / sent le Sieur de Sponde, / Conseiller et
Maistre des Requestes du / Roy, à s'unir à l'Eglise
catholique Apo- /stolique et Romaine. / Adressee à
ceux qui en sont separez, et distin- / guée en trois
parties. / Le tout reveu et augmenté de nouveau, /
par ledict Sieur de Sponde/. Au Roy de France et de
Navarre / Henri IIII de ce nom. / A Paris, / chez
Abel l'Angelier, au premier / pillier de la
grand'sale du Palais / MDXCV. Avec privilège du Roy.
In-12, 224pp. A la fin, un distique signé F. D. R.
(Florimond de Raymond), et un poème en grec signé I.
M. Autres éditions: Lyon (1595), sans le distique et
sans le poème en grec. Guichard Jullieron, imprimeur
du Roy. Anvers (1595 et 1598).

b) Oeuvres publiées après sa mort.

—Response / du / Feu Sieur de Sponde / Conseiller et

Maistre des Requestes / du Roy / Au Traicté des
marques de l'Eglise / faict par Th. de Beze. /
Fleuron / A Bourdeaux / par S. Millanges Imprimeur /
ordinaire du Roy. / 1595. / Avec Privilège. / In-12,
817 pp. publié par Florimond de Raymond. Epitre
dédicatoire A Monsieur / Du Perron, / conseiller du
Roy / en son Conseil d'Estat / esleu Evesque
d'Evreus. Dans le même ouvrage: Tumulus / Johannis /
Spondani, /(Emblèmes funèbres) / Flor. Raemundus. S.
B./. (Pour le détail de ce recueil, voir la
bibliographie de François Ruchon, Sponde Poésies,
Genève 1949, p.158-59).

—Recueil de diverses poésies, tant du feu sieur de
Sponde, que des sieurs du Perron, de Bertaud, de
Porchères, et autres non encor imprimées. Recueillies
par Raphaël du Petit Val, Rouen 1597 (ou 1598). Avec
Privilège de 1597. Dans ce Recueil sont publiés 50
poèmes de Sponde (majoritaire), contre 12 de Bertaut.
Seconde édition du Recueil de R. du Petit Val en
1599: les poèmes de Bertaut sont passés à 63, puis
viennent ceux de Sponde (55), et ceux de du Perron
(45). Il y a une troisième édition du Recueil en
1604.

—L'Academie des modernes poètes françois remplie des
plus beaux vers que ce siècle reserve à la postérité.
A. M. de Nervèze. Paris, Antoine du Breuil, 1599. 45
poèmes de Sponde y sont publiés.

—Les Fleurs des plus excellents poètes de ce temps.
Paris, Nicolas et Pierre Bonfons, 1599. 5 poèmes de
Sponde y sont publiés.

—Les Muses françoises ralliées de diverses parts.
Dédiées à Monsieur le Comte de Soissons. Paris,
Mathieu Guillemot, 1599. 4 poèmes de Sponde y sont
publiés. Dans l'édition de 1603 aussi.

—Le Parnasse des plus excellens poètes de ce temps.

Paris, Mathieu Guillemot, 1607, pub. par d'Espinelle.
17 poèmes de Sponde y sont publiés, avec des poèmes
de Malherbe, Maynard, N. Rapin. Tome 1er.

—Le Temple d'Apollon ou nouveau recueil des plus
excellens vers de ce temps. Rouen, Raphaël du Petit
Val, 1611. Dans les deux volumes de ce Recueil sont
publiés 51 poèmes de Sponde.

—Le Cabinet des Muses ou nouveau recueil des plus
beaux vers de ce temps. Rouen. David du Petit Val,
1619. On n'y trouve plus qu'un seul poème de Sponde.

c) Editions modernes.

Oeuvres poétiques pour la première fois réunies en un
seul volume, avec une préface par Marcel Arland,
Paris, 1945.

Stances et Sonnets de la Mort, éd. par Alan Boase,
Corti, 1947.

Poésies, éd. par A. Boase et F. Ruchon. Genève,
Cailler, 1949. Avec une partie du Tumulus J. Spondani.

Poèmes, in Poètes du XVIe siècle, éd. A. M. Schmidt,
Paris, Gallimard, Bibliothèque de la Pléiade, 1953.

Méditations, avec un Essai de Poèmes Chrétiens éd. A.
Boase, Corti, 1954.

Jean de Sponde, Poems of Love and Death. French text
with English translation by G. F. Cunningham. Introd.
by A. J. Steele, Edinburgh, Oliver and Boyd, 1964.

La Response d'un Catholique éd. C. A. Brunelli,
Catania, Castorina, 1967.

Sur la Canelle, in Trésor de la poésie baroque et

précieuse (1550-1650), éd. A. Blanchard, Seghers, 1969.

Oeuvres littéraire, suivies d'Ecrits apologétiques avec des Juvenilia, éd. A. Boase, Droz, 1978.

*

B) OUVRAGES ANCIENS ET CONTEMPORAINS

A. d'Aubigné, Oeuvres, éd. H. Weber, J. Bailbé, et M. Soulié, Bibliothèque de la Pléiade, Gallimard, 1969.

Saint Augustin, Confessions, éd. P. Horay pour la traduction, éd. du Seuil, 1982.

P. Henry de Barran, Tragique comédie françoise de l'homme justifié par la foy, Genève, 1554.

Th. de Bèze, Icones id est verae imagines virorum doctina simul et pietate illustrium Genève, J. de Laon, 1581.
Chrestiennes méditations, éd. M. Richter, TLF, Droz, 1964 (éd. de 1582).
Traicté des vrayes essentielles et visibles marques de la vray Eglise catholique, La Rochelle, Haultin, 1592.
Histoire des Eglises Réformées, Toulouse, 1882, 2 t.
Correspondance, pub. par F. Aubert et H. Meylan, t.I, Droz, 1960; puis par A. Dufour, A. Tripet..., Droz, de 1965 à 1983.
L'Abraham sacrifiant, éd. K. Cameron, K.M. Hall, F. Higman, TLF, Droz, 1967.

Jean Bodin, Demonomanie des sorciers, Paris, J. du Puy, 1587.

Nicolas de Bordenave, Histoire du Béarn et de Navarre (1517-72), éd. Paul Raymond, Paris, 1873.

Bossuet, Sermons, Larousse, 1975.

Pierre de Brach, Oeuvres poétiques, éd. R. Dezeimeris, Paris, Aubry, 1861, 2 t. Amours, éd. J. Dawkins, TLF, Droz, 1971.

Guillaume Briçonnet et Marguerite d'Angoulême, Correspondance. 1521-1524, éd. Chr. Martineau et M. Veissière, T.H.R., t.I, n°CXLI, 1975; et t.II; T.H.R. n°CLXXIII, 1979.

Jean Calvin, L'Institution chrestienne, éd. J. Cadier, Genève, 1955, 4 t.

Jacques de Constans, Les constantes amours, éd. par E. Droz, J. de Constans, l'ami d'A. d'Aubigné. Contribution à l'étude de la poésie protestante, Droz, 1962.

François de Foix de Candalle, Le Pimandre de mercure Trismegiste. De la philosophie chrestienne, cognoissance du verbe divin, et de l'excellence des oeuvres de Dieu, traduict par Fr. de Foix, Bordeaux, S. Millanges, 1579.

Lambert Daneau, Traité de l'Antechrist, Genève, E. Vignon, 1577. Methodus tractandae sacrae scripturae, Genève, 1579.

Philippe Desportes, Oeuvres, éd. A. Michiels, Bibliothèque Gauloise, Paris, Delahays, 1858. Les Amours de Diane, éd. Graham, Droz, 1959, 2 vol. Les Amours d'Hippolyte, éd. Graham, Droz 1960. Les Diverses Amours, éd. Graham, Droz, 1963.

Guillaume Salluste Du Bartas, La judit, pub. in La Muse Chrestienne, S. Millanges, Bordeaux, 1574. Pub. par A. Baïche, Pub. de la Faculté des lettres et sciences humaines de Toulouse, Toulouse, 1970. La Sepmaine, éd. Y. Bellenger, S.T.F.M., Nizet, 1981,

2 vol. (éd. de 1581).
Oeuvres poétiques et chrestiennes de G. S. Du Bartas, Genève, Samuel Crespin, 1615: où se trouve la Seconde Semaine.

Michel Hurault Du Fay, Excellent Discours de la France, 1588. Suite de ce discours, La Rochelle, 1591.

Jacques Davy Du Perron, Les Diverses Oeuvres de l'illustrissime cardinal du Perron, Paris, 1622. Scaligeriana, Thuana, Perroniana, Pithoeana..., Amsterdam, 1740.

Philippe Du Plessis-Mornay, De la Verité de la religion chrestienne, Anvers, Ch. Plantin, 1582. Discours de la vie et de la mort...auquel est adjousté les meditations de J. Savonarole sur les Pseaumes traduicts par iceluy de Mornay, Paris, G. Auvray, 1584. Méditations Chrestiennes sur quatre Pseaumes. Méditation sur le Pseaume CXXVII par P. Pélisson, Méditation sur le Pseaume LI de Jerosme Savonarole, S. Goulart trad., s.l., Jacques Chouët, 1591. Discours et Méditations chrestiennes, Saumur, Th. Portau, 1609.

Augier Gaillard, Lou Banquet, 1583.

L'Apocalypse ou revelation de Saint Jean, mise en vers françoys. Tule, Arnaud de Bernard, 1589.

Pey de Garros, Psaumes de David, viratz en rhythme gascon..., Tolosa, J. Colomes, 1565.

Jeanne d'Albret, Memoires et poésies de Jeanne d'Albret, pub. par le marquis de Rochambeau, Paris, 1877; et pub. par le baron de Ruble, Paris, 1893.

Henri IV, Cantique fait à l'honneur de Dieu, après la

bataille obtenue sur les ligueurs en la plaine
d'Ivry, Lyon, 1594.

François de La Noue, Discours politiques et
militaires, éd. F.E. Sutcliffe, T.L.F., Droz, 1967.

Antoine de La Roche-Chandieu (écrit sous le nom de
Zamariel), Meditations sur le Psalme XXXII.
Traduictes de Latin en François, et reveues par
l'auteur mesme. Avec une preface à ceux qui se sont
despartis de l'Eglise reformee. Ont esté adjoustez
cinquante octonaires sur la vanité du monde, s.l., G.
Laimarie, 1583.

Pierre de L'Estoile, Journal pour le règne de Henri
IV, Gallimard, 1948.

Michel de L'Hospital, Oeuvres complètes, trad. L.
Bandy de Nalèche, Paris, 1857.

Jean de Licarrague, Jesus-Christo gure Jaunaren
Testamentu berria, Rochellan, Pierre Haultin, 1571.

Marguerite de Navarre, Les Dernières poésies de M. de
Navarre, pub. p. A. Lefranc, A. Colin, Paris, 1895.
Chansons spirituelles, éd. G. Dottin, Droz, 1971.
L'Heptameron, éd. M. François, Garnier, 1967.
Le Miroir de l'âme pécheresse, éd. J. L. Allaire,
München Fink, 1972.
Correspondance avec Briçonnet, éd. citée.

Marguerite de Valois, Mémoires de Marguerite de
Valois, pub. p. L. Lalanne, Bibliothèque
Elzévirienne, Paris, 1858.

Clément Marot, Oeuvres complètes, éd. C.A. Mayer,
Londres, Athlone Press, 1962-70, 5 vol.

Georgette de Montenay, Emblesmes ou devises
chrestiennes, Lyon, Jean Marcorelle, 1571.

Guy du Faur de Pibrac, Les Quatrains du seigneur de Pibrac... contenans preceptes et enseignemens utiles pour la vie de l'homme, Paris, F. Morel, 1576.

Bernard du Poey, Odes de Gave..., Toulouse, 1551.

Pierre de Ronsard, Oeuvres complètes, édition Paul Laumonier, S.T.F.M., Didier-Nizet, 1914-75, 20 vol.

Arnauld de la Salette, Psaumes traduits en béarnais, Orthez, Louis Rabier, 1583.

Maximilien de Bethune de Sully, Memoires de Sully, présentés par L. R. Lefèvre, Gallimard, 1942.

Pierre Viret, Disputations Chrétiennes, Genève, 1544. Instruction chrestienne en la doctrine de la loy et de l'Evangile, Genève, 1564, 2 vol.

II.ETUDES D'ENSEMBLE

A) OUVRAGES GENERAUX

a) Bibliographies.

Cioranesco A., Bibliographie de la littérature française au XVIe siècle, Klincksieck, 1959.

Dagens J., Bibliographie chronologique de la littérature de spiritualité, 1501-1610, Louvain, Desclée de Bouwer, 1953.

Dictionnaire de spiritualité, Paris, 1937.

Dictionnaire de Théologie catholique, Paris, 1923.

Lachèvre F., Bibliographie des Recueils collectifs de poésies du XVIe siècle, Paris, Champion, 1922.

b) Histoire générale.

Brémond H., Histoire littéraire du sentiment religieux, Paris, Bloud et Gay, 1916, t.I: "L'humanisme dévôt. 1580-1660".

Godefroy F., Histoire de la littérature française du XVIe siècle, Paris, 1878.

Klein R., La Forme et l'intelligible, Collection Tel, Gallimard, 1970.

Renaudet A., Humanisme et renaissance, Droz, 1958.

Weber H., La Création poétique au XVIe siècle en France, Nizet, 1955.

Yates F.A., The French Academies of the sixteenth century, Londres, 1947.

c) Histoire des mentalités.

Boucher J., Société et mentalités autour de Henri III, Champion, 1981.

Faisant Cl., "Le sens religieux de l'Hercule chrestien", Autour des Hymnes de Ronsard, Et. rass. p. M. Lazard, Champion, 1984, p.243-57.

Faisant Cl., "Gemmologie et imaginaire: les Pierres précieuses de Rémy Belleau", L'Invention au XVIe siècle, sous la direction de Cl.G. Dubois, L.A.P.R.I.L, Bordeaux, 1987.

Faisant Cl., "L'Herméneutique du sens caché dans les discours préfaciels de Ronsard", Séminaire des Universités romandes, Prologues et pièces liminaires des grandes oeuvres de la Renaissance, Neuchâtel (12-14 Mai 87), à paraître in Versants, 1988.

Faisant Cl., "La résurrection de la Pléiade. Contribution à l'étude de la réception critique", Etudes Seiziémistes, offertes au Prof. V-L. Saulnier, Droz, 1980, p.257-67.

Herméneutique et Eschatologie, Actes du colloque d'Etudes humanistes, Aubier, 1971.

d) Rhétorique et poétique.

Compagnon A., Le Travail de la citation, la seconde main, Le Seuil, 1981.

Fumaroli M., L'Age de l'éloquence, Droz, 1980.

La Statue et l'empreinte, Vrin, 1986.

Meerhoff C., Poétique et rhétorique au XVIe siècle, Brill, 1986.

Rhétorique de Montaigne, Actes réunis par Frank Lestringant, Champion, 1985.

Zumthor P., Essai de Poétique médiévale, Le Seuil, 1972.

Zumthor P., Langue, texte, énigme, Le Seuil, 1975.

B) LE MILIEU ET LES HOMMES

1) Nérac et la cour de Navarre.

Bourgeon G., La Réforme à Nérac, Toulouse, Chauvin, 1880.

Choix de chroniques et mémoires sur l'histoire de France, pub. p. Petitot et Monmerqué, Paris 1836.

Desonay F., "Le Milieu de Nérac et l'inspiration baroque d'A. d'Aubigné", Actes des Journées intern. du Baroque de Montauban, Toulouse, 1965.

Forrissier M., (le pasteur), Histoire de la Réforme en Béarn, Tarbes, Ed. d'Albret, 1951, 2 t.

Forrissier M., Nérac, ville royale et huguenote. Histoire de l'Eglise réformée de l'origine à la révocation de l'Edit de Nantes, Nérac, 1941.

Garrisson-Estèbe J., Protestants du Midi, Privat, 1980. Voir son abondante bibliographie.

Henri de Navarre. 1553-1584. Exposition du Château de Pau. Bulletin de la Soc. des Amis du Château de Pau, N°94-96, 1984.

Laffargue A., En visite chez les Navarre. Marg. de Navarre, Jeanne d'Albret, Henri IV à Nérac, Ed. CTR. Marsolan, 1979.

Lauzun P., Le Château de Nérac, Agen, 1896.

Le Béarn sous Jeanne d'Albret. 1583-1983. 4e centenaire de la publication des Psaumes en béarnais par Arnauld de la Salette. Exposition de la Bibliothèque Municipale de Pau, Fév.-Mars 1983.

Marguerite de Valois, Mémoires de M. de Valois,

Introd. Y. Cazaux, Mercure de France, 1971. Avec La Ruelle mal assortie.

Rigal J.,"Nérac et la jeunesse de Henri IV", Bull. de la Soc. des Amis du Château de pau, N°72, 3e trim. 1977.

Rongier de la Bergerie, Trente années de la vie d'Henri IV, son séjour et celui de sa cour à Nérac, Agen, 1826.

Samazeuilh, Nérac et Pau, Agen, 1854.

Villeneuve-Bargemont (comte de), Notice historique sur la ville de Nérac, Agen, 1807.

2) Les personnalités.
Sur ces personnages historiques, la bibliographie est très abondante. Nous renvoyons à celle citée dans les ouvrages suivants.

a) Henri IV.

Babelon J-P., Henri IV, Fayard, 1982.

Cazaux Y., Henri IV, Albin Michel, 1978.

b) Catherine de Bourbon.

Ritter R, La Soeur de Henri IV, Catherine de Bourbon. 1559-1604., Paris, J. Touzot, 1985.

c) Jeanne d'Albret.

Nabonne B., Jeanne d'Albret, reine des Huguenots, Paris, 1945.

Roelker N-L., Jeanne d'Albret, reine de Navarre. 1528-1572, Paris, 1979.

d) Marguerite de Valois.

Castelnau J., La Reine Margot, Payot, 1981.

Gally J., Margot, reine sans royaume, Paris, 1939.

Mariéjol J-H., La vie de Marg. de Valois, reine de Navarre et de France, Hachette, 1928.

Ratel S., "La Cour de la reine Marguerite", Revue du XVIe siècle, 1924 et 1925.

*

C. HISTOIRE DES IDEES

1) Les mouvements de pensée.
Le mouvement réformé (Evangélisme, Réforme et Calvinisme).

L'Amiral de Coligny et son temps, Colloque, Paris, 1974.

Baird H-M., The Huguenots and Henry of Navarre, New york, 1886, 2 vol.

Bidache J. (Abbé), La Prédication du protestantisme en Ossau, imposée par Jeanne d'Albret, Pau, 1895.

Bietenholz P., "Le coeur contre l'esprit. Comparaison entre les exilés français et italiens à Bâle pendant la seconde moitié du XVIe siècle", L'amiral de Coligny et son temps.

Chaunu P., Le Temps des Réformes. La crise de la chrétienté. L'éclatement, 1250-1550, Fayard, 1975.

Delumeau J., Naissance et affirmation de la Réforme,

P.U.F., 1965.

Devismes B., Unité religieuse. Unité nationale. De l'Evangélisme à la révocation de l'Edit de Nantes, Paris, 1947.

Eymart d'Angers J. (le Père), Le Renouveau du stoïcisme au XVIe siècle, Georg Holmas Verlag, 1976.

Fatio O., Méthode et théologie. Lambert Daneau et les débuts de la scholastique réformée, T.H.R., Droz, 1976.

Fèbvre L., L'humanisme chrétien, la Renaissance et l'Eglise, Versailles, 1910.

Fournier-Marcigny F., Genève au XVIe siècle. La vie ardente du premier refuge français. 1532-1602, Genève, 1942.

Histoire des Protestants en France, Toulouse, Privat, 1977.

Imbart de la Tour, Les origines de la Réforme.
I. La France moderne. Paris, 1905.
II. L'Eglise catholique. La crise et la Renaissance, Paris, 1909.
III. L'Evangélisme (1521-1538), 1914.
IV. Calvin et l'Institution chrétienne, 1935.

Léonard E-G., Histoire générale du Protestantisme, P.U.F., 1961. 2 t.

Mourde-Rocheblave J., "l'Académie protestante d'Orthez", Bull. de la Société de l'histoire du Protestantisme, N°2, 1855, p.280-92.

Mours S., Le Protestantisme en France au XVIe siècle, Paris, 1959.

Renaudet A., Préréforme et humanisme à Paris pendant les premières guerres d'Italie. 1494-1517, Champion, 1953.

Schmidt A-M., Jean Calvin et la tradition calvinienne, Le Seuil, 1957.

Soulié M., "L'honnesteté dans la pensée théologique et morale de Calvin", La Catégorie de l'honneste dans la culture du XVIe siècle, R.H.R., Actes du colloque intern. de Sommières, Université de St Etienne, 1985.

Wenceslius L., L'Esthétique de Calvin, Paris, 1937.

Wenceslius, "Les Réformateurs et l'art", B.S.H.P., N°1, 1971.

Vienot J., Histoire de la Réforme française, Paris, Fischbacher, 1934.

Zanta L., La Renaissance du stoïcisme au XVIe siècle, Paris, 1914, Slatkine 1975.

2) La Littérature protestante.

Allier R., Anthologie protestante. XVIe et XVIIe siècles, Paris, 1918.

Bordier H., Le Chansonnier Huguenot au XVIe siècle, Paris, 1871, 2 vol., Slatkine reprints, 1969.

Braspart M., Du Bartas, poète chrétien, Neuchâtel, Delachaux, 1947.

Cave T., Devotionnal poetry in France, c.1570-1613, Cambridge Univ. Press, 1969.

Cave T. et Jeanneret M., Métamorphoses spirituelles, Corti, 1972.

Charbonnier F., La Poésie française et les guerres de religion, Paris, 1921, Slatkine reprints, 1970.

La Controverse religieuse. XVIe et XVIIe siècles, Actes du 1er Colloque J. Boisset, VIe colloque du Centre d'Histoire de la Réforme, Montpellier, 1980.

Dauphiné J., Du Bartas, poète scientifique, Belles-Lettres, 1983.

Dubief H., La Réforme et la littérature française, Paris, La Cause, 1972.

Garnier A., Agrippa d'Aubigné et le parti protestant, Paris, 1929.

Leblanc Ph., La Poésie religieuse de Cl. Marot, Nizet, 1955.

Mayer Cl. A, La Religion de Marot, Droz, 1960.

Pineaux J., La Poésie des Protestants de langue française. 1559-1598, Paris, Klincksieck, 1971.

Poésie de la Réforme et de la Contre-réforme, N° spécial des C.A.I.E.F., 1958.

La Polémique Protestante contre Ronsard, éd. par J. Pineaux, S.T.F.M., Didier, 1973.

Le Psautier Huguenot du XVIe siècle, pub. par H. Expert, Paris, 1902.

Richter M., "L"evangelismo du Cl Marot. Lettura della Deploration de Florimond Robertet", B.H.R., 1973, t.XXXV.

Screech M-A., Marot évangélique, Droz, 1967.

D) ESTHETIQUE

1) Baroque et Maniérisme.

Actes des Journées internationales du Baroque de Montauban, Toulouse, 1965.

Bellenger Y., "La métamorphose dans la Création du Monde de Du Bartas", La Métamorphose dans la poésie baroque française et anglaise, Tübingen, G-Narr, 1980.

Braunrot R., L'imagination poétique chez Du Bartas. Eléments de sensibilité baroque dans la Création du Monde, Chapel Hill. N. C. Univ. Press, 1973.

Braunrot R., "Une rhétorique de la surprise: motifs et figures de style dans la Création du Monde", Kentucky Romance Quaterly N°4, 1973.

Du Baroque aux lumières, Limoges, Rougerie, 1896.

Dubois Cl-G., Le Baroque, Larousse, 1973.

La Farcissure. Intertextualités au XVIe siècle, Littératures, N°55, Oct. 1984.

Krynen J., "Aperçus sur le baroque et la théologie spirituelle", Actes du baroque de Montauban, op. cit.

Manierismo e letteratura, a cura di D. Dalla Valle, Torino, 1986.

Mathieu-Catellani G., "Discours baroque, discours maniériste. Pygmalion et Narcisse", Questionnements du Baroque, Louvain, 1986, p.51-74.

Mathieu G., Les Thèmes amoureux de la Poésie

283

française. 1570-1600, Paris, Klincksieck, 1975.

Mathieu-Castellani G., Mythes de l'Eros baroque,
P.U.F. 1981.

Mathieu-Castellani   G.,   "Un   sein   maniériste",
Maniérismes, Revue de Littérature Comparée, N°3,
Juill-Sept. 1982.

Questionnements du Baroque,   ét. réunies par A.
Vermeylen, Louvain-la-Neuve, 1986.

Raymond M., La Poésie française et le maniérisme,
T.L.F., Droz, 1971.

Rousset J., Anthologie de la poésie baroque française;
A. Colin, 1961.

Rousset J., La Littérature de l'âge baroque,   Corti,
1963.

2) Esthétique et religion.

Bailbé J., Agrippa d'Aubigné, poète des Tragiques,
Pub. de la Fac. des Lettres et Sciences humaines de
Caen, 1968.

Defaux G., Marot, Rabelais, Montaigne: l'écriture
comme présence, Champion, 1987.

Defaux G., "Rhétorique, silence et liberté dans
l'oeuvre de Cl. Marot", B.H.R., N°2, 1984.

Fragonard M-M., La Pensée religieuse d'Agrippa
d'Aubigné et son expression, Service de reprod. des
Thèses de Lille III, diffus. Champion, 1986.

Jeanneret M., "Les styles d'Agrippa d'Aubigné", Studi
francesi, 1967.

Jeanneret M., Poésie et tradition biblique au XVIe siècle. Recherches stylistiques sur les paraphrases des psaumes de Marot à Malherbe, Corti, 1969.

Rieu J., "L'Ecphrasis dans la poésie religieuse maniériste", Hommage à Claude Digeon, Public. des Annales de la Fac. des Lettres de Nice, Belles-Lettres, 1987, p.27-39.

Rieu J., "Le Sublime continu chez Du Bartas", Du Bartas, poésie et encyclopédisme, Colloque international de Pau (7-9 Mai 1986), Actes à paraître en 1988, p.286-99.

Soulié M., L'inspiration biblique dans la poésie religieuse d'Agrippa d'Aubigné, Paris, Klincksieck, 1978.

3) Musique.

Discographie: Ensemble Clément Jannequin, Les Octonaires de la vanité du monde, par Paschal de l'Estocart, Harmonia Mundi, Radio France, H.M.1110. Avec notice de J-F. Labie.

Vaccaro J-M., "Poésie et musique: le contrepoint des formes à la fin du XVIe siècle" Arts du spectacle et histoire des idées, Recueil offert à J. Jacquot, Tours, 1984.

Weber E., La Musique protestante de langue française, Champion, 1979.

*
* *

III. ETUDES SUR SPONDE

A) Ouvrages anciens.

Argère (Abbé), Histoire de la Rochelle et du Pays d'Aunis, composée d'après les auteurs..., La Rochelle, 1757, 2 vol. Notice sur Sponde, II., p.95-97.

D'Aubigné A., La Confession de Sancy; Histoire universelle, éd. Maillé (1620), t.II, p.290., et éd. Ruble, VIII, p.333-35.

Bayle P., Dictionnaire historique et critique..., 4e éd., Amsterdam-Leyde, 1730, t.IV, p.271-73.

Bonnet E., Response sommaire à la declaration de Desponde, La Rochelle, 1596.

Colletet G., Traité de la Poésie morale et sentencieuse in L'Art poétique, A. de Sommaville, 1658.

Goujet (Abbé), "Jean de Sponde", Bibliothèque françoise, t. XIII, Paris, 1752, p.335-38.

Laugier de Porchères, Stances funèbres sur la vie, la mort, et les escrits du feu sieur de Sponde, dans, Le Cabinet des Muses, Rouen, 1619, p.623-34.

La Primaudaye P. de, Examen de la response de Sponde catholique. s.l. 1595.

La Primaudaye P. de, Refutation par textes expres de l'Escriture de tous les argumens contenus en un libelle intitulé Declaration du sieur de Sponde, s.l. 1595.

Olhagaray P., Histoire de Foix, Béarn et Navarre, diligemment recueillie, tant des précédents

historiens que des archives des dites maisons...,
Paris, Douceur, 1609.

Raymond (Florimond de), Anti-christ, 1597, p.333.
Histoire de la naissance, progrès et décadences de
l'Heresie, Rouen, 1629, p.134-35.

Sautreau de Marsy Cl. et Imbert Ch., Les Annales
poétiques, Paris, Delalain, 1778-83 (40 vol.), vol.
XIV, p.41-44.

Scaliger J-J., Scaligerana, éd. de 1668, p.330.

Sonis B., Response à la déclaration de J. de Sponde,
touchant à sa pretendue conversion, La Rochelle,
1596.

Tombeau du feu sieur de Sponde, publié par Marie de
Gournay, Bordeaux, 1595.

B) Etudes d'ensemble et comptes rendus.

1) Etudes d'ensemble.

Arland M., Le Promeneur, Paris, Ed. du Pavois, 1944,
"un poète baroque, J. de S.", p.125-137.

Balmas E., "Per una lettura di Sponde", Cenobio, VIII,
1959, p.542-64.

Blanchot M., La Part du feu, Paris, 1949.

Boase A., "Présentation et textes", Mesures, Oct. 1939.

Boase A., "Then Malherbe Came", Criterion, Jan. 1931.

Brunelli G-A., Itinerario spondiano, Catania, Libreria

castorina, 1967, (étude de la Response d'un catholique).

Durand L-G., "Sponde and Donne: Lens and Prism", Comparative Literature, XXI, 1969, p.319-336.

Genette G., Figures, Paris, Le Seuil, 1966, "Hyperboles", p.245-52.

Griffin R., "The presence of St Paul in the religious work of J. de S.", B.H.R., XXVII, 1965, p.644-52.

Jeanneret M., Poésie et tradition biblique..., (op. cit.).

Lafay H., La Poésie française du premier XVIIe siècle, Nizet, 1975.

Macchia G., "J. de S. e il problema della poesia barrocca in Francia", Letteratura, I, 1953, p.13-14.

Macchia G., "Il dramma di Sponde", Il Mito di Parigi, Torino, 1965, p.21-42.

Magny O., "Sponde", Lettres Nouvelles, Fév. 1956, p.240-46.

Michelis E., "Profilo di Sponde", Rivista di Letterature Moderne e Comparate, XXIV, Firenze, 1971, p.5-30.

Rousset J., La Littérature de l'âge baroque en France, Corti, 1954.

Rousset J., L'intérieur et l'extérieur, Corti, 1968.

Schoell F-L., "Un humaniste français oublié: J. de S.", Revue du Seizième Siècle, XII, 1925, p.361-400.

Simone F., Umanesimo, Rinascimento, Barocco in

<u>Francia</u>, Torino, Murcia, 1968, p.306-309.

Weidlé V., "J. de S." <u>Cahiers</u> <u>du</u> <u>Sud</u>, N°307, 1951, p.450 sq.

Weidlé V., "Sponde", <u>Tableau</u> <u>de</u> <u>la</u> <u>littérature</u> <u>française</u>, t.I. Paris, Gallimard, 1962, p.388-99.

2) Comptes rendus.

Aury D., "Alan Boase et la poésie baroque", <u>Les</u> <u>Lettres</u> <u>françaises</u>, 12 mai, 1945.

Billy H., "J. de S., poète français découvert par un critique d'outre-Manche", <u>Figaro</u> <u>littéraire</u>, 1er Avril 1950, p.2.

Boase A., "Réponse au C.R. d'E. Droz des Méditations de Sponde", <u>B.H.R.</u> XVII, 3, 1955, p.462-64.

Castex P-G., "C. R. de l'édition des Poésies de J. de S. par A. Boase et F. Ruchon", <u>Revue</u> <u>des</u> <u>Sciences</u> <u>humaines</u>, Oct-Déc. 1951.

Desonay F.,"C. R. des Poésies de J. de S., éd. Boase-Ruchon", <u>B.</u> <u>H.</u> <u>R.</u>, XII, 1950, p.405-408.

Droz E., "C.R. des Méditations de J. de S. éd. A. Boase", <u>B.</u> <u>H.</u> <u>R.</u>, XVII, 1955, p.134-41.

C) Etudes particulières.

1) Biographie.

Boase A,"Du nouveau sur J. de S." <u>Mercure</u> <u>de</u> <u>France</u>, Mars 1951, p.566; et Août 1951, p.641-47.

Boase A., "La Révolte de Sponde", <u>Actes</u> <u>du</u> <u>colloque</u>

l'Amiral de Coligny et son temps, Paris, 1974.

Boase A., Vie de J. de S., Droz, 1977.

Droz E., "J. de S. et les Rochelais" B.H.R., XV, 1953, p.347-51.

Droz E., "J. de S. et Pascal de l'Estocart", B.H.R., XIII, 1951, p.312-26.

Droz E., "Les Années d'études de Jean et Henri de Sponde" B.H.R., IX, 1947, p.141-50.

Etcheverry M., "Les Sponde de Mauléon" Gure Herria (Revue basque), Ustaritz, Janv-Mars et Avril-Juin 1938.

Ruchon F., "Essai sur la vie de J. de S., 1557-1595", in Sponde Poésies, Genève, Cailler, 1949, p.13-81.

Ruchon F., "J. de S. ingénieur", B.H.R., XIV, 1952, p.277-82.

2) Style et rhétorique.

Caron (sister Marie du Crucifix), "La Pensée et le style de Sponde dans ses poésies et ses Méditations", Dissertations Abstracts, N°20, 1967-68, p.1069-70.

Cottrel R-D., "Le Style anticicéronien dans l'oeuvre de Montaigne et de Sponde", The Romanic Review N°59, 1968.

D) Etudes sur les Méditations.

Fragonard M-M. et Quenot Y., "La Structure des méditations sur les Ps. de J. de S.", L'information littéraire, XXXIX, N°2, Fév.1987, p.6-10.

Higman F., "The Meditations of J. de S.: a book for the time", B. H. R., XXVIII, 1966, p.564-82.

Jannot J-P., "Les images dans les Méditations de Sponde", Dissert. Abstracts, vol.33, 1972-73, p.5126-27.

Ruchon F., "Jean de Sponde et ses Méditations sur les Ps." B. H. R., XIII, 1951, p.295-311.

Soulié M., "L'utilisation de la Bible dans les Méditations de J. de S.", Mélanges à la mémoire de V-L. Saulnier, Droz, 1984, p.295-305.

E) Etudes sur la Poésie de Sponde.

1) Sur sa poésie en général.

Durand L-E-G., The poetry of J. de S.: a critical evaluation, Ann Arbor, Thèse de l'univ. de Michigan, 1963.

Eltabet-Bretton C., Les figures binaires dans les poésies de J. de S., Thèse de 3e cycle, Paris IV, 1981.

Melis G., J. de S. poesie: concordanze e frequenze, Cagliari, 1978.

Natoli G.,"La poesia amorosa e religiosa di J. de S." Figure e Problemi della cultura francese, Messina-Firenze, 1956, p.83-115.

Nugent R., J. de S. Sonnets of love and death, Painesville, Ohio, 1962.

Poulet G.,"Sponde", Mesure de l'instant, Paris, 1968, p.15-31.

Richter M.,"Il processo spirituale e stilistico nella poesia di J. de S.", Aevum, XXXVI, 1962, p.286-315.

Stratkowa M., De Poetis lyricis franco-gallicis aetate quam baroc appellamus florentibus, Krakow, nakladem Uniwersytetu Jagiellonskiego, 1964, 137 p.

2) Sur sa poésie religieuse en général.

Hills S., "Stances de la mort et autres sonnets", French Forum, IV, N°1, 1979.

Du Bruck E.,"Three religious sonneteers of the waning renaissance: Sponde, Chassignet, and Ceppède", Neophilologus, July 1970.

Jackson R-F., "Some observations on the Stances and sonnets de la mort of J. de S.", Journal of th Australian Univ. Mod. Language Assoc., N°3, 1955, p.48-56.

Richter M., J. de S. e la lingua poetica dei protestanti nel cinquecento, Milano, 1973, 241 p.

Richter M., "L'ironia di Sponde", B. H. R., XXXII, 1970, p.423-24.

Schmidt A-M., "Hommage à J. de S.", Réforme, 15 Oct. 1956.

Schmidt A-M., "J. de S., poète de la Sainte-Cène", Revue Réformée, N°4, 1954.

3) Sur les Stances de la mort.

Brosilow R.,"Structure and theme in J. de S.' Stances de la mort", Romance Notes, XIII, 1971-72, p.326-30.

Coombs I., "Baroque elements in J. de S.' Stances de

la mort", L'Esprit créateur, I, 1961, p.87 sq.

Pizzorusso A., "Le Stances de la mort di J. de S.", Studi in onore di C. Pellegrini, Torino, Societa Ed. Intern., 1963, p.193-201.

Triher R-J., "The irreductible tension in Stances de la Mort", Romance Notes, XI, 1969-70, p.375-80.

4) Sur les sonnets.

Brunelli G-A., "Enoch et Elie e il sonnet XI", Studi Francesi, N°6, 1958, p.429-31.

Carron J-Cl., "J. de S.: Et quel bien de la mort?", French Studies, XXXI, N°2? Avril 1977, p.129-138.

Dubois Cl-G., "Autour d'un sonnet de Sponde: recherche de l'élément baroque" L'Information littéraire, N°2, 1967, p.86-92. (sur le sonnet XII).

Dubois Cl. G., Le Baroque, op. cit., p.83-98, étude du sonnet XII.

Loos E., "Zur Rezeption eines vergessenen Dichters. Die Sonnets de la mort von J. de S." Interpretation und Vergleich, Berlin, 1972, p.207-27.

Mathieu-Castellani G., "Un emblème sans devise. Etude du IXe sonnet sur la mort de Sponde", L'Information grammaticale, N°31, Oct. 1986, p.16-20.

Mathieu-Castellani G., "Sponde: poétique du vers rapporté", Littératures, N°15, Automne 1986, p.25-42. Etude du sonnet XII.

Richter M., "Lettura dei sonnets de la mort di J. de S.", B. H. R., XXX, 1968, p.327-45.

Richter M., "Sponde: sonnet de la mort X", B. H. R.

XXXVIII, 1976, p.73-76.

Tetel M., "Mannierism in the imagery of Sponde's Sonnets de la mort", Rivista di letterature moderne e comparate, N°21, 1968, p.5-12.

5) Sur les Amours.

Brunelli G-A., "J. de S. tra Manierismo e barocco: l'Elégie (lettura e traduzione)", Manierismo e letteratura, a cura di D. Dalla Valle. Atti del congresso intern. 1983, Torino, 1986, p.497-509.

Cave T., "The Love sonnets of J. de S.: a reconsideration", Forum for Modern Languages Studies, III, 1967, p.49-60.

Koerber C., "Le Rôle de la constance dans les sonnets d'amour de S." Modern Language Notes, N°80, 1965, p.575-83.

Mathieu-Castellani G., Les Thèmes amoureux..., op. cit., Chapitre sur Sponde.

Mélançon R., "La fin du pétrarquisme en France", L'Automne de la Renaissance, 1580-1630, ét. réunies par J. Lafond et A. Stegmann, Vrin, 1981, p.257-70.

INDEX NOMINUM

298

la), p.20, 40, 48.
Sartre, p.204.
Saultin (Pierre), p.40.
Sautemont (Théodore de),
p.22.
Savonarole, p.104.
Scaliger (Joseph), p.29.
Schmidt (Albert-Marie),
p.248, 252, 253.
Schoell (Louis), p.257.
Senèque, p.59, 259.
Sion ,p.48, 135.
Smith (Malcolm), p.221.
Sodome, p.157.
Sonis (Bernard), p.20.
Soulié (Marguerite),
p.154, 252, 254.
Sponde (Henri de), p.49,
161.
Sponde (Inigo de), p.14,
19.
Standonck (Jean), p.15,
16.
Sully, p.31, 48, 53.
Sutcliffe (E.), p.252.

Titans, p.232.
Toulouse, p.40, 90.
Tournon (André), p.257.
Tours, p.50.
Trente (Concile de), p.65,
151.
Trouillard (Jacques),
p.20.
Turenne, p.48, 50.
Tyard (Pontus de), p.160.

Vaccaro (Jean-Michel),
p.44.
Van Gorp, p.27.

Vatable, p.18.
Viret (Pierre), p.20.

Weber (Henri), p.252, 255,
257.
Würtemberg (duc de), p.66.

Zumthor (Paul), p.254.
Zwinger (Théodore), p.21,
22, 56.
Zwingli, p.17, 21, 66.

*
* *

303

ANNEXES

I TABLEAU GENEALOGIQUE DES ROIS DE FRANCE ET DE NAVARRE

II NOTICE BIOGRAPHIQUE ET HISTORIQUE

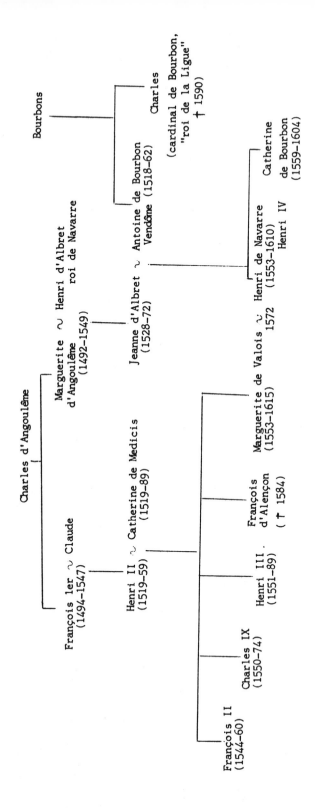

TABLEAU GENEALOGIQUE DES ROIS DE FRANCE ET DE NAVARRE

Vie de Jean de Sponde	Vie politique et littéraire
—Inigo de Sponde, secrétaire de Jeanne d'Albret, puis conseiller et Maître de Requêtes, épouse Catherine d'Ohix, dont il a quatre enfants: Marguerite, Clément (procureur du Roi en Soule), Salomon (conseiller à la chancellerie de Navarre), et Jean, né en 1557 à Mauléon. Puis, d'un second mariage avec Salvata de Hosta, il a trois enfants: Jean-Jacques, Henri (futur évêque de Pamiers, né en 1568), et Israel.	—1560, Séjour de Bèze à Nérac. Jeanne adopte publiquement la Réforme.
	Conjuration d'Amboise. Répression féroce.
	—1562, Mort d'Antoine de Bourbon.
	—A partir de 1568, guerre civile en Navarre.
	—1571, Jacques de Constans, Les constantes amours.
—1570-79, études de Jean au collège de Lescar.	—1572, Massacre de la Saint-Barthélemy. Mariage de Henri de Navarre et de Marguerite de Valois. Henri de Navarre reste prisonnier à la cour jusqu'en 1576.
	—1578, Retour de Margot à Nérac.
	Du Bartas, La Sepmaine.

—1580, Genève et Bâle. Traduction des Fragments politiques des Pythagoriciens, qui paraît dans une édition de la Politique, par Denis Lambin et Théodore Zwinger, en 1581.	—1582, Théodore de Bèze, Chrestiennes Méditations.
—1583, parution de la traduction de L'Organon par Sponde, et de L'Homère, avec poèmes liminaires de Bèze, Hotman, Zwinger, et Petrus Pontanus. Le Roi lui accorde le titre de Maître de Requêtes.	—1583, Les Octonaires de la vanité du Monde de La Roche Chandieu sont mis en musique par Paschal de L'Estocart.
—1584–91, retour en France. Période mal connue (voyages?). Mariage avec Anne Legrand, dont il a trois enfants: Catherine, Jacques (baptisé le 20 Oct. 1589), et Jean (baptisé le 23 Sept. 1591, qui fit une carrière ecclésiastique auprès de son oncle Henri).	—1584–94: Guerre civile.
1588, Méditations sur les Psaumes et Essay de quelques poèmes chrestiens.	—1588, Etats Généraux de Blois. Assassinat d'Henri de Guise.
1589, L'Advertissement au Roy.... Novembre 1589, Sponde est emprisonné à Paris (deux seulement de ses quatre "prisons" sont connues).	—1589, Union des deux rois: Henri III et Henri de Navarre. Assassinat d'Henri III.

—1590, Sponde est nommé Lieutenant général de La Rochelle.

—1591, Sponde publie à La Rochelle un Recueil de Remonstrances faictes en la Cour du Parlement de Paris par Jacques Faye, sieur d'Espeïsses, mort en 1590. Il publie à Francfort des notes sur la Logique d'Aristote.

—1592, il publie les Travaux et les Jours d'Hésiode. Il démissionne de sa charge.

—1593, il rencontre Du Perron. Emprisonnement à Orléans. Juillet: conversion d'Henri IV. Septembre: conversion de Sponde.

—1594, Déclaration des principaux motifs.... Août: mort d'Inigo de Sponde. Jean retourne en Béarn. Il écrit la Response au Traité des marques de l'Eglise (de Bèze), qui sera publié après sa mort par Fl. de Raymond (en 1595).

—18 Mars 1595, mort de Jean de Sponde à la suite d'une pleurésie. Conversion de Henri de Sponde.

Nous voudrions remercier Mlle Nassias, conservateur de la Bibliothèque municipale de Bordeaux, qui nous a fourni les gravures de Henri de Sponde, et Mlle Giteau, Directrice des Archives de la Charente Maritime, qui nous a fourni la signature de Jean de Sponde.

TABLE DES MATIERES

310

Achevé d'imprimer en 1988,
à Genève - Suisse.